中國學術思想 研究輯刊

十三編
林慶彰 主編

第 10 冊

韓非與老子思想
戴玉珍 著

道法合流的慎到思想
吳肇嘉 著

花木蘭文化出版社

國家圖書館出版品預行編目資料

韓非與老子思想　戴玉珍　著／道法合流的慎到思想　吳肇嘉
著 — 初版 — 新北市：花木蘭文化出版社，2012〔民101〕
目 2+58 面 + 目 2+130 面；19×26 公分
（中國學術思想研究輯刊 十三編：第 10 冊）
ISBN：978-986-254-794-6（精裝）
1.（周）韓非　2.（周）李耳　3.（周）慎到　4.學術思想
5. 法家　6. 道家

030.8　　　　　　　　　　　　　　　　　101002158

ISBN-978-986-254-794-6

9 789862 547946

中國學術思想研究輯刊
十三編　第 十 冊　　　　　　ISBN：978-986-254-794-6

韓非與老子思想
道法合流的愼到思想

作　　者　戴玉珍／吳肇嘉
主　　編　林慶彰
總 編 輯　杜潔祥
出　　版　花木蘭文化出版社
發 行 所　花木蘭文化出版社
發 行 人　高小娟
聯絡地址　新北市永和區中正路五九五號七樓
　　　　　電話：02-2923-1455 ／傳眞：02-2923-1452
網　　址　http://www.huamulan.tw 信箱 sut81518@gmail.com
印　　刷　普羅文化出版廣告事業
封面設計　劉開工作室
初　　版　2012 年 3 月
定　　價　十三編 26 冊（精裝）新台幣 42,000 元　　　版權所有・請勿翻印

韓非與老子思想

戴玉珍　著

作者簡介

戴玉珍,輔仁大學中國文學研究所畢業。

專於研究老莊哲學思想、中醫典籍、臨床醫學與脈學、日文俳句等,通過中醫師檢定考試。

著有《塵想曾想》、《窗邊剪語》等書,現服務於國立聯合大學。

提　　要

　　《史記》中老莊申韓合傳,固然為太史公個人史識及漢代思潮所歸,且《韓非子》書中有〈解老〉、〈喻老〉、〈主道〉、〈揚搉〉等篇亦多援「老」以說「法」,後人或多有受此認知影響,以為「指約而易操,事少而功多」(太史公自序)是道家勝出之處,並將老子評為陰謀者、權術家。

　　主張由「道」入「法」者,一則不明「道」、「術」之分際與歸途;二則不探老子「三寶」:「慈、儉、不敢為天下先」之深衷與終極關懷。

　　「道」、「法」兩家立說基柱本殊,自當殊途而不同歸,故作此文以還各家本來面目。

目

次

緒　言

　　《史記‧老莊申韓列傳》載：「韓非喜刑名法術之學，而歸本於黃老。」其「引繩墨、切事情、明事非，其極慘礉少恩，皆原於道德之意，而老子深遠矣」。且《韓非子》書有〈解老〉、〈喻老〉專釋《老子》；〈主道〉、〈揚搉〉大體則多援「道」說「法」，除此而外，他章亦有列引《老子》者。鑑於此，後人多信韓非之說源於老子，以此評老子為陰謀者、權術家；或有不然者，多方察辯〈解老〉、〈喻老〉、〈主道〉、〈揚搉〉等篇非韓非手作，以還老子之清貌。然今囿於史料之闕遺，無可強考以釋眾疑，唯本《老子》、《韓非》之文，以正本清源。

第一章　韓非思想與道家之關係

第一節　漢初黃老之治與道家思想

　　《史記》老莊申韓合傳，固為太史公個人史識及當代思潮所歸，然以《韓非》全書篇章多處稱引《老子道德經》義，亦可供吾人尋繹道、法二家思想之推演。

　　習道論於黃子之司馬談〈論六家要旨〉云：

　　　　道家使人精神專一，動合無形，贍足萬物。其為術也，因陰陽之大
　　　　順，采儒墨之善，撮名法之要，與時遷移，應物變化，立俗施事無
　　　　所不宜，指約而易操，事少而功多。（史記・卷一三○・太史公自序）

實則，司馬談所論之道家已雜形名之說，涉權術之用，以達實用之效者甚多，與老莊之大義，終有所距。

　　漢初，武帝獨尊儒術、罷黜百家之前，盛行黃老治術，《史記・卷四九・外戚世家》載：

　　　　竇太后好黃帝老子言，帝及太子諸竇不得不讀黃帝老子，尊其術。

又卷一二一〈儒林列傳〉云：

　　　　孝文帝本好刑名之言，及至孝景不任儒者，而竇太后又好黃老之術。

意指政清刑簡，與民生息之治術。太史公作《史記》多言法家兼治道家之學：

　　　　申子之學，本於黃老而主刑名。（老莊申韓列傳）

　　　　慎到……學黃老道德之術。（孟荀列傳）

　　　　韓非……喜刑名法術之學，而其歸本於黃老。（老莊申韓列傳）

以黃老與刑名並舉，此可見「援道入法」不始於漢初，戰國末即有此合流現象。

　　馬王堆出土之《帛書老子》隸書本前，尚有〈經法〉、〈十大經〉、〈稱〉、〈道原〉，據測可能爲《漢書·藝文志》著錄之《黃帝四經》，且或屬黃老合卷部分之一〔註1〕。古之學者，好託古以道志，故《史記·五帝本紀》云「百家言黃帝」，除道家外，尚有陰陽家、小說家、兵家、天文、曆譜、五行、雜占、醫經、經方、房中、神僊諸家，皆託言黃帝〔註2〕，而黃老合稱之「黃」當屬道家類之黃帝。

　　漢初多好黃老之政治人物，其較著者有：蓋公、曹參、陳平，《史記》云：

> 聞膠西有蓋公，善治黃老言，使人厚幣請之。既見蓋公，蓋公爲言治道貴清靜而民自定，推此類具言之。參於是避正堂，舍蓋公焉，其治要用黃老術，故相齊九年，齊國安集，大稱賢相。（卷五四·曹相國世家）。

> 平少時，本好黃帝老子之術。（卷五六·陳丞相世家）

至若位冠群臣、聲施後世之蕭何，據《漢書·刑法志》云：「相國蕭何攈摭秦法，取其宜於時者，作律九章。」故所謂「蕭規曹隨」實屬重法而治、以刑去刑之韓非理想政治。

　　與《帛書老子》同時出土之《黃帝四經》，其思想體系稍近老子，然亦多所新創，內容稱引則切合實體政治原則，如「道、法」、「刑、名」、「刑、德」並舉。道生法及形名參同之說，皆與法家思想無殊，惟刑德論主「先德後刑」、「刑德相養」、「陽德陰刑」，則較韓非之說溫厚寬緩。是以《黃帝經》雖亦主法治，然與韓非之法家微相左，其理論爲偏於形上之說〔註3〕。以下就《黃帝經》與韓非思想略較之：

一、道生法

　　《老子》云：「法令滋彰，盜賊多有」（五十七章）。以爲法令愈密，則民常竊法自利，非根本之大計。然《黃帝經》〔註4〕云：

> 道生法。法者，引得失以繩，而明曲直也。（經法）

> 執道循理，必從本始，順爲經紀，禁伐當罪，必中天理。逆順同道而異理，審知逆順是謂道紀。（同右）

〔註1〕見〈黃帝四經初探〉一文，《帛書老子》239頁，河洛圖書出版社。
〔註2〕《漢書·藝文志》之著錄。
〔註3〕參閱〈漢初的黃老之治與法家思想〉一文，王曉波。《食貨》十一卷十期（71年1月）。
〔註4〕本文之《黃帝經》引文皆非原始資料，乃據《帛書老子》所載而引。

抱道執度，天下可一也。（道原）

是法援於道，以道爲法之終極根源。韓非亦有同論：

道者，萬物之始，是非之紀也。是以明君守始以知萬物之源，治紀
以知善敗之端。（主道）

禍福生乎道法，而不出乎愛惡。（大體）

因道全法，君子樂而大姦止。（同右）

《黃帝經》與韓非之法，皆以道爲舍，卽以道爲法之形上理論根源。

二、定分正名

凡事物有形則有名，形、名相合乃爲法家參伍之術。《漢書・藝文志》列
尹文爲名家，其《尹文子》論「名」與「法」云：

善名命善，惡名命惡，故善有善名，惡有惡名。……使善惡盡然有
分，雖未能盡物之實，猶不患其差也，故曰名不可不辯也。名稱者，
則彼此而檢虛實者也。自古及今，莫不用此而得，用彼而失。失者
由名分混，得者由名分察。今親賢而疎不肖，賞善而罰惡，賢不肖
善惡之名宜在彼，親疎賞罰之稱宜屬我。

卽正賢不肖之名，以嚴賞罰之分，是以司馬談〈論六家要旨〉云：「名家苛察
繳繞，使人不得反其意，專決於名而失人情，故曰使人儉而善失眞，若夫控
名責實，參伍不失，此不可不察也。」蓋指落於實用價值之刑名立言。

《黃帝四經》言及形名云：

有物將來，其形先之，建以其形，名以其名。（稱）

凡事无大小，物自爲舍。逆順死生，物自爲名，名形名定，物自爲
正。（經法）

分之以其分，而萬民不爭。授之以其名，而萬物自定，不爲治勸，
不爲亂懈。（道原）

是以名分既定，紛爭自止。然此說仍偏於純理之論，不若韓非相輔以法而援
爲御臣之術實際。韓非云：

有言者自爲名，有事者自爲形，形名參同，君乃無事焉。……群臣
陳其言，君以其言授其事，以其事責其功。功當其事，事當其言則
賞；功不當其事，事不當其言則誅。（主道）

用一之道，以名爲首。名正物定，名倚物徙，故聖人執一而靜，使
名自命，令事自定。不見其采，下故素正。因而任之，使自事之；

因而予之，彼將自舉之；正與處之，使皆自定之。上以名舉之，不
知其名，復脩其形，形名參同，用其所生。二者誠信，下乃貢情。……
君操其名，臣效其形，形名參同，上下和調也。（揚榷）

人主雖使人，必以度量準之，以形名參之。……以形名收臣，以度
量準下，此不可釋也。（難二）

韓非已將名家形名之說，引爲君術之上，申子當有以啓之。

三、虛靜

《老子》云：「致虛極，守靜篤」（十六章）此本反觀內照、轉智成德之
工夫。然若致虛不極、守靜不篤，則反資爲算計、逐物之心，韓非卽執此心
以會通刑名之術，行賞罰燭姦之具，故其所言之「虛靜」與老子之說，差以
幾微間，而《黃帝經》所論，則與老子較相類，《黃帝經》云：

上虛下靜而道得其正。（道原）

唯執道能虛靜公正，乃見正道，乃得名理之誠。（經法）

至正者靜，至靜者聖。（同右）

而韓非乃援老子虛靜無爲之心，以爲審御群臣之術，其云：

虛則知實之情，靜則知動者正。（主道）

虛靜無事，以闇見疵。（同右）

虛靜以後，未嘗用己。（揚榷）

知治人者，其思慮靜；知事天者，其孔竅虛。（解老）

有道之君，貴虛靜而重變法。（同右）

韓非思想雖有取於道家，然其所趨終屬法家，意在於此。

四、刑德

老子言「德」，韓非「刑德」並論，《黃帝經》與韓非同。老子之德乃統
言萬類之本性，韓非則指賞祿而言，《黃帝經》與兩者之論皆各有不同。

《黃帝經》言及刑德云：「先德后刑」、「刑德相養」、「陽德陰刑」，誠以
德爲主，刑爲輔。其云：

天德皇皇，非刑不行。穆穆天刑，非德必傾。刑德相養，逆順若乃

成。刑晦而德明，刑陰而德陽，刑微而德章。（十大經）

春夏爲德，秋冬爲刑，先德后刑以養生。（同右）

凡諶之極，在刑與德。……先德后刑，順於天。（同右）

德主生，刑主殺。《黃帝經》雖未嘗言明德之義涵，然以通篇觀之，其以天時

之有生殺，比之人事亦不得不有刑德以順之，是以必先德後刑，刑陰晦而德陽明，如是方不違天地好生之德。此中，已涵攝教化之意，且似漢初陰陽雜儒之論。復觀韓非之刑德，云：

> 二柄者，刑、德也。何謂刑、德，曰：殺戮之謂刑，慶賞之謂德。
> （二柄）
> 明賞則民勸功，嚴刑則民親法。（心度）

韓非之所謂刑德，指殺戮慶賞，而不關教化。其以爲人情皆畏誅罰而利慶賞，故厚賞以勸功，重刑以親法，則國可治。惟力主人性本惡，故其治道不依於倫常之德教，如此，則無可產生德化禮治之政治理念。

綜上所述，《黃帝經》之論，與韓非多所相類，其極致皆欲執道循理以利民。惟《黃帝經》稍近老子，寬緩篤厚，而韓非則較嚴苛切功。《黃帝經》四篇，或爲戰國中、晚期法家所託〔註5〕，或早於韓非，抑或晚之，今皆不可論定，然可供以探究黃老之學於漢初之地位及道家雜合法家之思想形貌。

第二節　轉道入法者——愼到

以思想史自身內在之流變，且有典籍可資尋索者言，愼到爲順沿老子之道，而轉入法家之關鍵人物〔註6〕。《史記》稱愼到著十二論，惜今已不傳，今僅《群書治要》存〈愼子〉節文七篇〔註7〕。《莊子・天下篇》及《史記・孟荀列傳》之愼到爲道家，《荀子・解蔽》及〈非十二子篇〉之愼到爲法家。若此，爲諸家末流會通互動之故也。茲就所存《愼子》殘本及〈逸文〉與《莊子》、《荀子》書中所評，試分予論之。

重勢說首倡於愼到，其云：

> 騰蛇遊霧，飛龍乘雲，雲罷霧霽，與蚯蚓同，則失其所乘也。故賢而屈於不肖者，權輕也；不肖而服於賢者，位尊也。堯爲匹夫，不能使其鄰家，至南面而王，則令行禁止。由此觀之，賢不足以服不肖，而勢位足以屈賢矣。〔註8〕

〔註5〕同註1，245頁。

〔註6〕參閱梁啓超《先秦政治思想史》，第九章道家思想（其二）及第十三章法家思想（其一）。

〔註7〕《群書治要》卷三七，宛委別藏本，台灣商務印書館印行。

〔註8〕以下所引《愼子》殘本及〈逸文〉，據清錢熙祚校〈愼子〉，見《新編諸子集成》第五冊，世界書局（61年10月版）。

慎到言「勢位」，卽「勢」源於「位」，故爲自然之物勢。韓非勢治說多援之，曰：「勢者，勝眾之資也。」（八經）然亦有以辯難，云：「夫勢者，非能使賢者用己，而不肖者不用己也。賢者用之，則天下治；不肖者用之，則天下亂。人之情性，賢者寡，而不肖者眾。而以威勢之利，濟亂世之不肖人，則是以勢亂天下者多矣，以勢治天下者寡矣。」其以爲「勢者便治而利亂」（難勢），賢者用之則治，不肖者用之則亂，而賢者寡，不肖者眾，故治少而亂多，免此之弊，唯「抱法處勢」則天下可治矣。此韓非任勢之說，取之於慎子而有以矯之也。

慎到「因循」之解，尤顯其援道入法之跡，云：

> 天道因則大，化則細。因也者，因人之情也，人莫不自爲也，化而使之爲我，則莫可得而用矣。是故先王見不受祿者不臣，祿不厚者，不與入難。人不得其所以自爲也，則上不取用焉，故用人之自爲，不用人之爲我，則莫不可得而用矣。此之謂因。（因循）

其以爲人之情莫不自爲，故用其自爲，可不待人之爲我而可得用矣。韓非亦有相屬之論曰：「凡治天下，必因人情。人情者有好惡，故賞罰可用；賞罰可用，則禁令可立，而治道具矣。」（八經）此因人情之好賞惡罰爲治道之具。道家所謂因者，乃應物斯感，不設不取，有因則待，全然無有謀府。至若司馬談〈論六家要旨〉云：「道家無爲，又曰無不爲，……其術以虛無爲本，以因循爲用。……虛者道之常也，因者君之綱也，群臣並至使各自明也。……」亦已落入法術之用矣。

虛靜無爲之說原於道家，慎到雖有取於道家，其歸趨仍屬法家，慎子云：

> 臣之道，臣事事，而君無事，君逸樂而臣任勞。臣盡智力以善其事，而君無與焉，仰成而已，故事無不治。（民雜）

韓非亦云：「臣有其勞，君有其成功，此之謂賢主之經也。」（主道）誠以道家無爲之道，立法家御臣之術。

再則，慎到論「忠」已顯法家之旨，其云：

> 然而治亂之世，同世有忠道之人，臣之欲忠者不絕世，而君未得寧其上。無遇比干子胥之忠，而毀瘁主君於闇默之中，遂染溺滅名而死。由是觀之，忠未足以救亂世而適足以重非。……故明主之使其臣也，忠不得過職，而職不得過官。……將治亂，在乎賢使任職而不在於忠也。故智盈天下，澤及其君，忠盈天下，害及其國。

儒家勉人勵忠勸孝，慎子則以為人主雖不肖，臣不當以忠而陷其君過盈天下，以其重「定位一教」〔註9〕也。堯舜湯武，儒家以為賢，韓非則以其非忠不孝、「反君臣之義，亂後世之教。」故云：「夫所謂明君者，能畜其臣者也；所謂賢臣者，能明法辟、治官職，以戴其君者也。」（忠孝）是臣之忠必當以顯君為要，不然則亂矣。又慎子之「忠不得過職，而職不得過官」，與韓非所謂「臣不得越官而有功，……越官則死」（二柄）皆法家分職任官之要義。

慎子主任法以斷事，其云：

> 君人者，舍法而以身治，則誅賞予奪，從君心出矣。然則受賞者雖當，望多無窮；受罰者雖當，望輕無已。君舍法，而以心裁輕重，則同功殊賞，同罪殊罰矣，怨之所由生也。……大君任法而弗躬，則事斷於法矣。法之所加，各以其分，蒙其賞罰而無望於君也，是以怨不生而上下和矣。（君人）

又：

> 官不私親，法不遺愛，上下無事，唯法所在。（君臣）

是以法去私塞怨，求上下和合。韓非亦云：「明法者強，慢法者弱，……語曰家有常業，雖饑不餓；國有常法，雖危不亡。夫舍常法而從私意，則臣下飾於智能，……是妄意之道行，治國之道廢也。」（飾邪）旨在一人心，此其同也。

《莊子‧天下篇》云：

> 公而不黨，易而無私，決然無主，極物而不兩，不顧於慮，不謀於知，於物無擇，與之俱往，古之道術有在於是者，彭蒙田駢慎到聞其風而說之，齊萬物以為首，……知萬物皆有所可，有所不可，故曰選則不徧，教則不至，道則無遺者矣。是故慎到棄知去己而緣不得已，泠汰於物以為道理，……謑髁无任而笑天下之尚賢也，縱脫無行而非天下之大聖，椎拍輐斷，與物宛轉，舍是與非，苟可以免，不師知慮，不知前後，魏然而已矣。……夫無知之物，無建己之患，無用知之累，動靜不離於理，是以終身無譽。故曰至於若無知之物而已，無用賢聖，夫塊不失道。豪傑相與笑之曰，慎到之道，非生人之行而至死人之理，適得怪焉。

慎到與老子皆尚自然而厭爭；老子多言自然，云：「希言自然」（廿三章）、「道

〔註9〕《韓非‧忠孝篇》：「父而讓子，君而讓臣，此非所以定位一教也。」

法自然」（廿五章）、「以輔萬物之自然而不敢爲」（六十四章）；愼子亦云：「守成理，因自然」、「任自然者久」（逸文）。老子主不爭之德，云：「夫唯不爭，故無尤」（八章）、「天之道，不爭而善勝」（七十三章）、「聖人之道，爲而不爭」（八十一章）；愼子則云：「君之功莫大使民不爭」。

亦有不然者，愼到之棄知去己、非聖笑賢，與老子絕聖棄智、不尙賢之義蘊不類：老子所謂「絕聖棄智」（十九章）、「絕學無憂」（廿章），乃以聖智爲俗世之浮名，易起好尙分別之心，故當棄之以返樸。老子亦主不尙賢，曰「不尙賢使民不爭」（三章），尙之，則人皆奔競馳爭以求之，故破之使不欲見賢以弭爭端；愼到之棄知去己爲使「無建己之患、無用知之累」，全然無主，不謀知慮，順物而無擇，與之俱往。即於物勢之變。一往以順任之，使己塊然如無知之物，此自與老子虛靜以觀復之境況有深淺之別。再則，愼到之非賢其因端在「立君而尊賢，是賢與君爭，其亂甚於無君」（愼子逸文），其後韓非亦云：「任賢，則臣將乘於賢，以劫其君」（二柄），是故愼到之非賢與韓非之持理頗同，而與老子則甚殊矣。

《荀子・非十二子篇》評愼到云：

> 尙法而無法，下脩而好作。上則取聽於上，下則取從於俗。終日言成文典，反紃察之，則偶然無所歸宿，不可以經國定分。然而其持之有故，其言之成理，足以欺惑愚眾，是愼到田駢也。

其〈解蔽篇〉則云：

> 愼子蔽於法而不知賢。

《漢書・藝文志》列愼到於法家，荀子之評亦以法家論之。所謂「尙法而無法，下脩而好作」意在駁斥愼到以法齊天下之動，棄知去己唯法是循，即使人淪於無知而役於法中。至若「上則取聽於上，下則取從於俗」即《莊子・天下篇》所言「與物宛轉」之意也，是言愼到苟順上下（楊倞注），不師知慮。

愼到嘗云：

> 法雖不善，猶愈於無法，所以一人心也。（威德）

又：

> 法者，所以齊天下之動，至公大定之制也。故智者不得越法而肆謀，辯者不得越法而肆議，士不得背法而有名，臣不得背法而有功，我喜可抑，我忿可窒，我法不可離也。骨肉可刑，親戚可滅，至法不可闕也。（逸文）

法家尚法，故重齊民，是以慎到以法齊天下之動，已歸於法家。法家功過譽罰皆一於法，故智者不得越法肆謀，辯者不得越法肆議，士不得背法有功，韓非則謂：「明主使群臣不遊意於法之外，不爲惠於法之內，動無非法……」（有度）於此，法之理念已然確立。

　　要言之，慎到由棄知去己，順勢無擇，其後終捨人而悉託於法，是所謂蔽於法而不知人之「物」道而已，故〈天下篇〉語其道非道也。

第二章 韓非思想淵源

第一節 時代背景

一人思想之特質，往往受個人氣質、身世際遇、師承及當代歷史環境等因素蘊和而成。

韓非身世背景，《史記‧老莊申韓列傳》載：韓非爲韓之諸公子，喜刑名法術之學，歸本於黃老。爲人口吃而善著書。與李斯俱事荀卿，而斯自以爲不如。非見韓之削弱，數以書諫韓王而不見用。其疾治國不務脩明法制、執勢以御臣下、富國強兵而以求人任賢，反舉浮淫之蠹，而加之於功實之上。以爲儒者用文亂法，而俠者以武犯禁。寬則寵名譽之人，急則用介冑之士，所養非所用，所用非所養，悲廉直不容於邪枉之臣，觀往者得失之變，乃著書十餘萬言，終死於秦。

凡思想之形成，皆與時摩盪而生，歷史社會之影響乃是主因。先秦學說皆起於救時匡蔽，諸子有見於時世紛亂，遂迭起呼號，以振衰頹，由是百家代起。

《史記‧六國年表》云：

> 陪臣執政，大夫世祿。六卿擅晉權，征伐會盟，威重於諸侯。及田常殺簡公而相齊國，諸侯晏然弗討，海內爭於戰功矣。三國終之卒分晉，田和亦滅齊而有之，六國之盛，自此始，務在強兵并敵，謀詐用而從衡短長之說起，矯稱蜂出，誓盟不信，雖置質剖符，猶不能約束也。

孔子嘗言：「天下有道，則禮樂征伐自天子出；天子無道，則禮樂征伐自諸侯出。」（論語季氏篇）逮周室東遷，政治重心移至諸侯列國。及至春秋末葉，棄仁義、用詐譎、併大兼小、逐相并滅，所謂篡盜之人列為王侯，詐譎之國興之為強，斯事迭起〔註1〕。由春秋步進戰國，更見周文全面隳壞，昔日雍容和穆之郁郁文儀，已為爭伐殺戮之氣所代，是以顧炎武《日知錄・周末風俗條》云：

> 春秋時猶尊禮重信，而七國則絕不言禮與信矣；春秋時猶宗周王，而七國則絕不言王矣；春秋時猶嚴祭祀、主聘享，而七國則無其事矣；春秋時猶論宗姓氏族，而七國則無一言及之矣；春秋時猶宴會賦詩，而七國則不聞矣；春秋時猶有赴告策書，而七國則無有矣。邦無定交，士無定主，此皆變於一百三十三年之間，史之闕文，而後人可以意推者也。

韓非卽處此道德大廢，仁義盡絕，邦無定交，士無定主，唯利所歸之譎詐篡亂時代。其學說思想深受各家影響，不類各家原說單純，故梁任公云：「法家者，儒道墨三家之末流嬗變匯合而成者也。」〔註2〕其間因韓非個人思想基點不同，諸家思想納入其體系便多有歧出或斥破，以是，韓非思想非僅橫面移接諸家思想，且是縱面整體化解諸家思想，分截所需，予以整合，而成一家之言。

第二節　思想背景

先秦諸子之發言，多以無數生靈為重，有其價值理想為前導，是故懷抱亦大。往後諸家之遞衍或歧轉，乃為學說自身之流變，與時代背景之推盪，加以傳承者所秉之情性等因緣湊泊而成。綜言之，構成思想之兩大主流：個人思想與時代思潮。一為有意識之創造，一為無意識之演進，兩者相互混織而成〔註3〕。先秦諸家之流衍，其支派末流皆有共同特徵：理想性之減退及涵蓋面之縮小〔註4〕非惟道家為然，其他諸家亦復如此，分派愈細，歧出愈大，相為推演，各家定界分殊變小，所謂交光互影可說明戰國末期思想之發展形態。

韓非身處諸家學說交光互影之時代，思想自是受前人影響，其主要政治

〔註1〕　參見《戰國策》劉向序文。
〔註2〕　梁啓超《先秦政治思想史》，第十三章〈法家思想〉（其一），134頁。
〔註3〕　參閱《薩孟武先生七十華誕政法論集》，所收陳顧遠先生〈政治思想的體態論〉一文。
〔註4〕　參見徐復觀先生《中國人性論史》，第十三章〈道家支派及其末流的心性思想〉，415頁。

學說，皆承其前之法家而來，如管仲、子產、李悝、吳起、商鞅、申不害、慎到等，至若儒、墨、名、道之思想，雖爲其隱而不顯之「次要淵源」〔註5〕，然卻爲建構其思想之重要骨架。以下略論韓非與諸家相承之類點（與道家另立章節述之）：

一、韓非與法家

封建制度陵夷，君主政體應運而起，法家思想之興盛實有以推助之。先秦法家較著者如管仲、子產、李悝、吳起等，《韓非子》書中皆有所稱引，然以商鞅之重法派、申不害之重術派及慎到之重勢派，予以韓非思想影響較鉅。茲分別簡述如下：

《韓非子》書中稱引商鞅處甚多，如其性惡觀、歷史演化論及耕戰思想，多得力於商鞅。今傳《商君書》非商鞅手作已成定論，然仍可資爲探究商鞅思想之據。

商鞅以爲王者當「刑九而賞一」（開塞）〔註6〕之說，乃緣於性惡論，其謂：「民生則計利，死則慮名。」（算地）又：「民之於利也，若水於下也，四旁無擇也。」（君臣）且刑用於將過，賞施於告姦，此爲求過不求善，藉刑以去刑之論。韓非承之，亦主性惡說，以爲人皆與利爲接，故設重賞以勸功，嚴誅以避害。

再者，商鞅持演化之歷史觀，以爲「上世親親而愛私，中世上賢而說仁，下世貴貴而尊官」將歷史分期爲三，而治隨世轉，即其所言「世事變而行道異」也，故繼之則主「不法古，不脩今」，以「立民之所惡，而廢其所樂」（以上所引皆見開塞）爲義爲利，與儒家持仁義德治說迥異，是以其治國終以刑多而賞少爲歸。韓非所持之論與其頗類，曰：「上古競於道德，中古逐於智謀，當今爭於氣力。」以爲仁義用於古而不用於今，此謂「事因於世，而備適於事」（以上所引皆見五蠹）緣是推之，其終亦以罰薄不爲慈，誅嚴不爲戾作結。

法家多急功近利，爲使「無事則國富，有事則兵強」（五蠹）故力主農戰，戰國先期法家李悝已有「盡地利」之說〔註7〕，此即重農之先河。商鞅則更深

─────

〔註5〕見陳啓天先生《增訂韓非子校釋》附錄〈韓非及其政治學〉一文。

〔註6〕以下商鞅引文皆依《商君書新校正》清、嚴萬里撰。見新編諸子集成五，世界書局版。

〔註7〕《史記‧卷一二九‧貨殖列傳》：「當魏文侯時，李克務盡地利。」《漢書‧二十一卷‧食貨志第四上》：「陵夷至於戰國，貴詐力而賤仁誼，先富有而後禮讓，是時李悝爲魏文侯作盡地方之教，……」。

慮之，以爲令民歸心於農，則民樸而易使，且少詐重居而可守戰，如是賞罰方可進也，故言：「國待農戰而安，主待農戰而尊」（農戰）韓非亦勵民以耕，謂用力於耕可得富；勸民以戰，謂爲事於戰可得貴。以上略述商鞅於韓非之影響。

　　重術派之法家以申不害爲宗，《史記・老莊申韓列傳》云：「申子之學，本於黃老，而主刑名。著書二篇，號曰申子。」漢志列其書於法家類，今已亡佚，僅存輯本。

　　韓非以爲商鞅之法，申不害之術，兩者雖未盡善，然不可無，皆帝王之具。是以其〈定法篇〉云：

> 今申不害言術，而公孫鞅爲法。術者，因任而授官，循名而責實，操殺生之柄，課群臣之能者也，此人主之所執也。法者，憲令著於官府，賞罰必於民心，賞存乎慎法，而罰加乎姦令者也，此人臣之所師也。君無術則弊於上，臣無法則亂於下，此不可一無，皆帝王之具也。

法、術皆人主之治具，然法者乃編著之圖籍，以設於官府，而布於百姓者；術者則藏於胸中以偶眾端，而潛御群臣，是以「法莫如顯，而術不欲見」（難三）。《尹文子》亦嘗言：「道不足以治則用法，法不足以治則用術。」（大道上）復言：「術者，人君之所密用，群下不可妄窺。」〔註8〕。有術則人君可明察遠見，法家卽常處虛執要以操無爲之術，致霸王之功者。申子言：

> 上明見，人備之；其不明見，人惑之。其知見，人飾之；不知見，人匿之。其無欲見，人司之；其有欲見，人餌之。故曰：吾無從知之，惟無爲可以規之。（外儲說右上）

是援道家「無爲」之用，以爲御臣之術，韓非亦云：「有術而御之，身坐廟堂之上，有處女子之色，無害於治；無術而御之，身雖瘁臒，猶未有益。」（外諸說左上）。以上約言申不害之術於韓非之影響。至若重勢派之慎到與韓非思想之關係，已論於前章第二節。

二、韓非與儒家

　　韓非思想淵源甚爲博雜，其特色多師承荀卿之性惡說，一系列開展出人性卑惡之理論系統。荀子以爲「人之性惡，其善者僞也」，由此，再推出「師法」、「隆禮」之說，曰：「今人之性惡，必將待師法然後正，得禮義然後治」（性惡篇）。韓非則進言人之本性唯有自利心，並將人性善端之可能，予以極

〔註8〕見《尹文子》清、錢熙祚校。世界書局版。

力貶斥，以為人皆無善善惡惡之道德判斷，而僅是「利之所在，民歸之；名之所彰，士死之」（外儲說左上），一切行事以名利為判準，故曰：「民之正計，皆就安利，如辟危窮」（五蠹），推此無涯之欲與好利之心，父母子女，無孝親慈愛之血緣親情；君臣上下，無忠信禮敬之赤胆烈義；夫妻之間，無相忍憐惜之恩愛深衷。韓非於此，無異對人性尊嚴全盤否定，而易以利相市，並依此建立其厚賞重罰之法術統治理論基礎。

孔子言「禮」重在內在修持，故與「仁」並舉，曰：「人而不仁，如禮何？人而不仁，如樂何？」（述而），意使禮不致流為枯竭之虛文，以達文質相稱，內外和合。然荀子主「性惡」、「師法」，故特將禮提舉於心性之外，而置於客觀秩序上，並賦予規劃制約人性之效用，至此，斬絕人性自覺之價值意識，是以任公云：「儒家之禮治主義，得荀子然後大成，亦至荀子而漸滋流弊。」〔註9〕。《荀子‧禮論篇》謂：

> 禮起於何也？曰：人生而有欲，欲而不得，則不能無求；求而無度量分界，則不能不爭；爭則亂，亂則窮。先王惡其亂也，故制禮義以分之，以養人之欲，給人之求，使欲必不窮乎物，物必不屈於欲，兩者相持而長，是禮之所起也。

以此，荀子所謂禮之義，乃退降為權威規範之作用〔註10〕，卽：道德自覺意味漸少，而外在規制意味滋多。此涵義與法家外化權威性之「法」相貼切。然荀子畢竟重人治而輕法治，其〈君道篇〉云：「有亂君，無亂國；有治人，無治法。……故法不能獨立，類不能自行，得其人則存，失其人則亡。」此其終不失儒家之故也。

三、韓非與墨家

墨子學說中之尙同與天志，均有濃厚之權威主義色彩。〈尙同〉曰：「若苟上下不同義，上之所賞，則眾之所非，若苟上下不同義，上之所罰，則眾之所譽。……賞譽不足以勸善，而刑罰不足以沮暴。」使上下刑賞罰譽有相同之判準，則能一民以利天下。韓非則言：「法莫如一而固」（五蠹），不然，則「十黃帝不能治也」（五蠹）。荀子評墨子「蔽於用而不知文」（解蔽），蓋言墨家之非樂、節用、節葬皆在否定禮文，而僅著眼於日用實效，此韓非與墨家相類，皆主以利相交，全然漠視人倫存在之價值。

〔註 9〕同註2。第七章〈儒家思想〉（其五荀子）93頁。
〔註10〕參見勞思光先生《中國哲學史》，第六章〈荀子與儒家之歧途〉。

四、韓非與名家

先秦言「名」最早為孔子與老子。孔子言「正名」，用以維繫人倫道德及社會秩序；老子言「無名」，以去人文之障蔽。一為「實踐」之旨趣，定俗情世間之正位；一為「理論」之旨趣，撐拓形上學之基礎架構，然不以思辯為終極目的〔註11〕。

《尹文子》，《四庫全書提要》云：「其書本名家者流，大旨指陳治道，欲自處于虛靜，而萬事萬物，則一一綜核其實，故其言出入于黃老申韓之間。」非惟如此，《莊子・天下篇》宋鈃與尹文並列，《荀子・非十二子篇》則墨翟與宋鈃並舉。以見尹文思想與墨學當有相通處。實則，墨學之末流已有「倍譎不同，相謂別墨」（莊子・天下篇）之言辯色彩，此與早期名家從事純理思辯之宗趣頗近。是以尹文子為兼具名、墨、道、法諸家性格之人物，此亦戰國末諸子思想相為會通之典範。

尹文論名乃由道始，云：「大道無形，稱器有名。名也者，正形者也。形正由名，則名不可差。」復由名論法，云：「名有三科，法有四呈」，所謂三科者，一曰命物之名，二曰毀譽之名，三曰況謂之名。四呈者，一曰不變之法，二曰齊俗之法，三曰治眾之法，四曰平準之法。法既已論，循次復釋術、勢，云：「術者，人君之所密用，群下不可妄窺。勢者，制法之利器，群下不可妄為。」（以上所引皆見大道上）為令術可秘，勢可專。其大要則在乎正名定分，使不相侵雜，故形名不可不正。由上所述，庶幾可察尹文自道以至名，至名以入法之跡。至韓非所謂「形名」之論，皆指實際政治之職分績效，如〈揚搉篇〉謂：「君操其名，臣效其形，形名參同，上下和調。」即審名定位，按實考形之意也。故司馬談〈論六家要旨〉云：「名家苛察繳繞，使人不得反其意，專決於名而失人情，故曰使人儉而善失真，若夫控名責實，參伍不失，此不可不察也。」蓋指落入實用價值之刑名立說耳。

第三節　韓非思想與老子道德經

韓非為一理論法家，其學說所懸之鵠的亦高，自言所擬之「法」乃循天道、因自然、守成理，以期歸於「上下交順，以道為舍」（大體）之無為境界。司馬遷謂「韓非之學歸本於黃老」，此或為漢初一般之通說，然究其思想脈絡

〔註11〕同註9。第八章〈名家與名學〉。

之意義言，道、法兩家之立論確有相近之理想，如《管子》一書參合道、法之說，慎到、田駢亦兼兩家貌徵卽可爲證。

　　現存《韓非子》書，除〈解老〉、〈喻老〉兩篇專釋老子外，另〈主道〉、〈揚摧〉、〈大體〉等篇，亦多與老子思想相關，其他諸如〈六反〉、〈難三〉、〈內儲說下〉、〈外儲說左上〉、〈外儲說左下〉、〈存韓〉，或明引「老子曰」、「老聃曰」者，或不標明「老子曰」而引《老子》文者〔註12〕，則老子書成於韓非前，當無可置疑，又司馬遷云「皆原於道德之意」，亦可信矣。以下就韓非〈解老〉、〈喻老〉兩篇外之其他篇章，試探韓非於老子思想之援引：（解老、喻老另有專論於後二章）

　　一、道

　　《老子》云：「昔之得一者，天得一以清，地得一以寧，神得一以靈，谷得一以盈，萬物得一以生，侯王得一以爲天下貞。」（卅九章）此章言道之用，「一」者，道也，爲一周徧浹洽順理流衍而憒然素樸者，得之，則各遂其生，自濡自化，與《易・繫辭下》云「天下之動，貞夫一者也。」指涉同，皆稱道也。韓非亦言「一」，云：「用一之道，以名爲首，正名定物，名倚物徙，故聖人執一以靜，使名自正，令事自定。」（揚摧）其所言「一」者，謂常行之道，然法家之道以名爲首，故云「用一之道，以名爲首」，指人君惟虛靜以待，執本守要，則臣自守素以貢情，此卽形名參同、循名責實之術，與老子所謂「道可道，非常道。名可名，非常名」之旨迥異。老子以道本無名，意在自得，可名當非究極之名。韓非反是，而以名爲首，是欲綜覈名實，考審人臣之形名術而已。

　　二、無爲

　　韓非論術之觀點多取道家致虛、守靜之心，以燭照人臣之行止，如此，人主方可獨擅長保，且使國歸於治。〈主道篇〉云：「道在不可見，用在不可知，虛靜無事，以闇見疵。」韓非術論可謂全然「行政方術」之運用，取老子虛靜觀照之心，收「無不爲」之實效。老子以「無爲」開顯超然自得之生命意境，韓非則以「無爲」行人君操權之術，故蕭公權先生評道、法二家之異同云：

　　（一）無爲而治之理想相似，而致此之途徑相殊。

〔註12〕見嚴靈峰先生《馬王堆帛書老子試探》附錄，河洛圖書出版社（民65）。

（二）無爲之操術旣殊，其所懸之鵠的尤異。

（三）無爲之目的旣殊，行術者之地位亦異。〔註13〕

老子之思想乃藉助政治理念，開展其迂深閎遠之智慧，以「致虛」、「守靜」之心，朗照天時人事之遷化，旨在消解人之心機成見，而順自然之所歸。韓非則以此爲人君用術所本，所謂「君無術則弊於上」（定法）、「明君無爲於上，群臣竦懼乎下」（主道）及「用術，則親愛近習莫之得聞也」（難三），凡此皆術治思想之消極意義。其積極意義則在計功行賞、程能授事之用人術，言：「任人以事，存亡治亂之機也。無術以任人，無所任而不敗。」（八說）法家雖重法治，然亦不棄人治以助治世之機也。

老子以道爲「無爲」，曰：「人法地，地法天，天法道，道法自然」（廿五章），老子之道乃自然之律則，落實於人間世卽爲政治、社會、人生之心矩，且老子之道以樸厚、歛退、幽昧之形式表顯，其「無不爲」乃隨順之應。韓非則使法擇人，以法量功，凡事無不舍己能、任法數，以至上尊不侵、主強守要，其復以人爲之「法」，比擬老子自然之「道」，強調「中主守法術，拙匠執規矩尺寸，則萬不失矣。」（用人），雖上智、巧匠，欲中事、中繩，亦必得以法、規爲斷，故曰：「惟無爲可以規之」（外儲說右上），以法（術）爲「無爲」，乘威嚴之勢，使人不敢有所爲，以達其「無不爲」，此卽道、法之殊趣也。

三、虛靜

《韓非・揚摧篇》曰：「虛靜無爲，道之情也。」又：「去喜、去惡，虛心以爲道舍。」〈主道篇〉亦曰：「虛則知實之情，靜則知動者正。」故其所謂之「虛靜」，全然爲循名實、定是非、因參驗、審言辭之用。反觀老子之「虛靜」，乃不得有成心之謂，一有機心，則不爲虛矣，故《莊子・庚桑楚》釋「虛靜」曰：

> 徹志之勃，解心之謬，去德之累，達道之塞。貴、富、顯、嚴、名、利，六者勃志也；容、動、色、理、氣、意，六者繆心也；惡、欲、喜、怒、哀、樂，六者累德也；去、就、取、與、知、能，六者塞道也。此四六者不盪胸中則正，正則靜，靜則明，明則虛，虛則無爲，無爲而無不爲也。

此道家「虛心」之微旨，與韓非之說立意相殊。《老子》言「致虛極，守靜

〔註13〕蕭公權先生《中國政治思想史》，第一篇第七章〈商子與韓非〉，250頁。

篤，萬物並作，吾以觀復。夫物芸芸，各復歸其根，歸根曰靜，是謂復命」
（十六章），又言「不欲以靜，天下將自定」（卅七章），以爲人之本心乃清
明澄寧，倘受私心欲念激撓則不復靈明，故需「致虛極，守靜篤」以超拔於
萬物之上，使心不徇物，明心體道，以觀要妙。韓非則偏於道之一曲，專言
術之用，所謂「人主之道，靜退以爲寶，不自操事而知拙與巧，不自計慮而
知福與咎，是以不言而善應，不約而善會。言已應，則執其契；事已會，則
操其符。符契之所合，賞罰之所生也」（主道），全然以爲御臣之術，使群臣
守職，百官有序，乃至「有功則君有其賢，有過則臣任其罪」（同上）故君
可不窮於智，而臣可竭其慮。其後，君但操符執契以定賞罰，誠可爲韓非論
術之最高理論〔註14〕。

四、太上之治

《老子》曰：「太上，不知有之〔註15〕；其次，親而譽之；其次，畏之；
其次，侮之。」（十七章），卽言聖人無心、無爲，純任百姓自化自得，此爲
治之聖境。其次，則有心、有爲，德慧自見，故民親而譽之。再其次，則「設
刑法以治之」（河上公注），故民生畏懼之心。最下等之治則民無忌憚矣。

《韓非‧難三篇》曰：「今有功者必賞，賞者不德君，力之所致也；有罪
者必誅，誅者不怨上，罪之所生也。」卽言以法爲「無爲」，於刑法之下，賞
不德君，誅不怨上，皆自致也，故言「太上，不知有之」。其所謂太上之治，
實已淪降至老子所言「其次，畏之」之級也〔註16〕。

五、不尚賢

《老子》云：「不尚賢，使民不爭」（三章），老子之不主尚賢，欲使民不
爭之故也。韓非不尚賢之因有三：（一）嚴防人臣乘賢劫君。韓非云：「任賢
則臣將乘於賢以劫其君，……故人主好賢，則群臣飾行以要君欲，則是群臣
之情不效，群臣之情不效，則人主無以異其臣矣。」（二柄）卽設防君託賢，

〔註14〕 參閱王師靜芝《韓非思想體系》，49 頁。台北：輔仁大學文學院，民 63 年。
〔註15〕 陳啓天先生《增訂韓非子校釋‧第四卷難三》云：「不知，各舊本作下智，老
　　　　子原文作不知。按下字，乃不字之壞體。老子原意，蓋謂君無爲則民不知有
　　　　君，此乃太上之君也，茲校改下智爲不知。」
　　　　又，陳鼓應先生《老子今註今譯及評介》云：「不字王弼本原作下。吳澄本，
　　　　明太祖本，焦竑本，潘靜觀本，周如砥本都作不。」本章最後一句：「百姓皆
　　　　謂我自然」就是「不知有之」的一個說明，作「不知」意義較爲深長，所以
　　　　據吳澄本改「下」爲「不」。
〔註16〕 陳柱《老子韓氏說》，29 頁。台北：西南書局，民 68 年。

則群臣匿端詖能以奪君也。 （二）畏民疑法、貳功。韓非云：「博習辯智如孔墨，孔墨不耕耨，則國何得修焉。修孝寡欲如曾史，曾史不攻戰，則國何利焉。匹夫有私便，人主有公利。……錯法以道民，而又貴文學，則民之師法也疑。賞功以勸民也，而又尊行修，則民之產利也惰。夫貴文學以疑法，尊行修以貳功，索國之富強，不可得也。」（八說）是畏博習辯智、修孝寡欲、貴文之士，導民於疑法、貳功，令慶賞之勸、刑罰之威不可用，而國之富強不可索，故不主尚賢，尚賢則主傾國危矣。 （三）賢者千世一出而不可待。《韓非》云：「世之治者，不絕於中，吾所以為言勢者，中也。中者，上不及堯、舜，而下亦不為桀紂，抱法處勢則治，背法去勢則亂。今廢勢背法而待堯、舜，堯、舜至乃治，是千世亂而一治也。」故待賢則猶「待古之王良以馭今之馬，亦猶越人救溺」（難勢）之說，惟抱法處勢則可不待賢。且韓非並以為堯舜之禪、湯武之伐，皆假賢義之名，以危主取國者，是「反君臣之義，亂後世之教」，故云「廢常上賢則亂，舍法任智則危」（忠孝）。要言之，老子所不尚者，乃世俗立賢之虛名，為免於爭，故返之渾樸，與韓非所謂「不尚賢」名同而實異矣。

六、棄仁義、絕聖智

老子絕仁義聖智，韓非所絕者亦與之同，然其所以絕者迥異。

《老子》云：「大道廢，有仁義，智慧出，有大偽」（十八章），又云：「絕聖棄智，民利百倍。絕仁棄義，民復孝慈」（十九章），王弼注云：「甚美之名，生於大惡，所謂美惡同門。……魚相忘於江湖，相忘之道失，則相濡之德生也。」孝子以仁義聖智之實，本存乎自然之道，故無需以其虛名，殘生傷性，乃至於爭競詐偽。韓非則以為古今異俗，新故異備，天下「貴仁者寡，能義者難」（五蠹），民皆畏服於勢，設若行以仁義，奚遽不亂，且仁義之行亦不足譽，譽之則耕戰不足勸，富強無可索。

再者，老子反智治國，曰：「古之善為道者，非以明民，將以愚之。民之難治，以其智多。故以智治國，國之賊；不以智治國，國之福。」（六十五章）所謂「愚」者，渾樸守真之謂。以智巧治國，則上下之情相冒而不達，故老子以為治國之本在使民顯樸表真，不然，則詐偽奇巧相軋而國亂。韓非亦主棄智，然其代之以任術，曰：「不任典成之吏，不察參伍之政，不明度量，特盡聰明、勞智慮，而以知姦，不亦無術乎？且夫物眾而智寡，寡不勝眾，故因物以治物。下眾而上寡，寡不勝眾，故因人以知人。是以形體不勞而事治，

智慮不用而姦得。」（難三），以爲智不足以徧知物，君不足以徧知臣，惟因物以治物、因人以知人，行參伍比類之術以察之，則事少而功多。是以老子、韓非之絕仁義棄聖智，一爲進道，一爲趨功，此其殊途也。

七、積信

《老子》云：「信不足焉，有不信焉，猶兮其貴言」（十七章），意指聖君當重於言，貴不輕出，以守樸立誠，而非如法家片面之無偷賞、無赦罰而已。韓非爲期刑罰必於民心，故於法主信，於勢、術則不言信，曰「恃勢而不恃信」、「恃術而不恃信」（外儲說左上），是其信僅用於勸賞禁罰，所謂「小信立，則大信成。故明主積於信，賞罰不信則禁令不行」（同上）。循此，老子之重「道」與韓非之重「術」，立判旨歸矣。

八、去甚、去泰

《老子》云：「將欲取天下而爲之，吾見其不得已。天下神器不可爲也，爲者敗之，執者失之。故物或行或隨，或歔或吹，或強或羸，或載或隳，是以聖人去甚去奢去泰。」（二十九章）韓非則闡曰：

> 天有大命，人有大命。夫香美脆味，厚酒肥肉，甘口而病形，曼理皓齒，說情而損精。故去甚去泰，身乃無害。（揚搉）

又曰：

> 季孫好士，終身莊，居處衣服，常如朝廷。而季孫適懈，有過失，而不能長爲也。故客以爲厭易已，相與怨之，遂殺季孫。故君子去泰去甚。（外儲說左下）

老子語人當體道之自然，不可偏執拗取，順事物適然之理勢而爲之，如此方可「無物不然，無物不可」（莊子·齊物論）。韓非則以養身接物爲喻，不可太過，不然則易陷危殆。由此顯見，韓非乃援老子思想入於日用之人事，而老子之道迂深過之。

九、貴身

《老子》云：「何謂貴大患若身，吾所以有大患者爲吾有身，及吾無身，吾有何患。故貴以身爲天下者，則可寄於天下。愛以身爲天下者，乃可託於天下。」（十三章）老子欲人不輕身以徇物，不危身以掇患，持以清靜無爲者，卽可託以天下。韓非則言：「萬物莫如身之至貴也，位之至尊也，主威之重也，主勢之隆也。此四美者，不求諸外，不請於人，議之而得之矣。」（愛臣）。

為防愛臣太親，以易主位，故以身貴、位尊、威重、勢隆為人君之大備。是則，老子貴身旨在全德；韓非貴身重在全權，兩說殊不相涉。

十、巧拙

《老子》云：「大巧若拙」（四十五章），道本無名，以形求之，則不可得，故雖巧若拙。蘇子由注曰：「巧而不拙，其巧必勞，付物自然，雖拙而巧。」〔註17〕，拙者，涵斂凝聚，道之形也。韓非昧此真義，舉樂羊用巧詐，雖有功而見疑；秦巴西以拙誠，縱有罪然益信，兩事為喻，曰「巧詐不如拙誠」（說林上）。倘欲人以拙誠之形，期致大巧之用，如此已見算計之心，不復道之渾樸拙誠，是老子重道與韓非用術立見分途也。

十一、圖易

《老子》云：「圖難於其易，為大於其細，天下之難事必作於易，天下之大事必作於細，是以聖人終不為大，故能成其大。」（六十三章），亦如《中庸》所言：「君子之道，辟如行遠必自邇，辟如登高必自卑。」皆言處事必當循序漸進則可順成。而韓非則援為賞罰參驗之用，曰：「明君見小姦於微，故民無大謀；行小誅於細，故民無大亂。此謂圖難於其所易也，為大者於其所細也。」（難三）誠然，亦道體、術用之別見。

十二、習常

《老子》云：「見小曰明，守柔曰強，用其光，復歸於明，無遺身殃，是為習常。」（五十二章）此習常之意，即守常道、覽明德之謂。韓非引為法家用人之術曰：「群臣守職，百官有常，因能而使之，是謂習常。」（主道）。使群臣各盡其智，各效其能，群不窮於智、不竭於能，而「臣有其勞，君有其成」（同上），乃至人君無為，群臣竦懼之地。是故，韓非已將老子之常道，流轉為人君用人之術，以致道失，德亦不全矣。

總攝老子之「道」、「無為」、「虛靜」、「太上之治」、「不尚賢」、「棄仁義絕聖智」、「積信」、「去甚去泰」、「貴身」、「巧拙」、「圖易」、「習常」等諸理念，韓非皆有以闡述之。然老子之道較深閎遠大，而韓非則不失法術勢之用，兩者名同而義殊矣。

〔註17〕引自明，焦竑《老子翼》。

第三章　解老與道德經之比較

　　自太史公合老莊申韓爲傳，言申韓歸本黃老，後之學者異說蠭起。非惟帝王者如唐玄宗、宋徽宗、明太祖之流，注《老子》多本權謀之論〔註1〕，卽如宋儒程、朱誤解亦深〔註2〕，以《老子》之言爲捭闔權詐之術，故其後有申韓殊不甚怪也。近代學者章太炎先生承此餘論云：

　　　　老子亦有極端專制語，其云「魚不可脫於淵，國之利器不可以示人」，
　　　　非極端專制而何。
　　　　太史公以老子韓非同傳，於學術源流，最爲明了。韓非解老喻老而
　　　　成法家，然則法家者，道家之別子耳。（國學略――諸子略說）

―――――――――――――――――――

〔註1〕 參見〈道藏本三聖註道德經之得失〉一文，柳存仁，《崇基學報》第九卷第一
　　　　期。
〔註2〕 二程――
　　　（一）與奪翕張，固有此理，老子說著便不是。（二程遺書卷七）
　　　（二）老子之言，竊弄闔闢者也。（二程遺書卷一一，明道先生語一）
　　　（三）問，老子書若何？曰：老子書，其言自不相入處如冰炭。其初意欲談
　　　　　　道之極玄妙處，後來却入做權詐者上去。然老子之後有申、韓，看申、
　　　　　　韓與老子道甚懸絕，然其原乃自老子來。（二程遺書卷一八，伊川先生
　　　　　　語四）
　　　朱熹――
　　　（一）如將欲取之，必固與之之類，是它亦窺得些道理將來竊弄。如所謂代
　　　　　　大匠斲則傷手者，謂如人之惡者不必去治它，自有別人與它理會，只
　　　　　　是占便宜，不肯自行手做。
　　　（二）老氏之學最忍，它閒時似箇虛無卑弱底人，莫教緊要處發出來，要教
　　　　　　你支悟不住，如張子房是也。
　　　（三）老子便是楊氏。（以上三條皆見朱子語類卷第一二五）

> 凡周秦解故之書，今多亡佚，諸子尤寡。老子獨有解老喻老二篇，
> 後有說老子者，宜據韓非爲大傳，而疏通證明之，其賢於王輔嗣遠
> 矣。（國故論衡──原道）

是以法家爲道家之別支，復以〈解老〉、〈喻老〉爲後世習老子者可據爲大傳
而疏通證明之作。由上所述可見韓非與老子關涉混同之處。

〈解老〉一篇，爲以義理擇句闡釋《老子道德經》之義者，論者或信其
手出韓非，抑有疑之者，今皆以無確證可資，故懸訟難定，惟篇中雖無法家
語，然實有源流之繫〔註3〕，職是，當還本歸宗以探之。其下就〈解老〉所論
與《老子道德經》之義試析，以見道、法旨歸之異同。

第一節　道論

舉凡宇宙間一切事物活動之取向，皆可謂之「道」。《說文》：「𨑒，所行道
也，一達謂之道。」即言人之首導其足而行止之義。道，爲中國哲學思想特
予重視之名言概念〔註4〕，涵攝至廣，不易全義而論。概言之，物物自得，無
所不應，即謂之道。

宇宙萬象之名皆出乎涉求。有名則有分，有分則不兼，不兼則不盡，是
以不當緣名起執。凡名言概念必有定執，易失眞樸，況道渾淪幽隱，不可致
詰，故老子言「吾不知其名，強字之曰道」〔註5〕，即謂道乃不得已之指稱。
《莊子・齊物論》則云：「道通爲一，其分也，成也；其成也，毀也。凡物無
成與毀，復通爲一。」一者，同也，同於道。是言道之相反相成、始終若環
之絕對律則，難能名焉。

一、道體

道本流敷萬有，所遇無往而非道之所在，然道體則至虛而超聞見之知，
是以《老子》云：

> 視之不見名曰夷，聽之不聞名曰希，搏之不得名曰微，此三者不可

〔註3〕王師靜芝《韓非思想體系》，54頁。

〔註4〕《中國哲學原論──原道篇卷一》，導論上──道之名義及其類比。唐君毅先
生著。

〔註5〕蔣錫昌《老子校詁》：「老子約本有強字，傳本、范本有故強二字。劉師培曰：
今本脫。牟子理惑論引亦有強字，是東漢本尚未脫。按莊子則陽郭注亦有強
字。以理而推，大既強名，則道亦強字，字上有強字者是也。」

致詰，故混而爲一。其上不皦，其下不昧，繩繩不可名，復歸於無

物，是謂無狀之狀，無象（物）之象，是謂恍惚。（十四章）

又：

道之出口，淡乎其無味，視之不足見，聽之不足聞，用之不可既。（卅

五章）

道體無限且絕對，義蘊萬有，故不可致詰。〈解老〉乃云：

以爲近乎，遊於四極。以爲遠乎，常在吾側。以爲暗乎，其光昭昭。

以爲明乎，其物冥冥。而功成天地，和化雷霆，宇內之物，恃之以

成。

此解於老子之說頗爲得之。蓋以道體混融，超乎聲色名相思議之表（憨山注），

無上下、明冥、遠近之別，然在窈冥恍惚中，精信存焉。「精」，含蘊一切形

質生命之原力，掌制道體由「無」至「有」之踐形作用，故老子云：

道之爲物，惟恍惟惚。惚兮恍兮，其中有象，恍兮惚兮，其中有物。

窈兮冥兮，其中有精，其精甚眞，其中有信。（二十一章）

萬物莫不秉道而化生，道體雖幽深微妙，似有若無，其用則信實無妄，《管子・

內業篇》亦云：「凡物之精，此則爲生」是以精乃道體眞空妙有之原力。

　　〈解老〉所闡「無狀之狀，無物之象」，與老子所論雖無大殊，然老子

重道體之玄妙超絕，不可言傳；〈解老〉重事功之參驗，云：「今道雖不可得

聞見，聖人執其見功以處其見形，故曰無狀之狀，無物之象。」與《管子・

自心篇》所言：「知其象則索其形，緣其理則知，其情，索其端則知其名」

之因形命名、循名責實之說爲近。管子斯篇爲戰國中世以後道家之作〔註6〕，

此時法家已立，緣此，或可察道、法遞衍之跡。

　二、道理

　　道包含理，道不現卽不足言理。〈解老〉言道與理之關係云：

道者，萬物之所然也，萬理之所稽也。理者，成物之文也；道者，

萬物之所以成也。故曰，道：理之者也。

　　又〈解老〉釋理云：

凡理者，方圓、短長、麤靡、堅脆之分也。故理定而後可得道也。

故定理有存亡、有死生、有盛衰。

〔註6〕羅根澤《管子探源》，推證管子〈心術（上）、（下）〉及〈白心篇〉爲戰國中

世後道家作。

〈解老〉將道與理並舉。其言道者，萬物之所然；理者，成物之文。粗視之，頗類老子之道與德間，以用顯體，以體見用，「卽體成用」〔註7〕之雙向圓成關係。然就〈解老〉所闡之道、理，與老子所言之道、德意涵，則各有所歸。

萬類殊體，各見其性。老子以德顯道，卽：德乃道自然之用，故德者，萬類之本性而已。道雖冥冥無形，其生化萬物則有倫以形，是以老子言：「道生之，德畜之，物形之，勢成之」（五十一章），此言道創化萬物之過程，亦卽純理思辯之宇宙論，然老子非爲建立客觀理序之形上學發言，實爲主體生命之安頓溯其源。於此，徐復觀先生有精當之論：

> 老學的動機與目的，並不在於宇宙論的建立，而依然是由人生的要求，逐步向上推求，……因此，道家的宇宙論，可以說是他的人生哲學的副產物。〔註8〕

故不可全以客觀之存有實體析論老子之道，或擬以西哲之宇宙論比之。老子之道必得由主體會悟而得，而非僅恃推理可拾取。何故？老子以同爲德，物物自得而不德其德謂之「上德」，此亦「無爲而成」、「無道日損」之向道歷程，其中皆以直觀內省爲實踐進路，離文尙質以至於樸。樸者，渾融之道也。

韓非之「理」乃道下貫於萬物之文也，故云：「理者，成物之文也」又云：「凡理者，方圓、短長、麤靡、堅脆之分也」，其所重者皆萬類之外在形質，與老子所言「德」爲萬類之內在本性者有異，以其重外在形質之「理」，而引出棄人知、從法理之法家之路，與愼到之棄知去己，泠汰於物與之宛轉而不得已之立論頗近。故其於「理」之界說，已可爲其法家棄智依法之特質作註腳。

三、知常

老子以無待者爲道。道者，常也，曰：「夫物芸芸，各復歸其根，歸根曰靜，是謂復命，復命曰常。」（十六章）觀復故能知常，常者，自然運行之律理也。嚴又陵評點《老子道德經》云：「不生不滅，不增不減，物遷流而此不改，萬物皆對待而此獨立。」道本無待，故有常，凡有成毀存亡者，皆不可謂「常」，以其存於互制互依之對待中，無標準可資貞定。韓非釋「常」與老子所言「常」之理雖無大異，然其所涵之旨較狹，韓非云：

〔註7〕《十力語要·卷三》，熊十力先生著。
〔註8〕《中國人性論史》第十一章，〈文化新理念的開創──老子的道德思想之成立〉。

夫物之一存一亡，乍死乍生，初盛而後衰者，不可謂常。惟夫與天
地之剖判也俱生，至天地之消散也不死不衰者謂常。而常者無攸易，
無定理。無定理，非在於常所，是以不可道也。聖人觀其玄虛，用
其周行，強字之曰道，然而可論，故曰：「道可道，非常道也。」

老子以循環反復爲天道自然之歸向，依此證悟一切人事，當下皆不必執著，
一任自然，而自然復以和爲善，故曰「知和曰常，知常曰明」（五十五章），《荀
子‧天論篇》亦云：「萬物各得其和以生」，是以淳和均衡爲自然之常道，四
時行、百物生，莫非如是。〈解老〉以「不死不衰者」謂之常，僅得老子「道」
中之「理」耳。何故？老子言天道以下貫人事，尊道而貴德，凡所用皆不離
道，是謂「大制不割」（廿八章）；法家主時效，重術用，但言有形之理，故
以實存物象之生死、盛衰言之，而不及於形上之道。又老子常於「無」，觀道
體之深微玄妙；常於「有」，顯道用之廣大不盡，〈解老〉釋以「聖人觀其玄
虛，用其周行」，是爲得之。

　　要言之，老子之「常」以「和」爲歸；韓非之「常」僅及「不死、不衰」。
蓋老子善用「無心」之觀照，故能「有、無」雙照，幽明具通；韓非每事「有
心」之積慮，唯抱術用，是以所見異趣矣。

四、道用

　　道用者，自然之因待也。《管子‧心術上》言：「其應非所設也，其動非
所取也，此言因也。」應有所設，動有所取，皆屬有心有爲，不可謂「因」，
必得無心待物而自應。莊子亦云：「至人之用心若鏡，不將不迎，應而不藏，
故能勝物而不傷。」（莊子‧應帝王）凡依自然，不將不迎，方可言道用。不
然，上離其道，下亦失其大用矣。

　　〈解老〉釋道用云：

天得之以高，地得之以藏，維斗得之以成其威，日月得之以恒其光，
五常得之以常其位，列星得之以端其行，四時得之以御其變氣，軒
轅得之以擅四方，赤松得之與天地統，聖人得之以成文章。

　　此節文字造語、句式，與《老子‧卅九章》有相近之處，老子云：

昔之得一者，天得一以清，地得一以寧，神得一以靈，谷得一以盈，
萬物得一以生，侯王得一以爲天下貞，其致之。

老子以道爲萬類所宗，其用無所不適，無所不至，故言「道沖而用之或不
盈」（四章）、「大道氾兮，其可左右」（卅四章）。至若道之精神乃「利而不

害」、「萬物歸焉而不爲主」之廓然無私，終不自大，故「天、地、神、谷、萬物、侯王」得道則可致「清、寧、靈、盈、生、貞」順向圓成之境地。復觀〈解老〉所言天、地、維斗、日月、五常、列星、四時、軒轅、赤松、聖人，較之老子所謂天、地、神、谷、萬物、侯王之分說偏趨於形象實體，且其道用多指涉實質之成效，如：「成其威」、「恒其光」、「常其位」、「擅四方」、「天地統」等，皆雜權勢政治意識。與老子之言氣象分殊，所重亦有異。再者〈解老〉言：

> 道，與堯舜俱智，與接輿俱狂，與桀紂俱滅，與湯武俱昌。
>
> 凡道之情，不制不形，柔弱隨時，與理相應。萬物得之以死，得之以生；萬事得之以敗，得之以成。道，譬諸若水，溺者多飲之即死，渴者適飲之即生；譬之若劍戟，愚人以行忿則禍生，聖人以誅暴則福成。故曰：「得之以死，得之以生，得之以敗，得以之成。」

此二段所釋之「道」，與老子所言「道」之微旨極不相謀。老子之道終歸「不德」，且必善利萬類而不爭；〈解老〉之道則因人之不同，而有死生、成敗、禍福之論，即謂「得之以死，得之以生，得之以敗，得之以成」。此乃人爲扭曲道之至義，而將之淪爲權術，則離道遠矣。

緣上所述，老子之道爲安頓萬物而入於玄妙超絶之境；韓非之道則藉道爲法理之據而立權術形名之說耳。

第二節　德論

孔子定名正分，設仁義禮智爲教化之方便門，以繫人倫之節。其謂「志於道，據於德，依於仁，游於藝」（論語·述而篇），即欲開顯生命之尊嚴，並從容涵泳於日用間。然世道人情漸變，人多逐其跡而忘其本，道德禮義遂成偏枯。老子言「道可道，非常道」、「上德不德，是以有德」，意在滌除人心之有爲造作，重顯本心之良明，故老子所謂「德」，乃直契人之本性以妙合自然而論。

馬王堆《帛書老子》之兩種寫本——小篆本與隸書本，皆德經在前，道經在後，與今本《老子》相反，是《老子》原書編次，抑先秦兩種編次已各自通行，限於史料之不足，仍不得而知。〈解老〉首釋德經，或以老子論「道」多屬宇宙論及本體論，其論「德」則多屬人生論與政治論〔註9〕，而法家重實

〔註9〕《帛書老子》，89 頁。

效之用，故其援道入法，乃將德經置前，道經於後，亦自有其理焉。

一、上德不德

《老子‧卅八章》：「上德不德，是以有德」，〈解老〉釋云：

> 德者，內也，得者，外也。上德不德，言其神不淫於外也。神不淫
> 於外則身全，身全之謂德，德者，得身也。凡德者，以無為集，以
> 無欲成，以不思安，以不用固。為之欲之，則德無舍，德無舍，則
> 不全。用之思之，則不固，不固則無功，無功則生於德。德則無德，
> 不德則有德，故曰：「上德不德，是以有德」。

老子言「上德」、「下德」，〈解老〉則以「內德」、「外得」論之。《說文》：「悳，外得於人，內得於己也。」王弼注亦云：「德者，得也。常得而無喪，利而無害，故以德為名焉。」以得釋德，於老子經義易錯解起執。凡真德當不住德相，亦不離德相，非有非無，亦實亦虛，即其義也。心存目想有所德，則知障妄心遂起，故老子云「滌除玄覽」以義契本心。〈解老〉以「身全之謂德」，實未盡老子德之真義，老子乃重身沒而道全者（死而不亡者壽）。〈解老〉復以「無為」、「無欲」、「不思」、「不用」論德之要義，此則與老子所謂「上德不德，是以有德」之微旨頗切。

二、上德無為

舉凡向道修行以虛靜為本。《老子》云「常無，欲以觀其妙」、「致虛極，守靜篤」、「不欲以靜」，《莊子》云「心齋」、「坐忘」，《大學》云「定、靜、安、慮、得」，佛云「止觀」，凡此皆靜定工夫，意在超拔於物我得失之上，以顯清淨無礙、天人交歸之至境。韓非雖亦主虛，然與老子之虛有別，〈解老〉云：

> 所以貴無為無思為虛者，謂其意無所制也。夫無術者，故以無為無
> 思為虛也。夫故以無為無思為虛者，其意常不忘虛，是制於虛也。
> 虛者，謂其意無所制也，今制於為虛，是不虛也。虛者之無為也，
> 不以無為為有常，不以無為為有常則虛，虛則德盛，德盛之謂上德。
> 故曰：「上德無為而無不為也」。

老子不言術，言術則失樸，淪有待有為之跡。此段首句言「所以貴無為無思為虛者，謂其意無所制也」，尚合道家之旨。次句言「夫無術者，故以無為無思為虛也」，易言之，虛乃可得於術中，此意與老子微旨不相容涉。〈解老〉言及「術」，則屬有意為虛，與荀子所言之「虛」相類，《荀子‧解蔽篇》云：

> 故治之要在於知道，人何以知道，曰心，心何以知，曰虛壹而靜。
> 心未嘗不臧（藏）也，然而有所謂虛。……人生而知，知而有志，
> 志也者臧（藏）也。然而有所謂虛，不以所已臧（藏）害所將受，
> 謂之虛。

韓非之虛言意無所制，荀子之虛言不以已藏害所將受，兩者相通也。荀子之
「心」為一客觀之認知心，不類孔孟為主觀之德性心，欲免蔽於一曲、闇於
大理，則必當用虛以更有所藏，應人文事物之變，與道家言「無為謀府」、「無
為知主」、「應而不藏」（莊子・應帝王）殊趣。韓非與荀子所同者，皆欲以虛
為資具，然荀子乃以心之虛壹而靜，令心無壅塞以成就人文統類之道，故其
〈解蔽篇〉復云：

> 虛壹而靜，謂之大清明。萬物莫形而不見，莫見而不論，莫論而失
> 位。坐於室而見四海，處於今而論久遠，疏觀萬物而知其性，參稽
> 治亂而通其度，經緯天地而材官萬物，制割大理而宇宙裡矣。

而韓非則執運此虛靜之心為御臣之術與賞罰之具，試舉數例為證：

> 寂乎其無位而處，漻乎莫得其所。明君無為於上，群臣竦懼乎下。（主
> 道）
> 道在不可見，用在不可知，虛靜無事，以闇見疵。（同右）
> 虛靜以後，未嘗用己。（揚搉）

老子言虛靜乃萬物無以鐃於心者，言無為則因物自性而然也，悉以「見素
抱樸，少私寡欲」為本，萬物皆不期化而自化。是以〈解老〉云「不以無
為為有常則虛」即行在無為而不執意於無為，與老子之旨頗合。然其下引
出「上德無為而無不為」，做無以為之註腳，並解「無不為」為無所不為，
則與老子相左矣。《老子・卅八章》第三句，河上公及王弼本皆作「上德無
為而無以為」，無以為是動機論，即或無不為亦足為結果論，而非無所不為
也。如《老子・卅七章》「道常無為而無不為」、〈四十八章〉「為學日益，
為道日損，損之又損，以至於無為，無為而無不為」。老子以無為為道之常
體，以無不為為道之變體，萬物因順自然而自化，故憨山大師云「道尊無
名，德重無為」〔註10〕即此之謂也。

三、下德有為

以老子理念論之，德貴無為，即無心為德，當下無思德之念，永保有德

〔註10〕《觀老莊影響論》，老子道德經（卅八章）解，162 頁。廣文書局 63 年 3 月版。

之質而無德之名，其此之謂上德。凡有爲者皆下德，仁、義、禮則屬之。惟老子非鄙仁義禮之實，乃欲棄仁義禮之虛名，以絕邊見之弊，而致與道冥一圓成之境也。

（一）釋仁

〈解老〉釋《老子‧卅八章》「上仁爲之而無以爲」云：

> 仁者，謂其中心欣然愛人也。其喜人之有福，而惡人之有禍也，生
> 心之所不能已也，非求其報也。故曰：「上仁爲之而無以爲也」。

《老子》王弼注：「凡不能無爲而爲之者，皆下德也。」仁者有爲有施，則易使萬物失其本眞，且澤不及萬物，故老子云：「天地不仁，以萬物爲芻狗；聖人不仁，以百姓爲芻狗」（五章）老子言不仁非棄仁，乃無心於爲仁也。道家主因任自然，無爲無造，故云「夫殘樸以爲器，工匠之罪也。毀道德以爲仁義，聖人之過也」（莊子‧馬蹄篇）。

〈解老〉釋仁，言「生心之所不能已也」，卽無責報之心，與孟子言「不忍人之心」同。然韓非於此僅釋仁，非主仁也，以其害法之行，且「仁義用於古而不用於今」（五蠹），故不主仁。

復次，韓非所謂「仁」之義涵，較諸儒、道皆狹，茲舉數例言之：

> 夫垂泣不欲刑者，仁也；然而不可不刑者，法也。（五蠹）
> 仁者，慈惠而輕財者也。……慈惠則不忍，輕財則好與，……不忍
> 則罰多宥赦，好與則賞多無功，……故仁人在位，下肆而輕犯禁法，
> 偷幸而望於上。（八說）

其所謂「仁」，多指私恩、輕財言，亦卽人之私情小惠，故進云：「君不仁，臣不忠，則可以霸王矣」（六反）何以故？以爲君之道，在正賞罰，而非仁人；而爲臣之道，在求爵祿以生功、畏誅罰而生罪，故盡死力而非忠君也。

縱上所論，韓非當亦肯定人之有仁爲實然，故推言行仁則法毀，且貴仁者寡，人人挾大利以從事，而導出行仁不足以治國之說，與孟子言「先王有不忍人之心，斯有不忍人之政」（公孫丑篇）之說如雲泥之判，蓋其從乃師荀卿之性惡說以論人性耳。

（二）釋義

〈解老〉釋《老子‧卅八章》「上義爲之而有以爲」云：

> 義者，君臣上下之事也，父子貴賤之差也，知交朋友之接也，親疏
> 內外之分也。臣事君宜，下懷上宜，子事父宜，賤敬貴宜，知交朋

　　　友之相助也宜，親者內而疏者外宜。義者，謂其宜也。宜而為之，
　　　故曰：「上義為之而有以為也」。

老子言「大道廢，有仁義」，復言「絕仁棄義，民復孝慈」，其所欲捐棄者乃
仁義之浮名，以救末流之弊。蓋仁義本蘊乎天性自然，不可分別指數，既分
之，則非素樸之道，偽亦滋始矣。

　　〈解老〉釋義，僅言「宜也」，《中庸》亦言「義者，宜也」，或以此謂與
儒家學說一致，反與道、法思想無涉，恐亦非實論。今試舉《韓非》他篇以
明之：

　　　行義示，則主威分。（八經）
　　　私義行則亂，公義行則治，故公私有分。人臣有私心，有公義：修
　　　身潔白，而行公行正，居官無私，人臣之公義也；汙行從欲，安身
　　　利家，人臣之私心也。明主在上，則人臣去私心，行公義；亂主在
　　　上，則人臣去公義，行私心，故君臣異心。（飾邪）
　　　夫施與貧困者，此世之所謂仁義。（姦劫弒臣）

道家尚自然，曰「仁義之端，是非之塗，樊然殽亂，吾惡能知其辨」（莊子·
齊物論）。韓非則以為仁義行，賞罰不力，且主威分。再者，其所謂「義」
有公私之分，人臣端視上主之明、亂以行之，即明主在上，行公義；亂主在
上，行私心。此「義」自非孔孟之義，《論語》中孔子云「君子義以為質」（衛
靈公篇）、「君子義以為上。君子有勇而無義為亂，小人有勇而無義為盜」（陽
貨）、「君子喻於義；小人喻於利」（里仁篇），孟子亦云「大人者，言不必信，
行不必果，惟義所在」（離婁篇）。凡此皆見孔、孟「義」之理念為立人之道，
既言「義」，則無攝「私義」，有私即不當言義。復次，義之行出自本心之良
明，強立而不反，何明主在上行公義，亂主在上行私義之有，是故韓非所謂
之義與儒家不盡同。

　　又〈解老〉言義，論及臣事君、下懷上、子事父、賤敬貴、知交朋友之
相助、親者內而疏者外，語句頗似儒家之言，蓋《中庸》云：

　　　天下之達道五，……曰君臣也，父子也，夫婦也，昆弟也，朋友之
　　　交也。

《孟子·滕文公篇》亦云：

　　　父子有親，君臣有義，夫婦有別，長幼有序，朋友有信。

儒家所言之人倫大義，誠為以義為表，以恩為裡之相互敬重，非僅下位者敬

事上位者而已。故〈解老〉此段所述非老子之義。亦非儒家之義，乃藉儒家之言以明法度理序而已〔註11〕。

（三）釋禮

〈解老〉釋《老子·卅八章》「上禮為之而莫之應，則攘臂而扔之」云：

> 禮者，所以貌情也，群義之文章也，君臣父子之交也，貴賤賢不肖之所以別也。中心懷而不諭，故疾趨卑拜而明之，實心愛而不知，故好言繁辭以信之。禮者，外飾之所以諭內也，故曰，禮以貌情也。凡人之為外物動也，不知其為身之禮也。眾人之為禮也，以尊他人也，故時勸時衰。君子之為禮，以為其身，以為其身，故神之為上禮。上禮神，而眾人貳。故不能相應。不能相應，故曰：「上禮為之而莫之應」，眾人雖貳，聖人之復恭敬，盡手足之禮也不衰，故曰：「攘臂而扔之」。

老子不言仁義，以為人自性本有，何勞言之，況務外飾之禮。然〈解老〉則藉此之論以發為別說，其言多緣荀子論禮之義而申述之。《荀子·禮論篇》云：

> 情貌之變，足以別吉凶，明貴賤親疏之節，期止矣。
>
> 孰知夫禮義文理之所以養情也。
>
> 禮者養也，君子既得其養，又好其別。曷謂別，曰，貴賤有等，長幼有差，貧富輕重皆有稱者也。
>
> 禮者，以財物為用，以貴賤為文，以多少為異，以隆殺為要。

今觀〈解老〉「禮者所以貌情也」一段之文章，皆可謂緣荀子而來，即以禮為尊、卑、長、幼、貴、賤、賢、不肖之別。荀子主性惡，故重隆禮、師法，云：「今人之性惡，必將待師法然後正，得禮義然後治」（性惡篇），更言禮之起要在於養人之欲，給人之求，以「使欲必不窮乎物，物必不屈於欲，兩者相持而長」（禮論篇）以進於平亂止爭。《易·繫辭下》云：「履，以和行。謙，以制禮」是言禮以和為貴，且內存誠敬謙遜方謂之禮。故大凡禮之所始，莫不稱情而好善，文質相宜，設若以文滅質，則競為枯竭矯飾之虛文。惟荀子之禮，多規範性與目的性，如其言：

> 君子審於禮，則不可欺以詐偽。故繩者直之至，衡者平之至，規矩者方圓之至，禮者人道之極也。（禮論篇）

〔註11〕同註3，303頁。

禮豈不至矣哉，立隆以爲極，而天下莫之能損益也。本末相順，終
始相應，至文以有別，至察以有說。天下從之者治，不從者亂；從
之者安，不從者危；從之者存，不從者亡。（同右）

至若〈解老〉謂「眾人之爲禮也，以尊他人也，故時勸時衰；君子之爲禮，
以爲其身，以爲其身，故神之爲上禮」即言眾人之禮，皆爲他人。本非自心
所願，故時勉時止而不能常。反之，君子爲禮，有利於身，故大事昌言推爲
上禮。若此，則上下相忤，不能相應，以此釋老子「上禮爲之而莫之應」，
試審其言，或援荀子「禮者，養也，君子既得其養，又好其別」之意而出。
其下以「眾人雖貳，聖人之復恭敬，盡手足之禮也不衰」釋老子「攘臂而仍
之〔註12〕」亦推此之意。

《中庸》云：「親親之殺，尊賢之等，禮所生也。」又《禮記·儒行》云：
「禮節者，仁之貌也。」禮尚往來，非唯尊人而已，故非權貴所專屬，如孔
子言「君使臣以禮，臣事君以忠」（八佾篇）可爲佐證。縱上所論，韓非不爲
解老而解老之意甚明，僅言眾人爲禮與君子爲禮之意態有別，端在爲人、爲
己之不同，此可納於韓非標舉人皆自利之思想脈絡中。其或援其師荀卿之意，
抑時代背景之實然，吾儕今則不可定知。

此外，〈解老〉釋德經「夫禮者，忠信之薄而亂之首」云：

禮爲情貌者也，文爲質飾者也。夫君子取情而去貌，好質而惡飾。
夫恃貌而論情者，其情惡；須飾而論質者，其質衰也。何以論之？
和氏之璧，不飾以五采，隋侯之珠，不飾以銀黃，其質至美，物
不足以飾之。夫物之待飾而後行者，其質不美也，是以父子之間，
其禮樸而不明，故曰，禮薄也。凡物不並盛，陰陽是也。理相奪
予，威德是也。實厚者貌薄，父子之禮是也。由是觀之，禮繁者
實心衰也，然則爲禮者，事通人之樸心者也。眾人之爲禮也，人
應則輕歡，不應則責怨。今爲禮者，事通人之樸心，而資之以相
責之分，能毋爭乎，有爭則亂，故曰：「夫禮者，忠信之薄也，而
亂之首乎。」

禮，本亦自然之情動，無待外鑠，故孟子云：「仁義禮智，非由外鑠我也，我
固有之也，弗思耳矣。」（告子篇）春秋戰國，周文衰頹，禮繁貌飾，是爲逐

〔註12〕《韓非子集解》：「仍，王弼作扔，說文，仍，因也。仍、扔字異義同。」清、
王先慎撰。

物而忘道，老子乃隨機立言，以崇本尙眞爲歸，力主棄禮之浮飾，現渾樸之本心。〈解老〉亦有同論云「物之待飾而後行者，其質不美」，如和氏璧、隋侯珠，其質至美而物不足飾，以喻父子間原有醇厚之血緣相繫，無待外飾而後方呈顯父慈子孝之親情，卽所謂「實厚者貌薄」。

繼之，復云「凡物不並盛，陰陽是也」，以天地萬物之盈虛消長，推言「禮繁者，實心衰也」卽言禮文與情質代勝。《老子》云「樸散則爲器」，倘棄體取用，則用有偏且易竭。茲以禮言之，當以仁爲本，文爲輔，樸心若去，則將資以相責之分，是以必有爭，有爭則必有亂。大抵〈解老〉此段之文，頗能契入道家宗尙自然之本旨。至若其言「理相奪予，威德是也」則微露法家之思，蓋其〈二柄篇〉有云：「明主之所道制其臣者，二柄而已矣。二柄者，刑德也。」刑德同威德也。今無力據可證〈解老〉爲韓非抑非韓非之作，然老子乃從天道以映人事。而韓非則多從人事闡天道之大用〔註13〕，且時時不忘可發爲法家之旨者，故此篇縱非韓非子之手作，亦當屬韓非思想體系之力作，卽爲此意。

再者，《老子・卅八章》末言「前識者，道之華，而愚之始」，〈解老〉則謂：

> 先物行，先理動之謂前識，前識者，無緣而妄意度也。何以論之？
> 詹何坐，弟子侍，有牛鳴於門外。弟子曰：「是黑牛也，而白題。」
> 詹何曰：「然，是黑牛也，而白在其角。」使人視之，果黑牛，而以
> 布裹其角。以詹子術，嬰眾人之心，華焉殆矣。故曰：「道之華也」
> 嘗試釋詹子之察，而使五尺之愚童子視之，亦知其黑牛，而以布裹
> 其角也。故以詹子之察，苦心傷神，而後與五尺之愚童子同功，是
> 以曰：「愚之首也」故曰：「前識者，道之華也，而愚之首也。」

王弼注云：「前識者，前人而識也，卽下德之倫也。」〈解老〉以「無緣而妄意度」釋老子所謂之「前識者」，復以詹子之察牛，苦心傷神，而後與五尺之愚童子同功爲喻，釋老子「道之華，而愚之首」。此全然以《老子》之語，明法家之旨，法家重法術而不任心治、循規矩而棄意度，是以〈解老〉此段所釋與老子並不相切。

繼之，《老子》言「是以大丈夫處其厚，不居其薄，處其實，不居其華，故去彼取此。」〈解老〉乃釋爲：

────────────

〔註13〕史次耘師講堂筆記。

所謂大丈夫者，謂其智之大也。所謂處其厚不處其薄者，行情實而
去禮貌也。所謂處其實不處其華者，必緣理，不徑絕也。所謂去彼
取此者，去禮貌、徑絕，而取緣理、情實也，故曰：「去彼取此」。

老子所謂「大丈夫」，指明道若昧、含光凝慧之人，其旨本在欲人湛然常靜，
直心無念，守「厚」、「實」之樸道，而不當恃智矜功於「薄」、「華」之下德。
惟〈解老〉就法家參驗術闡之，所謂「去禮貌、徑絕，取緣理、情實」者，《韓
非》他章亦有類此之論：

盡思慮，揣得失，智之所難也。無思無慮，絜前言而責後功，愚者
之所易也。明主操愚者之所易，不責智者之所難，故智慮不用而國
治也。（八說）

釋法術而任心治，堯不能正一國。去規矩而妄意度，奚仲不能成一
輪，⋯⋯使中主守法術，拙匠執規矩尺寸，則萬不失矣。（用人）

總上所述，〈解老〉論德喜言「功」，謂「德者，道之功」，復云「身以積精爲
德，家以資財爲德，鄉國天下皆以民爲德」全然就法家事功解之，易資爲權
謀之用，與老子所謂「上德不下」相去甚遠。復次，〈解老〉釋下德——仁、
義、禮，則多藉儒家之語，而內蘊法家之義。道家言絕聖棄智，絕仁棄義（禮
亦在所棄之列），誠欲離虛浮之名相，以顯厚樸之本心，故《莊子・在宥篇》
云：

故聖人觀於天而不助，成於德而不累，出於道而不謀，會於仁而不
恃，薄於義而不積，應於禮而不諱，⋯⋯無爲而尊者，天道也；有
爲而累者，人道也。

成德而不累，出道而不謀，此道家之存心，以無爲爲宗，虛靜爲念。法家則
資無爲、虛靜爲具，因俗舉事，期以事少功多。然權之爲用，非大仁者不可，
反之，易流爲陰忍，正如范氏云：

天下之道，有正有權。正者，萬世之常；權者，一時之用。常道人
皆可守，權非體道者不能用也，蓋權出於不得已者也。〔註14〕

是以老子三寶首言「慈」，以爲虛靜無爲、體常達變之內動力〔註15〕，卽此
之故。

〔註14〕《四書集註・孟子・離婁篇》「不孝有三」章，朱註引范氏曰。
〔註15〕王邦雄師《老子的哲學》151頁。

第三節　三寶

　　《老子》五千言多微旨奧義、寂寥渾淪，通人不易契悟，待繫以「三寶」之說，其道益顯，而湛然可尋。三寶者：慈、儉、不敢為天下先是也。《老子·六十七章》云：

> 我有三寶，持而保之，一曰慈、二曰儉、三曰不敢為天下先。慈故能勇，儉故能廣，不敢為天下先故能成器長。今舍慈且勇，舍儉且廣，舍後且先，死矣。夫慈以戰則勝，以守則固，天將救之，以慈衛之。

老子三寶所重反己，並首言以慈，斯欲以清心厚性為德本，而不滯於器術之用，〈解老〉則多循事理，以闡近功之道。

　　一、慈

　　凡動物皆有慈，豈特人之為然。慈母之愛，乃如源泉不斷，自然流露，故老子舉「慈」，明其出於自然，為性之所本。孔子重「仁」，老子主「慈」。以儒家孜孜以經世為念，故多人倫之立言，而仁即為儒家涵攝一切道德之總綱，是以《論語》問仁最多，孔子皆適時言近取譬以答之。老子尚自然，以破執立言，不曰「仁」，而曰「不仁」，如「天地不仁」、「聖人不仁」（五章）然首肯以本然之慈，誠欲人去成心以顯道體之真樸。

　　《老子》云「慈故能勇」、「慈以戰則勝」，〈解老〉則謂：

> 愛子者慈於子，重生者慈於身，貴功者慈於事。慈母之於弱子也，務致其福；務致其福，則事除其禍；事除其禍，則思慮熟；思慮熟，則得事理；得事理，則必成功；必成功則其行之不疑；不疑之謂勇。聖人之於萬事也，盡如慈母之為弱子慮也，故見必行之道；見必行之道，則其從事亦不疑；不疑之謂勇。不疑生於慈，故曰：「慈故能勇」。

〈解老〉言愛子者慈於子，重生者慈於身，貴功者慈於事，與老子無所為而為，悉出於天成之慈，兩者義界有別。《老子》不主「重生」，而言「夫唯無以生為者，是賢於貴生」（七十五章）是以重生者慈身之說與老子不合；《老子》亦不主「貴功」，而言「功成而弗居」（二章）、「功遂身退、天之道」（九章）故亦無貴功者慈事之論。是〈解老〉所謂之慈已非通義，僅就老子之語以闡法家之理，故意識含混，似是而非，易令人習焉不察。

〈解老〉以下又云：

> 慈於子者不敢絕衣食，慈於身者不敢離法度，慈於方圓者不敢舍規
> 矩。故臨兵而慈於士吏則戰勝敵，慈於器械則城堅固，故曰：「慈於
> 戰則勝，以守則固」。夫能自全也，而盡隨於萬物之理者，必且有天
> 生；天生也者，性也〔註16〕，天下之道，盡之生也，若以慈衛之也。
> 事必萬全，而舉無不當，則謂之寶矣。故曰：「吾有三寶，持而保之」。

法度、方圓、規矩，皆韓非常用之語。《韓非》復有「罰薄不爲慈，誅嚴不爲
戾」（五蠹）之論，故〈解老〉云臨兵慈於士吏則戰勝敵，此「慈」乃用兵以
賞罰，而非行以慈惠，誠以其力主積愛而令易窮，法威則民聽從，爲使民前
苦而長利，故嚴以賞罰，此韓非所謂「慈」之大義。復觀魏源《老子本義》
之說「慈」：

> 蓋道以虛無爲體，其運而爲德，則以慈儉謙退爲用。然德爲萬物之
> 母，則慈乃善之長也。與慈相反者莫如兵，故專以兵明慈之爲用，
> 而儉與不敢先皆在其中也。

老子三寶首慈，以慈爲善之長者，可轉智成德，故言「舍慈且勇，死矣」，卽
謂慈爲勇之本。又《老子‧六十八章》云「善爲士者不武，善戰者不怒，善
勝敵者不與」，不武、不怒、不與，皆存不忍殺人之念者，亦卽「以慈衛之」
之意也。

　　縱括前論，《老子》言慈與《易‧繫辭下》云「天地之大德曰生」有會通
之處，皆涵好生不爭之義；而〈解老〉所言慈，乃先衡以慈母有敗子之效驗，
故不以惠愛哀憐入，乃設利害之道以示之，此其謂「民之所惡而國之所以治
也」（姦劫弒臣），誠然，爲慮後便、計長利，故不得不「同於義而異於俗」（同
上）以刑去刑，此韓非承人性本惡之又一脈推論也。

二、儉

《老子‧五十九章》云：「治人事天莫若嗇」、〈六十七章〉云：「儉故能
廣」。要言之，卽爲道日損之「損道」也。

高亨《老子正詁》釋嗇云：

> 按說文：嗇，愛濇也，从來，从㐭，來者㐭而藏之。故田夫謂之嗇
> 夫。……」朱駿聲說文通訓定聲曰：「嗇字本訓當爲收穀，卽穡之古

〔註16〕高亨《韓非子補箋》云：「生心爲性字之譌。蓋性古有作㦯者，若慚之作慙，
　　　　轉寫誤延爲生心耳。」

－40－

　　　　文也。」……是嗇本收藏之義，衍為愛而不用之義。此嗇字謂收藏
　　　　其神形而不用，以歸於無為也。

嗇本有凝聚涵藏之意。老子所謂嗇，重精神修養之聚斂，以收攝智慧之本明，
徹識道體而歸根返樸，故其云「明道若昧」、「進道若退」、「建德若偷」、「質
德若渝」〔註17〕（以上皆見四十一章）又云：「大成若缺」、「大盈若冲」、「大
直若屈」、「大巧若拙」、「大辯若訥」（以上皆見四十五章），凡此「若」字皆
有含光凝慧致遠之微旨。《易・繫辭下》云：「謙，德之柄也」、「損，德之脩
也」謙、損亦涵儉嗇之意。是以儉嗇為脩身之本，退藏一己之德慧，虛靜存
誠，而使萬物皆備，如如自生。

　　〈解老〉釋《老子・五十九章》「治人事天莫若嗇，夫唯嗇是謂早服，早
服謂之重積德，重積德則無不克，無不克則莫知其極。莫知其極可以有國，
有國之母可以長久，是謂深根固柢，長生久視之道」云：

　　　　聰明睿智，天也，動靜思慮，人也。人也者，乘於天明以視，寄於
　　　　天聰以聽，託於天智以慮。故視強則目不明，聽甚則耳不聰，思慮
　　　　過度則智識亂。……盲則不能避晝日之險，聾則不能知雷霆之害，
　　　　狂則不能免人間法令之禍。書之所謂治人者，適動靜之節，省思慮
　　　　之費也。所謂事天者，不極聰明之力，不盡智識之任。苟極盡，則
　　　　費神多；費神多，則盲聾悖狂之禍至，是以嗇之。嗇之者，愛其精
　　　　神，嗇其智識也。故曰：「治人事天莫如嗇」。

此段取《老子》「損之又損」之嗇道，為治人守國執要之術。中有「不能免人
間法令之禍」語，當為法家之言，且其云不極聰明之力，不盡智識之任，乃
欲免盲聾悖狂之禍，是以愛其精神，嗇其智識，與《韓非》他章援老子「無
為」之念，為人君「事少功多」之治國之術相應。其下引數語相證：

　　　　凡功者，其入多，其出少，乃可謂功。（南面）
　　　　下君，盡己之能；中君，盡人之力；上君，盡人之智。（八經）
　　　　聖人不親細民，明主不躬小事。（外儲說右下）
　　　　無術以御之，身雖勞猶不免亂，有術以御之，身處佚樂之地，又致
　　　　帝王之功也。（同右）

───────────────

〔註17〕劉師培云：「上文言『廣德若不足，建德若偷』此與並文，疑『真』亦當作『德』，
　　　　蓋『德』字正文作『悳』，與『真』相似也，質德與廣德、建德一律。」見《老
　　　　子斠補》。

老子所謂嗇，非如〈解老〉言「不極」、「不盡」、「省思慮之費」，而爲生命境界上之收斂謙冲立說，是以蘇子由云：「夫嗇者，有而不用者也。」〔註18〕〈解老〉其下云「少費之謂嗇，嗇之爲術也，生於道理」，《老子》五千言不涉「術」字，言術則偏一切處，故其言「大制不割」。循此則明〈解老〉取老子之「道」爲「術」用矣。

繼之，〈解老〉復云：

> 積德而後神靜，神靜而後和多，和多而後計得，計得而後能御萬物，能御萬物則戰易勝敵，戰易勝敵而論必蓋世，故曰：「無不克」。……戰易勝敵，則兼有天下；論必蓋世，則民人從。進兼天下，而退從民人，其術遠，則眾人莫見其端末；莫見其端末，是以莫知其極。故曰：「無不克，則莫知其極」。

由積德而神靜、而和多、而計得、而御萬物、而易勝敵、而必蓋世，凡此皆法家論事功之語。韓非處弱韓極危之時，故急法度賞罰之功，而緩先王仁義之頌，以救群生之亂，是以動作皆歸於功，令「無事則國富，有事則兵強」（五蠹）。其下「無不克」乃以勝敵蓋世解之，「莫知其極」則釋以術遠而眾人莫見其端末。論功言術，實皆韓非究竟之語。韓非嘗言：「萬世之利，在今日之勝，今日之勝，在於詐敵而已。」（難一）與〈解老〉言計得而後能御萬物，能御萬物則戰易勝敵，更相扣應。韓非以爲人皆自利，故多用計，「君以計畜臣，臣以計畜君」（飾邪），此〈解老篇〉與韓非思想同一脈之證也。

又《老子》言「深根固柢，長生久視之道」，〈解老〉以建生也長，持祿也久釋之。蓋老子所謂長久，非事實義，而爲價值義〔註19〕，且《老子》以「恬淡爲上」（卅一章），不以功利爲美。至若《老子》云「儉故能廣」，〈解老〉云：

> 周公曰：「冬日之閉凍也不固，則春夏之長草木也不茂。」天地不能常侈、常費，而況於人乎。故萬物必有盛衰，萬事必有弛張，國家必有文武，官治必有賞罰。是以智士儉用其財則家富，聖人愛寶其神則精盛，人君重戰其卒則民眾；民眾則國廣，是以舉之曰：「儉故能廣」。

韓非重耕戰，商鞅實有以啓之。商君治國重法嚴刑尙兵農，所謂「使內急耕

〔註18〕引自焦竑《老子翼・卷五》。
〔註19〕同註15，195頁。

織之業以富國，以重戰伐之賞以勸戎士」〔註 20〕，韓非承之「禁游官之民，而顯耕戰之士」（和氏篇）其嘗言：「治強不可責於外，內政之有也」（五蠹）卽主富強以內政爲本，內政復以耕戰爲務。而〈解老〉此段所言：儉用其財、寶愛其神、重戰其卒、民眾國廣等諸語，皆爲主尊國強觀點言之。然儉之爲德，當以寡欲爲要，以慈愛爲本，此《老子》之大義，非唯省儉事物孳利養息，抑寶愛其神、力少功多之謀短利、取近功而已。故王元澤云：「儉之爲德，寡欲也，貴本也，愛物也。一言而三善至者，其儉乎。」〔註 21〕誠爲得之。

三、不敢為天下先

《老子・六十七章》：「不敢爲天下先，故能成器長。」〈解老〉如是云：

> 短長、大小、方圓、堅脆、輕重、白黑之謂理。故議於大庭而後言
> 則立，權議之士知之矣。故欲成方圓而隨其規矩，則萬事之功形矣。
> 而萬物莫不有規矩，議言之士計會規矩也。聖人盡隨於萬物之規矩，
> 故曰：「不敢爲天下先」不敢爲天下先，則事無不事，功無不功，而
> 議必蓋世，欲無處大官，其可得乎。處大官之謂成事長，是以曰：「不
> 敢爲天下先，故能爲成事長」。

〈解老〉以善言之士議於大庭必後言，其言乃立爲喻，以謂盡隨萬物之規矩，而萬事之功自形，依此釋「不敢爲天下先」。復以「議必蓋世」、「處大官」以解「故能成器長」。蓋〈解老〉之意，不離術用與責功，而舉功勸賞誠爲法家制臣之一具也。《老子》言不敢爲天下先，乃不爭之德顯於外者，其內則常守渾樸無爲之心，《老子》云：

> 上善若水，水善利萬物而不爭，處眾人之所惡，故幾於道。（八章）
> 功遂身退，天之道。（九章）
> 不自見故明，不自是故彰，不自伐故有功，不自矜故長。夫唯不爭，
> 故天下莫能與之爭。（廿二章）
> 兵者不祥之器，非君子之器，不得已而用之，恬淡爲上。（卅一章）
> 是以聖人欲上民，必以言下之，欲先民，必以身後之。是以聖人處
> 上而民不重，處前而民不害。是以天下樂推而不厭，以其不爭，故
> 天下莫能與之爭。（六十六章）
> 天之道，不爭而善勝。（七十三章）

〔註20〕《史記・商君列傳》裴駰集解引劉向新序語（按：劉向新序今不存）。
〔註21〕同註18，王元澤註。

天之道，利而不害。聖人之道，爲而不爭。（八十一章）

《老子》五千言，大抵申言「不有」、「不恃」、「不爭」之要，其所謂「後其身而身先，外其身而身存」（七章）卽不敢爲天下先之意。或謂老子竊弄闔闢者，多未深識其「玄德」之微旨。《老子》言「後其身」、「外其身」者。誠以無我、無爭，歸天下以功，任自然以能，故身先、身存亦無非道之所向。如是者無他，可謂「同於道者，道亦樂得之。同於德者，德亦樂得之」（廿三章）而已矣。然則〈解老〉之不敢爲天下先乃以成事長爲目的，是其內心猶先也，故去道遠矣。

概括前言，有勇而不能慈，欲廣而不能儉，競先而不能後，此三者人情之常，非有清明之本心者，不離此限。設若有勇而無慈則慘刻；欲廣而無儉則器狹；競先而舍後則好爭，故《老子》戒之：「舍慈且勇，舍儉且廣，舍後且先，死矣。」〈解老〉則多以法理與實效闡繽老子三寶之旨，如云：「慈於身者不敢離法度」、「貴功者慈於事」、「民眾則國廣」、「不敢爲天下先，則事無不事，功無不功」、「處大官之謂成事長」，諸如此皆屬之。要言之，〈解老〉多循萬物之規矩以馳事求功，不涵浸德慧之語。而《老子》言三寶，多吟恬淡之懷，不爭之議，以使萬物各逐其性，如如自在。此道、法底蘊之大較也。

第四章　喻老與道德經之比較

〈喻老〉多以事例喻《老子》之旨，門無子《韓子迂評》云：「比事連類，以明老氏之言。」[註1] 所釋之文，多出節取，或與《老子》原文次第不合者，或與〈解老〉重出者，然多為〈解老〉所未解。較之〈解老〉，其法家旨意尤濃。本篇作者問題與〈解老〉同，皆爭議紛然，無可確考。茲以本文所喻與《老子道德經》試較之。

第一節　重勢

《老子・廿六章》：

> 重為輕根，靜為躁君，是以聖人終日行，不離輜重。雖有榮觀，燕處超然。奈何萬乘之主，而以身輕天下，輕則失根，躁則失君。

此章河上公本題曰「聖德」，言治天下者，當沉靜厚重以不離本心，乃能深慮致遠。設若浸淫榮華、馳情縱欲，必輕浮妄躁、傷慧失德，故聖人以靜重自持，心超物表。〈喻老〉則云：

> 制在己曰重，不離位曰靜。重則能使輕，靜則能使躁，故曰：「重為輕根，靜為躁君。」故曰：「君子終日行，不離輜重也。」邦者，人君之輜重也。主父生傳其邦，此離其輜重者也。故雖有代、雲中之樂，超然已無趙矣。主父，萬乘之主，而以身輕於天下。無勢之謂輕，離位之謂躁，是以生幽而死，故曰：「輕則失根，躁則失君。」主父之謂也。

所言制在己曰重，不離位曰靜，無勢之謂輕，離位之謂躁，皆是以權勢解之。

〔註 1〕 明，門無子、凌瀛初《韓非子集評》，見《韓非子集成・廿卷》，嚴靈峰編輯。

蓋此段行文乃藉《老子》之語，申以任勢之說。勢，猶今之權位也。勢治說首倡於慎到，然慎到之勢爲自然之勢，無待於人爲；韓非之勢，乃人設之勢，〈難勢篇〉曰：「夫勢者，名一而變無數者也。勢必於自然，則無爲言於勢矣。吾所爲言勢者，言人之所設也。」

　　儒家期於賢治，韓非則主勢治，〈難勢篇〉云：

> 且夫堯舜桀紂，千世而一出。（反）是，比肩隨踵而生也。世之治者，不絕於中，吾所以爲言勢者，中也。中者，上不及堯舜，而下亦不爲桀紂。抱法處勢則治，背法去勢則亂。今廢勢背法而待堯舜，堯舜至乃治，是千古亂而一治也。抱法處勢而待桀紂，桀紂至乃亂，是千世治而一亂也。且夫治千而亂一，與治一而亂千也，是猶乘驥、駬而分馳也，相去亦遠矣。

以爲堯舜雖賢，然千世一出。桀紂雖不肖，然亦千世一見，不若抱法處勢，則中常者可治矣。故勢爲人主不可或缺之治具。韓非復析言：

> 夫有材而無勢，雖賢不能制不肖，故立尺材於高山之上，下臨千尺之谿，長非長也，位高也。桀爲天子，能制天下，非賢也，勢重也。堯爲匹夫，不能正三家，非不肖也，位卑也。千鈞得船則浮，錙銖千船則沈，非千鈞輕而錙銖重也，有勢之與無勢也。故短之臨高也，以位；不肖之制賢也，以勢。

卽言賢而無勢，不能制天下；不肖而有勢，可制之，端繫於有勢、無勢之別。是以勢之足用，而賢者不可待，亦不必待矣。

　　韓非勢論中，賞罰爲勢之利具，而〈喻老〉述《老子‧卅六章》「魚不可脫於淵，國之利器不可以示人」卽緣是義云：

> 勢重者，人君之淵也。君人者，勢重於人臣之間，失則不可復得也。簡公失之於田成，晉公失之於六卿，而邦亡身死，故曰：「魚不可脫於淵」。賞罰者，邦之利器也，在君則制臣，在臣則勝君。君見賞，臣則損之以爲德；君見罰，臣則益之以爲威。人君見賞，而人臣用其勢；人君見罰，而人臣乘其威，故曰：「邦之利器，不可以示人。」

此二句《老子》言明人君當韜養深慧，自處無爲，如魚之不可脫淵，並慎用微明之理，不示人以權高勢重。韓非以勢重喻人君之淵，以賞罰釋邦之利器，且用術行賞罰，以杜臣下之窺，並信賞必罰以輔威之實效。《韓非》他篇亦云：

賞莫如厚而信，使民利之。罰莫如重而必，使民畏之。法莫如一而
固，使民知之。故主施賞不遷，行誅無赦，譽輔其賞，毀隨其罰，
則賢不肖俱盡力矣。（五蠹）

夫賞罰之爲道，利器也，君固握之，不可以示人。（內儲說上）

君先見所賞，則臣鬻之以爲德；君先見所罰，則臣鬻之以爲威。故
曰：「國之利器，不可以示人」。（內儲說下）

小信成則大信立，明主積於信，賞罰不信，則禁令不行。（外儲說左上）

皆以賞罰爲國之利器，人君固顯用之，使信立令行，以示人君之勢重，與〈喻
老〉所釋皆合。然與《老子》「有而不用」之旨相去遠矣。

第二節　權術

《老子·卅六章》：

將欲翕之，必固張之；將欲弱之，必固強之；將欲廢之，必固興之；
將欲奪之，必固與之；是謂微明。柔弱勝剛強。魚不可脫於淵，國
之利器不可以示人。

物極必反、剝盡復來，此物勢自然之趨。《易經·說卦》云：「剝者，剝也。
物不可以終盡剝，窮上反下，故受之以復。」與《老子》言「反者道之動」（四
十章）皆同理。此章憨山大師之解尤契悟老子原旨，大師云：

此言物勢之自然，而人不能察，教人當以柔弱自處也。天下之物，
勢極則反。譬夫日之將昃，必盛赫。月之將缺，必極盈。燈之將滅，
必熾明。斯皆物勢之自然也。故固張者，翕之象也。固強者，弱之
萌也。固興者，廢之機也。固與者，奪之兆也。天時人事，物理自
然，第人所遇而不測識，故曰微明，斯蓋柔弱勝剛強之義耳。（觀老
莊影響論）

然老子被斥爲陰謀家，則源於〈喻老〉所釋：

越王入宦於吳，而觀之伐齊以弊吳。吳兵旣勝齊人於艾陵，張之於江
濟，強之於黃池，故可制於五湖，故曰：「將欲翕之，必固張之。將
欲弱之，必固強之。」晉獻公將欲襲虞，遺之以璧馬。知伯將襲仇田，
遺之以廣車，故曰：「將欲取之，必固與之。」起事於無形，而要大
功於天下，是謂「微明」，處小弱而重自卑損之謂「弱勝強」也。

此將《老子》原文之「固」，解作「故意」。此中盡有機謀算計之心，誠誤用《老子》微明之旨。曲道非德全者不可明，以其無我、不積之故。不積則虛，《莊子》所謂：「唯道集虛，虛也者，心齋也。」（人間世）心齋方能體道，體道則能守樸，以戒慎恐懼於物勢之幾微而通權達變。《易‧繫辭上》亦云：「幾者，動之微，吉之先見者也。君子見幾而作，不俟終日。」以其致虛守靜，故可知幾察微。《韓非》書多用意於王天下、威四鄰，〈喻老〉所譬亦皆舉權謀而要功於天下者。其謂「起事於無形，而要大功於天下」以解「微明」，卽言其道微而效明，與《老子》所謂其道深微要妙，人多不識之意不同。再則，其以「處小弱而重自卑損」釋「弱勝強」，卽有陰忍之意，陰忍非理之自然、勢之必至，是以《老子》言「弱之勝強，柔之勝剛，天下莫不知，莫能行」（七十八章）指此義也。

〈喻老〉云：

> 句踐入宦於吳，身執干戈，爲吳王洗馬，故能殺夫差於姑蘇。文王見詈於王門，顏色不變，而武王擒紂於牧野，故曰：「守柔曰強」。
> 越王之霸也不病宦，武王之王也不病詈，故曰：「聖人之不病也，以其不病，是以無病也。」

以句踐爲吳王洗馬，終殺差夫，及文王見詈王門，顏色不變，而終擒紂，比附《老子》之「守柔曰強」（五十二章）及以越王之不病宦而霸，武王之不病詈而王，釋《老子》之「聖人不病，以其不病，是以無病也」（七十一章）。此全然借「道」以言「術」，且不惜將《老子》原文之「以其病病，是以不病」易之「以其不病，是以無病也」以符合其說。其極欲曉喻者，乃見侮不辱，則可霸可王，或以韓非處七雄之弱韓，名卑而勢弱，故以此勉之耳。

〈喻老〉所言「守柔曰強」，與老子持義不同，《老子》之「柔」爲不爭之意，於下引諸章以明之：

> 上善若水，水善利萬物而不爭，處眾人之所惡，故幾於道。（八章）
> 夫唯不爭，故天下莫能與之爭。（廿二章）
> 弱者，道之用。（四十章）
> 天下之至柔，馳騁天下之至堅。（四十三章）
> 堅強者死之徒，柔弱者生之徒。是以兵強則滅，木強則折。強大處下，柔弱處上。（七十六章）
> 弱之勝強，柔之勝剛，天下莫不知，莫能行。（七十八章）

又《老子‧七十一章》本文爲：

　　知不知上，不知知病。夫唯病病，是以不病。聖人不病，以其病病，

　　是以不病。

所謂「六合之外，聖人存而不論，六合之內，聖人論而不議」（莊子・齊物論），聖人尚且如此，況凡人哉。故欲以一己有限之生，窮未始有封之道，其為不可。為此，老子言「知病」亦是知也，如同莊子「知止其所不知，至矣」（齊物論）之義。〈喻老〉乃將「病」解為辱，並將彼《老子》三句釋作：聖人之不辱，以其不以為辱，是以無辱。誠道、法兩家著力不同，故各有所向。

第三節　去智

　　〈喻老〉云：

　　王壽負書而行，見徐馮於周。徐馮曰：「事者，為也，為生於時，時

　　者無常事。書者，言也，言生於知，知者不藏書。今子何獨負之而

　　行？」於是王壽因焚其書而儛之。故知者不以言談教，慧者不以藏

　　書學。此世之所過也，而王壽復之，是學不學也。故曰：「學不學，

　　復歸眾人之所過也。」

以王壽焚書而舞，曉喻《老子》「學不學，復歸眾人之所過」（六十四章）所謂「知者不以言談教，慧者不以藏書學」與〈顯學篇〉反儒家「藏書策，習談論」之說相近。韓非主絕學與老子所持不相為謀。韓非以為「古今異俗，新故異備」（五蠹），故仁義用於苦，而不用於今，遂力斥先王之教，指為愚誣之學、雜反之行〔註2〕。為一民於法，故力主棄智，所謂「事智者眾則法敗」，欲其民動無非法，是以力持「明主之國，無書簡之文，以法為教，無先王之語，以吏為師」（五蠹）此為有意愚民以便治。職是，「道法萬全，智能多失」（飾邪）乃法家絕學所憑恃之力據。

　　〈喻老〉復引徐馮曰「事者，為也，為生於時，時者無常事」與〈五蠹〉所言「世異則事異，事異則備變」頗類，即言世事流轉，而備亦隨變，此韓非之歷史演化論〔註3〕。以其僅見世事之激變，不察不變之德備，故忘道而取

〔註2〕《韓非・顯學篇》云：「明據先王，必定堯舜者，非愚則誣也。愚誣之學，雜反之行，明主弗受也。」

〔註3〕參見王邦雄師《韓非子的哲學》第四章〈韓非政治哲學的理論根基〉云：「事實上，韓非從未有『歷史是進化』一類之命題出現，而只是建立了歷史由外在物質條件所決定的觀點。……故韓非的歷史觀，無所謂進化與退化，而只言演化；而其演化，完全由於外在環境與物質條件所決定。」141頁。

法若不及，誠可憾矣。

老子主絕學，斷非焚書不學之意，而爲不拘執所學，離欲去智，以復歸於道，《老子》云：

> 絕聖棄智，民利百倍。絕仁棄義，民復孝慈。絕巧棄利，盜賊無有。此三者以爲文不足，故令有所屬。見素抱樸，少私寡欲。（十九章）
>
> 絕學無憂。……眾人皆有餘，而我獨若遺。我愚人之心也哉，沌沌兮。（廿章）
>
> 古之善爲道者，非以明民，將以愚之。民之難治，以其智多。故以智治國，國之賊，不以智治國，國之福。（六十五章）

是以《老子》所謂絕學，即捨智巧逐欲之學，以反淳厚篤樸，而所言愚，非俗情之謂無知，乃爲悶然若昏而才全德備之謂。後學者或據「非以明民，將以愚之」謂老子有愚民說，誠不識其「愚」之涵蘊，而生彼之誤也。縱上所論，老子言「學不學，復眾人之所過」，即學而不泥於學，以返眾人皆以爲過之境地。眾人皆競求於用，聖人獨異於人，貴守於道，損之又損，無執無爲以至於自然。

〈喻老〉云：

> 夫物有常容，因乘以導之。因隨物之容，故靜則建乎德，動則順乎道。宋人有爲其君以象爲楮葉者，三年而成，豐殺莖柯，毫芒繁澤，亂之楮葉之中，而不可別也，此人遂以巧食祿於宋邦。列子聞之曰：「使天地三年而成一葉，則物之有葉者寡矣。」故不乘天地之資，而載一人之身；不隨道理之數，而學一人之智，此皆一葉之行也。故冬耕之稼，后稷不能美也；豐年大禾，臧獲不能惡也。以一人力，則后稷不足；隨自然，則臧獲有餘。故曰：「恃萬物之自然，而不敢爲也。」

斯以巧匠雕葉一事，喻恃智則力多而功少。有宋人，巧以象爲葉，三年始成一葉，雖與眞葉不可別，然比之天地造物，則不可同語。道、法皆棄智巧，然道家棄智巧以任自然；法家棄智巧則任之以必然——法。《韓非·飾邪篇》云：

> 智能單，道不可傳於人。而道法萬全，智能多失。……明主使民飾於法，知道之故，故佚而有功。釋規而任巧，釋法而任智，惑亂之道也。亂王使民飾於智，不知道之故，故勞而無功。

又云：

> 先王以道爲常，以法爲本。

飾法則佚而有功，任智則勞而無功，此韓非所持之論。其以爲知「道」則任「法」，因乘導之，力少而功多，是以其〈八說篇〉云：

> 盡思慮，揣得失，智者之所難也。無思無慮，絜前言而責後功，愚者之所易也。明主慮愚者之所易，以責智者之所難，故智慮不用而國治也。

韓非以法爲道之用，故「不以智累心，不以私累己，寄治亂於法術，託是非於賞罰，屬輕重於權術」（大體）君若去智，令群臣各效其能，因能而使之，則君可形體不勞而國治。

第四節　守微

凡事皆寓於不可見之初，是以聖人守微以鑒遠。

《老子・六十三章》云：「圖難於其易，爲大於其細。天下難事必作於易，天下大事必作於細。是以聖人終不爲大，故能成其大。」〈喻老〉以兩事比之：

> 有形之類，大必起於小；行久之物，族必起於少，故曰：「天下之難事，必作於易：天下之大事，必作於細」。是以欲制物者，於其細也，故曰：「圖難於其易也，爲大於其細也」。千丈之隄，以螻蟻之穴潰；百尺之室，以突隙之熛焚。故白圭之行隄也，塞其穴；丈人之愼火也，塗其隙。是以白圭無水難，丈人無火患。此皆愼易以避難，敬細以遠大者也。

又以醫事喻之：

> 良醫之治病也，攻之於腠理，此皆爭之於小者也。夫事之禍福，亦有腠理之地。故聖人蚤從事焉。

〈喻老〉以千丈之隄，螻蟻之穴可潰；百尺之室，突隙之熛可焚；及良醫治病，先攻腠理爲喻，大抵與《老子》本旨無甚相違，然其僅就處事之法與實效闡述之，未究及《老子》之深義。《老子》云「圖難於其易，爲大於其細，天下難事必作於易，天下大事必作於細」誠就事物之律則、進程而言，然喻老就此以「愼易以避難，敬細以遠大」作結，令人生圖易取功之感，是未顯老子「不爲大」之隱旨，不爲大者乃「爲無爲，事無事，味無味」（六十三章）至虛守靜、淡泊爲懷之意也。

《老子・六十四章》云「其安易持，其未兆易謀，其脆易判，其微易散，爲之於未有，治之於未亂」〈喻老〉比之曰：

> 昔晉公子重耳出亡過鄭，鄭君不禮，叔瞻諫曰：「此賢公子也，君厚待之，可以積德。」鄭君不聽。叔瞻又諫曰：「不厚待之，不若殺之，無令有後患。」鄭君又不聽。及公子返晉邦，舉兵伐鄭，大破之，取八城焉。晉獻公以垂棘之璧，假道於虞而伐虢。大夫宮之奇諫曰：「不可。脣亡而齒寒，虞虢相救。非相德也。今日晉滅虢，明日虞必隨之亡。」虞君不聽，受其璧而假之道，晉已取虢，還反滅虞。此二臣者，皆爭於腠理者也，而二君不用也。然叔瞻、宮之奇亦虞鄭之扁鵲也，而二君不聽，故鄭以破、虞以亡。故曰：「其安易持也，其未兆易謀也」。

〈喻老〉此段承《老子・六十三章》「圖難於其易，爲大於其細」之旨，繼申之以「爲之於未有，治之於未亂」。由叔瞻、宮之奇諫君之語，可察其皆爲法家之類。叔瞻、宮之奇事又見《韓非・十過篇》，並評曰「國小無禮，不用諫臣，則絕世之勢也」、「顧小利，則大利之殘也」皆人主之失，足危身亡國。故〈喻老〉舉此兩事爲喻，皆著意發爲法家之語耳。

《老子・四十七章》云「不出戶，知天下。不闚牖，見天道。其出彌遠，其知彌少。是以聖人不行而知，不見而明，不爲而成。」〈喻老〉闡云：

> 空竅者，神明之戶牖也。耳目竭於聲色，精神竭於外貌，故中無主，中無主，則禍福雖如丘山，無從識之。故曰：「不出於戶，可以知天下；不闚於牖，可以知天道」此言神明之不離其實也。

又：

> 白公勝慮亂，罷朝，倒杖策，而銳貫頤，血流至於地而不知。鄭人聞之曰：「頤之忘，將何不忘哉！」故曰：「其出彌遠者，其知彌少」此言智周乎遠，則所遺在近也。是以聖人無常行也，能並知，故曰：「不行而知」，能並視，故曰：「不見而明」，隨時以舉事，因資而立功，用萬物之能，而獲利其上，故曰：「不爲而成」。

《老子》本章旨言無爲而成者。天雖大，道雖微，然天有常，道有致，執道循理，則可「智周萬物，無幽不鑒。」（憨山大師注）故曰「不出戶，知天下；不闚牖，見天道。」道本性中自存，無須奔競馳求，致愈遠愈迷，故曰「其出彌遠，其知彌少。」〈喻老〉則一本法家之旨以言禍福，並以耳目、精神爲

喻。耳目竭於荒糜之聲色、精神竭於炫惑之外貌，則心中自無主，無主則禍福縱如丘山亦無從識之。此說與《老子・十二章》所云「五色令人目盲，五音令人耳聾，五味令人口爽，馳騁畋獵令人心發狂」同義，皆期人斂氣以養明、清心以養慧也。

　　〈喻老〉復以白公勝慮亂，倒持策，傷頤流血而不知之事，喻《老子》：「其出彌遠，其知彌少」，誠乃援老子之「道」為「術」之用釋之。嚴幾道云：「夫道無不在，苟得其術，雖近取諸身，豈有窮哉！」〔註4〕是言道、術有別。其下云「能並知」、「能並視」、「因資立功」、「獲利其上」亦屬法家援道家之冷智以為政治功效之用耳。

〔註4〕參閱嚴復《侯官嚴氏評點老子》55～56頁。

第五章　結　論

　　或曰老莊一死生、齊物我、蹈空虛，其後不得不爲申韓。持此論者，誠未深明「道」、「術」之分耳。

　　舍道言術，則易窮，尤以治術爲然。術之所操，雖觀不信，此其刻也，弊也。故《老子》云「我獨異於人，而貴食母」（廿章）食母者，以守道爲貴。守道者，昏然如悶，沌沌曖曖；用術者，昭然若察，熙熙耀耀。術也者，非道之常，故有道者不以示人。

　　韓非處積弱之韓，深識國強易謀，弱亂難計，乃急呼「治強不可責於外，內政之有也」（五蠹）故以整飭內政入手，不隨適然之善——德化，而行必然之道——法治，以求刑期無刑，上下交順之至世。其術治思想，尤多援道家之理，以明其用，然與老子之道，旨趣各異。

　　老子之道以虛靜爲宗，其論皆事之必至，理之當然，韓非得之，發爲人主之術。老子之觀照，意於反己；韓非之用虛，意於辨類。是故，一爲斂智、克己；一求顯用、謀人，職是，「道」、「術」分途，往而不返矣。斯者，有繫於韓非之身世、性惡論，及歷史觀，故起念間雖以毫釐之差，其終則相去甚遙。此太史公所謂申韓「皆原於道德，而老子深遠」之意也。

參考書目舉要

1. 《戰國策》，劉向輯，台北：中國子學名著集成編印基金會。
2. 《史記》，司馬遷撰，台北：文馨出版社。(據清乾隆武英殿刊本景印)
3. 《說文解字》，許慎撰，台北：世界書局。
4. 《漢書》，班固撰，藝文印書館。
5. 《老子王弼注》，王弼注，河洛出版社。
6. 《十三經注疏》，藝文印書館。
7. 《群書治要》，魏徵等編修，商務印書館。
8. 《二程全書》，程顥、程頤撰，四部備要子部。
9. 《朱子語類》，朱熹撰、黎靖德編，正中書局。
10. 《四書讀本》，朱熹集註、蔣伯潛廣解，啓明書局。
11. 《觀老莊影響論》，釋憨山注，廣文書局。
12. 《老子翼》，焦竑撰，廣文書局。
13. 《韓非子集評（韓非子集成廿）》，門無子凌瀛初撰，成文出版社。
14. 《原抄本日知錄》，顧炎武著，粹文堂書局。
15. 《管子校正》（新編諸子集成五），戴望校正，世界書局。
16. 《慎子》（新編諸子集成五），錢熙祚校，世界書局。
17. 《尹文子校勘》（新編諸子集成五），錢熙祚校，世界書局。
18. 《商君書校正》（新編諸子集成五），嚴萬里撰，世界書局。
19. 《荀子集解》，王先謙集解，藝文印書館。
20. 《韓非子集解》，王先愼撰，華正書局。
21. 《南華眞經正義》，陳壽昌輯，新天地書局。
22. 《國故論衡》，章太炎著，廣文書局。

23. 《國學略學》，章太炎著，河洛出版社。

24. 《老子本義》，魏源撰，世界書局。

25. 《墨子閒話》，孫詒讓撰，世界書局。

26. 《評點老子道德經》，嚴復撰，廣文書局。

27. 《先秦政治思想史》，梁啟超著，中華書局。

28. 《劉申叔先生遺書》，劉師培著，大新書局。

29. 《十力語要》，熊十力著，廣文書局。

30. 《荀子柬釋》，梁啟雄撰，華正書局。

31. 《中國哲學原論——原道篇》，唐君毅著，學生書局。

32. 《增訂韓非子校釋》，陳啟天撰，商務印書館。

33. 《中國政治思想史》，蕭公權著，華岡出版部。

34. 《中國人性論史》，徐復觀著，商務印書館。

35. 《韓非思想體系》，王靜芝師著，輔大文學院叢書。

36. 《老子正詁》，高亨撰，開明書局。

37. 《韓非子新箋》（韓非子集成），高亨撰，成文出版社。

38. 《老子校詁》，蔣錫昌撰，明倫出版社。

39. 《政道正治道》，牟宗三著，廣文書局。

40. 《老子的哲學》，王邦雄師著，東大圖書公司。

41. 《韓非子的哲學》，王邦雄師著，東大圖書公司。

42. 《中國哲學史》，勞思光著，友聯出版社。

43. 《老子周易王弼注校釋》，樓宇烈校釋，華正書局。

44. 《老子探義》，王淮撰，商務印書館。

45. 《管子探源》，羅根澤著，里仁書局。

46. 《老子韓氏說》，陳柱撰，西南書局。

47. 《帛書老子》，河洛出版社。

48. 《老子河上公注斠理》，鄭成海撰，中華書局。

49. 《老子今註今譯》，商務印書館。

50. 《政治思想的體態論》，陳顧遠著，薩孟武先生七十華誕政法論集。

51. 《漢初的黃老之治與法家思想》，王曉波著，食貨十一卷十期。

52. 史次耘師誨堂筆記。

道法合流的慎到思想

吳肇嘉　著

作者簡介

吳肇嘉，1973 年生，台灣嘉義人。1998 年畢業於文化大學中文系，2009 年獲中央大學中文所博士學位。曾任台灣大學中文系博士後研究員、中央大學中文系、長庚大學通識中心兼任助理教授，現任耕莘專校全人教育中心專任助理教授。研究領域包括先秦子學、宋明理學及康德哲學，尤用心於先秦道家；主要關懷在各家思想的外王實踐領域，致力於探究其現代意義。著作有《莊子應世思想研究》（台灣學生書局），另發表有期刊、會議學術論文十數篇。

提　　要

　　慎到向來稱為「道法之轉關」，對道法關係的研究亟具價值，但歷來觸及其人者，多少意識到《慎子》書與《莊子・天下》篇所呈現的慎到不一致。對此，前人多據《慎子》而疑〈天下〉篇，但此作法頗值商榷。《慎子》的真實性向來可疑，而〈天下〉篇則被公認為先秦思想研究之基石，故而當欲追溯慎到思想原貌時，〈天下〉篇理當比《慎子》書更受到信任，而應以〈天下〉篇的慎到思想為據來理解《慎子》。

　　透過〈天下〉篇理解《慎子》，不但為慎到研究奠定堅實的基礎，也可突顯其道、法思想間的轉化軌跡。本文發現慎到主要是以「理」為中心概念，而藉由「理 法」的過渡，將道、法兩家思想連結起來。傳統上總依《韓非子・難勢》篇之描述將慎到定位為法家尚「勢」派；但本文卻認為他應屬不折不扣的尚「法」派。他理論中不斷強調「客觀律則」的價值，而展現對「理」、「法」的推崇；因此儘管其「勢」論頗具卓識，亦不宜視之為思想的主軸。

　　慎到「由理而法」的道法結合，從法家角度而言並不成功，他始終解決不了兩家思想間「無」與「有」的對立。於是他一面表現出「尚法」的姿態，一面卻將法的內涵架空，使之能與無特定內容的「理」相結合。如此「以理為法」，雖然表面上結合了道法思想，實際上卻讓法度無由施行。因此慎到雖高唱「以道變法」之調，但究其實際，終未能替天下人開出切實可行之道路。

目
次

第一章 緒 論

第一節 研究課題——慎到如何成爲道法之轉關

一、道、法關係之釐清對於思想史研究的意義

　　梁任公在《先秦政治思想史》中曾提到：「蓋道法二家，末流合一，事實昭然也。夫以尊自由宗虛無之道家，與主干涉綜核名實之法家，其精神若絕不相容，何故能結合以冶諸一爐耶？此研究古代學術最重要且最有趣之一問題也。」〔註1〕我們可以注意到這段話中含有兩個重要的訊息：一是「道法二家合流」事實之成立是頗值得探究的；二是此問題在中國古代學術史上具有相當的重要性。這兩個訊息，提示了本論文的基本研究方向。

　　道、法二家的關係，向來爲古代思想史研究者所重視，尤其在政治思想史的範疇裡，二家學術如何遞嬗流衍更是一個重要的問題。因爲它直接牽涉到了老莊道家、黃老道家與法家幾個學派之間的關係，而這些學派所主導的政治路線，又實際影響了戰國至漢初一段長時間的政治實踐。所以研究道法合流的問題，不但具有思想史上的意義，還兼具政治史方面的價值，讓我們能夠對戰國至漢初的政治現象，作一番理論面的深層考察。

　　文獻上明確指出道、法兩家有所關係者，首見於《史記》的記載。司馬遷先將老、莊、申、韓同列一傳以示其類屬，然後並於其中言道：

　　　　申子之學，本於黃老而主刑名。

─────────────

〔註1〕 見梁啓超《先秦政治思想史》，頁132。

> 韓非者，……，喜刑名法術之學，而其歸本於黃老。
>
> 太史公曰：老子所貴道，虛無，因應變化於無為，故著書辭稱微妙
> 難識。莊子散道德，放論，要亦歸之自然。申子卑卑，施之於名實。
> 韓子引繩墨，切事情，明是非，其極慘礉少恩。皆原於道德之意，
> 而老子深遠矣。(《史記·老子韓非列傳》)

法家思想建構者中的兩位重要人物——申不害與韓非——之學術根本，在此
都被歸諸於黃老之學上，而說他們「皆原於道德之意」。既言「本於黃老」，
又說「原於道德之意」，可見司馬遷認為「道德之意」乃是黃老之學的內容。
這樣一來，就將申韓「刑名之學」與廣義的「道家」聯繫了起來；換句話說，
他認為法家具有源自於道家的思想傳承。對於這樣的判斷，歷來學者往往置
疑，江瑔在《讀子巵言·論黃老老莊申韓之遞變》一文裡曾指出其中問題：

> 然道家貴慈儉，法家則慘刻；道家棄禮法，法家則以法相繩。自其
> 學言之，宜若枘鑿之不相入。〔註2〕

道家之「無為」與法家之「大有為」，在此清楚地對照出來。兩家在基本精
神與實踐方法上，真是如其所言的枘鑿不相入；以刑名法術之慘刻，申、韓
到底要如何「原於道德之意」？太史公之言實教人難以索解。不過，他作出
如此的判斷也並非毫無根據，梁任公為之舉證曰：《韓非子》，世共認為法
家之集大成者也。而其書有〈解老〉、〈喻老〉等篇。《淮南子》，道家言之淵
府也，而書中主張法治者最多。」〔註3〕這樣的說法也是頗有力的，它直接
指出了道、法思想結合的事實，所以遞變之說未必是空穴來風，而是具有現
實上的基礎的。

面對梁任公的舉證，我們不得不承認道、法結合是一事實；但考慮到兩
家精神之不相類，又實在難以相信道、法竟可以同流。這個問題所涉及的，
雖然是學派思想間的關係，但實際上也牽涉到了政治和歷史。眾所周知，戰
國二百多年的政治是法家刑名之學的天下，而緊接著的漢初六、七十年間，
施政又以黃老道學為指導思想。若以太史公論申韓之言觀之，則兩者之間實
有一定關聯存在。所以探究了道、法之關係，也同時探究了政治更易之深層
因素，這可以影響我們對於歷史演變的解釋。道法結合問題之所以重要，應
即在此也。

〔註2〕 見江瑔《讀子巵言》，頁93。
〔註3〕 見梁啓超《先秦政治思想史》，頁132。

二、慎到在道、法關係研究上之代表性

以「道法結合」作爲研究的方向，首先必須找出兩家思想的結合處，有此連接點的存在，方可謂道法兩家有「歸本」或「合流」的關係。當然，《史記》既言申不害、韓非之學本於黃老，則申、韓之學必有與道家相關處，也許首先就該以此爲考察的對象。不過，就如江瑔所提到：「史公之言，非云道德即申韓也，蓋言申韓之學原於道家，道家流爲申韓耳。冰由於水，而水非冰，冰實由水而成；青出於藍，而藍非青，青實由藍而變。」〔註4〕以水之於冰、藍之於青以喻申韓之學與道家的關係，可見申韓與道家的理論在表面上必爲兩橛，因此申韓之學即使原於道德之意，也未必便能直接顯出道、法遞嬗之跡。歷來學人既於此一句「皆原於道德之意」置疑，則在此二人身上探究道法關係，多半難有斬獲。〔註5〕故而欲明此遞衍之跡，應另尋他途爲善。

在這個問題上，梁啓超先生爲我們指出了一條比較可行的道路。在《先秦政治思想史》一書裡談及道法合流的論題時，他曾經提到：

> 就中有一人焉，其學說最可以顯出兩宗（道、法）轉捩關鍵者，曰慎到。〔註6〕

這樣的說法引起了我們的注意。一般來說，慎到是被作爲法家三派中重勢派之代表人物來認識。在《漢書・藝文志》中，班固就將《慎子》一書歸於法家；而由《韓非子・難勢》篇引述慎到的那段文字，〔註7〕也可以看出其思想的法家性質。如此說來，他確然是法家無疑了。不過，在最早提及慎到的文獻《莊子・天下》篇裡，他卻是被以道家學者的姿態來記述的，〈天下〉篇說他主張「棄知去己，而緣不得已」，看來又明明是道家一脈。如此說來，慎到

〔註4〕　見江瑔《讀子巵言》，頁94。

〔註5〕　以申不害而言，《申子》書自南宋後便已亡佚，今存輯本內容又多有殘闕，難以據之爲論。在韓非方面，今本《韓非子》中含有道家意味的篇章是否出於韓非之手則有爭論。如容肇祖先生就認爲，〈解老〉、〈喻老〉、〈主道〉、〈揚榷〉諸篇未必是韓非親著。（《韓非子考證》，頁39。）故以此二人爲研究對象，恐怕難有確論。

〔註6〕　見梁啓超《先秦政治思想史》，頁132。

〔註7〕　〈難勢〉篇引慎子之言曰：「飛龍乘雲，騰蛇遊霧，雲罷霧霽，而龍蛇與螾螘同矣，則失其所乘也。賢人而詘於不肖者，則權輕位卑也；不肖而能服於賢者，則權重位尊也。堯爲匹夫不能治三人，而桀爲天子能亂天下，吾以此知勢位之足恃，而賢智之不足慕也。夫弩弱而矢高者，激於風也；身不肖而令行者，得助於眾也。堯教於隸屬而民不聽，至於南面而王天下，令則行，禁則止。由此觀之，賢智未足以服眾，而勢位足以詘賢者也。」

思想上確是具有道、法的兩面性，這大概就是梁任公認爲他最可以顯出兩宗轉捩關鍵的原因。

慎到是戰國齊宣王時的稷下先生。對於他的學術，司馬遷在〈孟子荀卿列傳〉裡只有幾句簡略的介紹：

> 慎到，趙人。田駢、接子，齊人。環淵，楚人。皆學黃老道德之術，因發明序其旨意。

「學黃老道德之術，因發明序其旨意」，這句話依熊鐵基先生的解釋，是「學習黃帝、老子關於道德的思想和理論，並且依據這些思想和理論進一步闡明、解釋其主旨意圖。」〔註8〕所以慎到的學說就不只是「黃老道德之術」而已，而是還有另一番創造、發展的學說。至於是什麼發展，若是據荀子的記述來看，似乎就是轉變成法家之流的理論，〈解蔽〉篇說道：

> 慎子蔽於法而不知賢。……。由法謂之道，盡數矣。

從「由法謂之道」的講法，可以約略瞭解慎到乃是以「法」來詮釋「道」的意涵，這或許就是司馬遷所形容的「學黃老道德之術，因發明序其旨意」，說他將道家思想往法家方面來推擴。他思想的這種性質很早就被注意到，除了上面所舉梁啓超先生的看法外，許多學者都曾特別強調慎到在道法關係上的重要性，譬如下面幾位：

蔣伯潛先生：

> 慎子者，道法二家遞嬗之轉捩也。〔註9〕

郭沫若先生：

> 慎到、田駢的一派是把道家的理論向法理一方面發展了的。嚴格地說，只有這一派或慎到一人才眞正是法家。〔註10〕

侯外廬先生：

> 慎子是由道到法的過渡人物，他的思想具有道法兩方面，但其法家思想卻是由道家的天道觀導出的，……。〔註11〕

陳啓天先生：

> 慎到的整個思想，有屬於道家的，也有屬於法家的，而他的法家思

〔註8〕 見熊鐵基《秦漢新道家》，頁18。
〔註9〕 見蔣伯潛《諸子通考》，頁477。
〔註10〕 見郭沫若《十批判書》，頁169。
〔註11〕 見侯外廬《中國思想通史》，頁601。

想，又是依據道家思想發揮的。〔註12〕

相同的見解還有很多，在此不擬一一列舉。不過僅憑上列的這些意見，已經可以清楚瞭解到，慎到思想作為道家向法家理論發展的中間環節，乃是學界一普遍的認知，以其作為道法關係的研究對象，是相當具有代表性的。

事實上，以他為研究對象還有一重要理由，即慎到在先秦思想界具有相當崇高的地位。莊子論天下道術，慎到赫然其中；荀卿非十二子，慎到列名其上。莊子荀卿，俱是卓然有識者，其所評述，必一時之選。此外，包括《韓非子》、《呂氏春秋》等先秦要籍，亦皆不同程度地稱引慎到之言，可見慎到在當時地位之高、聲望之隆。其人既為天下所重，其學必有可觀處。以之作為研究對象，不但可以析察道法源流，亦能使吾人開闊視野，得窺一代大家之思想風貌。

第二節　研究方法──針對材料限制而採取的特殊進路

對慎到的研究，歷來不外透過三種材料：一是史志類的記載，二是諸子的述評，三是慎到的傳世著作。所謂「史志類的記載」，是指如《戰國策》、《史記》、《漢書》之類史書對慎到生平與學術的記述。透過它們，可以對慎到的背景與學術基本性質有初步的瞭解。「諸子的述評」，指的是與慎到同時或稍後的子書中，對於慎到思想的介紹、稱引或批評。如《莊子》的〈天下〉篇、《荀子》的〈非十二子〉、〈天論〉、〈解蔽〉等篇，和《韓非子》的〈難勢〉、《呂覽》的〈慎勢〉等篇章，都多少言及慎到之學，或有所評論。藉著它們，我們能夠側面地窺知慎到的學說。而「慎到的傳世著作」，指的就是現今所流傳的《慎子》一書。透過此書，我們得以直接地叩問慎到的思想。以上三類，大體就是研究慎到學說時所依憑的材料。

在一般的狀況下，研究某人的思想學說，當然應該以他本人的著述作為研究的基礎和標準，而後再參考其它相關資料以作為輔助；因為原著直接地反映了作者的思想原貌，是第一手最可信據的資料。不過在慎到，這樣的方法有一些問題。由於《慎子》一書是否出於慎到之手向有爭議，所以關乎慎到之最足以信據者，反而落到「諸子的述評」這類材料上。對此，我們在研

〔註12〕見陳啓天《中國法家概論》，頁221。

究方法上不得不作出一些調整，以使研究更貼近於慎到本人。

一、〈天下〉篇與《慎子》所呈現的性格矛盾

上面曾略微提到研究慎到所憑藉的三類材料。而在其中，由於歷來史志關於其學術內容的記載皆只寥寥數語，〔註13〕由之無法獲得太多線索，所以實際上研究思想總是以「諸子的述評」與「慎到的傳世著作」兩類材料爲主。「慎到的傳世著作」前面已經解釋過，指的就是《慎子》一書；而「諸子的述評」，雖然散佈於《莊子》、《荀子》、《韓非子》與《呂氏春秋》各書，不過曾對慎到作最精詳的介紹者，還是應推《莊子》的〈天下〉篇，而《荀子》的述評則居於其次。所以我們在此對慎到思想的考察，主要的憑藉就是〈天下〉篇與《慎子》此二材料。

初步地審視這兩樣材料，研究者往往會發現一不尋常之事。那就是〈天下〉篇與《慎子》中所呈現的慎到似乎判若兩人，兩篇文獻所描繪出來的思想面貌迥異。陳榮捷先生說：「《慎子》七篇全是法家之言，其中只有一小節稍有道家意味。」〔註14〕而王叔岷先生則認爲「《莊子・天下》篇論慎到之道術，幾全似道家……。」〔註15〕從二人的判斷可以看出，〈天下〉篇與《慎子》是分別地表現出兩種思想旨趣。〈天下〉篇說慎到「棄知去己，而緣不得已」，展露出一幅道家的無爲風貌；而《慎子》亟言「據法倚數以觀得失」，則透顯了一派法家的嚴刻性格，兩者間實在大有逕庭。因此，馮友蘭先生有了以下的看法：

> 關於慎到的思想倒是有一些材料。但是這些材料之間有很大的矛盾。《莊子・天下》明確地說，慎到是道家。可是照現存《慎子》看，他是法家。〔註16〕

材料之間是否有「很大的矛盾」可以先不必斷言，但其中有所牴牾卻是顯然的。同爲一個哲人的思想，卻流傳著兩類性質不同的表述，這讓研究者不得不面對一個問題：慎到思想的基調應以何者所述爲準？也就是說，文獻材料

〔註13〕關於慎到思想於史志中可窺者，基本上只有在《史記・孟子荀卿列傳》裡「學黃老道德之術，因發明序其旨意」一句話，但它除了表示慎到之學本於黃老，與道家有所關聯外，並不能再告訴我們什麼。

〔註14〕見陳榮捷《中國哲學論集》，頁226。

〔註15〕見王叔岷《先秦道法思想講稿》，頁319。

〔註16〕見馮友蘭《中國哲學史新編》第二冊，頁199。

中所出現的思想、概念，到底是應以道家的型態來認識？還是以法家的型態來理解？

我們知道，對於同一個哲學名詞，不同的家派往往有不同的認知與應對態度。譬如「性」這個概念，孟子與告子的認知就不一樣。如果以告子的想法去理解孟子，或以孟子的思維去詮釋告子，那都會導致錯誤的判斷。又以儒、道對「仁義」的觀點爲例，孟子說：「由仁義行，非行仁義」（〈離婁下〉），將仁義視爲根於人心之本性；〔註17〕而莊子則說：「黥汝以仁義，而劓汝以是非」（〈大宗師〉），將仁義視爲殘害眞性之刑戮。〔註18〕由於家派間立場相異，二子對仁義的理解幾成對反。由此可以明白思想基調的不同，在理解對象上會造成多大的差距，所以決定愼到學說的基調，是在詮釋其思想之前即必須愼重考慮之事。

「決定思想基調」這件事落在愼到研究的領域而言，實際上就是材料選擇的問題。〈天下〉篇刻畫出道家的愼到，而《愼子》則呈現了法家的愼到，要決定此人的思想本質究屬何者，就看我們以那個文本作準。而決定以哪一個文本作準，又必須以此文本的可靠性爲考量。所以在研究愼到的領域中，一個本來是思想性質的問題，由於文獻材料的限制，一轉而爲材料可靠性的問題；我們必須先判斷材料的可靠程度，才能決定其詮釋效力。因此要確認愼到思想性質的第一步，就是考察材料的可靠性。

以往在研究愼到的思想上，刻意分辨文獻可靠性的學者並不多。這主要當然是因爲材料本身就少的緣故，若是再挑三揀四可能便將面臨無材可取的窘境。不過，由於意識到材料的兩面性，一些學者也開始認眞考慮文獻的可靠程度。如前面引述馮友蘭先生所說的那段話，已經提出〈天下〉篇與《愼子》的不同，另外有些學者在比較過這二篇文獻後，也有相同的警覺，如徐文珊先生就認爲：

> 《莊子‧天下》篇論愼子與現存之《愼子》書多不合。……今按，《愼子》書論道，重知，言政，尚法，崇禮，去私，一片熱心救世之誠隨處可見，何得謂之「非生人之行而至死人之理？」既不主齊物，亦不主棄知去己，更無所謂至於若无知之物，而以塊爲不失道，其

〔註17〕朱熹注曰：「由仁義行，非行仁義，則仁義已根於心，而所行皆從此出。非以仁義爲美，而後勉強行之，所謂安而行之也。」

〔註18〕成玄英疏曰：「夫仁義是非，損傷眞性，其爲殘害，譬之刑戮。」

> 所論與《慎子》精神全然相反，豈亡佚之篇竟與現存之文乖違至此
> 歟？吾於〈天下〉篇不能無疑。〔註19〕

徐漢昌先生亦說道：

> 《莊子・天下》篇對慎到思想之評述，與今存《慎子》書所表現之
> 思想，頗多出入。雖或有可通，然塊不失道之論，在《慎子》書中，
> 則是蹤跡毫無。是則莊子『非生人之行，而至死人之理』之譏，未
> 可謂爲確論也。〔註20〕

以這兩位學者的指陳，可以瞭解到〈天下〉篇與《慎子》書之間的確有一些
出入。茲再舉一個具體的例子以作說明：〈天下〉篇說慎到主張「棄知去己」
而至於「若無知之物而已」，這是要人去除主觀的分別而順隨外在之理；但《慎
子・威德》篇卻言「明君動事分功必由慧」，強調以明、慧來分別外物。「明」
與「慧」兩字明顯地表現出主體性的發用，怎麼看都不會是〈天下〉篇所說
的「無知之物」狀態，故「明君動事分功必由慧」的主張與「棄知去己」的
工夫分明有悖。因此可知，若貿然混同〈天下〉篇與《慎子》兩邊的內容以
理解慎到思想，則必定發生矛盾。我們還是必須先判斷材料的可靠性，決定
思想的基調，然後才能以之尋繹出慎到思想在道、法間的關聯。

二、《慎子》書不應立爲慎到思想的標準

面對〈天下〉篇與《慎子》書在思想上的衝突，徐文珊先生直言不諱地
說：「吾於〈天下〉篇不能無疑。」而徐漢昌先生亦認爲：「是則莊子『非生
人之行，而至死人之理』之譏，未可謂爲確論也」。很明顯的，兩位先生的處
理方式是直接肯定《慎子》的權威性，而以《慎子》中的思想律諸〈天下〉
篇。如此的作法多爲向來的研究者所採行，他們直覺認爲《慎子》具有高於
〈天下〉篇的詮釋效力。比如徐文珊先生就說：「莊子天下篇所論，只能視作
當時之論斷，供吾人之參考而已，不能作爲依據也。」〔註21〕郭沫若先生在
整錄完〈天下〉篇論述慎到的部分之後，亦言：「這段文章，敘述得也有點不
大公允。」〔註22〕在這些對〈天下〉篇的懷疑背後，可以窺見他們對《慎子》

〔註19〕見徐文珊《先秦諸子導讀》，頁290。
〔註20〕見徐漢昌《慎子校注及其學說研究》，頁77。
〔註21〕見徐文珊《先秦諸子導讀》，頁281。
〔註22〕見郭沫若《十批判書》，頁176。

的強烈信心。不過，在找不到有力證據的支撐下，這種信心似乎就顯得獨斷。事實上，就筆者的觀察，《慎子》本身所存在的問題反而比較大，且這些問題直接動搖了此書作爲經典的地位。在問題尚未解決之前，這種直接肯定《慎子》、透過《慎子》來理解〈天下〉篇的研究進路，便值得我們再作商榷。

有關慎到著作的記載，最早見於《史記》的〈孟子荀卿列傳〉，其云：「慎到著十二論」，但到了《漢書藝文志・諸子略》中，班固竟言：「《慎子》，四十二篇。」這是一個版本上的奇妙變化。此後，《慎子》書代有散佚，而且情形非常嚴重，到了南宋時僅剩下五篇而已，在版本上產生了很大的問題。〔註23〕爲了便於觀察版本的變遷情形，在此略舉歷代對慎到著作篇數的著錄，按時代先後表列如下：〔註24〕

時　代	文　獻　出　處	篇　卷　數
西漢	《史記・孟子荀卿列傳》	十二論
東漢	《漢書・藝文志》	四十二篇
東漢	《呂氏春秋注》	四十一篇
東漢	《風俗通義》	三十篇〔註25〕
劉宋	《史記集解》	四十一篇〔註26〕
唐	《隋書・經籍志》	十卷
唐	《意林》	十二卷
五代	《舊唐書・經籍志》	十卷〔註27〕
北宋	《崇文總目》	三十七篇
北宋	《新唐書・藝文志》	十卷〔註28〕
南宋	《通志・藝文略》	五篇

〔註23〕關於《慎子》的版本考據，由於前人成果斐然，本文不擬贅述。可參閱蔡汝堃《慎子集說・慎子考》、陳啓天《中國法家概論・慎子書考》及徐漢昌《慎子校注及其學說研究・有關慎子一書諸問題》，這三篇文章對《慎子》版本遷易的問題皆有詳細的考辨。

〔註24〕本表所列之外，傳世的本子還有江陰繆氏藕香簃所藏的明代慎懋賞本《慎子》內外篇。但此書經羅根澤、方國瑜二位先生詳細考辨，謂爲雜抄諸家之僞書，舉證歷歷，迨成定論，故本文不擬加以討論。

〔註25〕《風俗通義・姓氏》篇云：「慎到，爲韓大夫，著《慎子》三十篇。」

〔註26〕裴駰《集解》引徐廣之言曰：「今《慎子》，劉向所定，有四十一篇。」徐廣爲晉人，故其所言之《慎子》，乃晉代所見之本。

〔註27〕《舊唐志》乃《古今書錄》之節本，其所著錄止於唐玄宗之世。

〔註28〕此書目係據《舊唐志》撰成，而有所增補，其著錄已及唐昭宗時。

南宋	《中興館閣書目》	一卷
南宋	《直齋書錄解題》	五篇
南宋	《黃氏日抄》	五篇
南宋	《漢書藝文志考證》	五篇
元	《文獻通考・經籍考》	一卷
元	《宋史・藝文志》	一卷
明	《諸子辨》	一卷五篇
明	《國史經籍志》	一卷五篇
清	《鐵橋漫稿》	七篇〔註29〕
清	《四庫提要》	五篇

　　上表基本上反映了陳啓天先生所謂慎子書「四大變」的過程。〔註30〕從東漢到宋代一段時間裡，四十二篇的《慎子》殘佚到只剩五篇，可謂是十失其八九；後來還是清人據日本傳回的《群書治要》〔註31〕加以校補，才有今日所見的七篇《慎子》。〔註32〕所以今本《慎子》是輯佚本，較劉向所見已殘損大半，〔註33〕這是首先必須注意的事情。

　　對於篇數上這樣大的變化，不禁讓人想起梁任公所提過的辨偽方法——「從今本和舊志說的卷數篇數不同，而定其爲偽或可疑」，他對此說明道：

　　　　……篇數已異，內容必變，可以決定是偽書。最少也要懷疑，再從別種方法，定其眞偽。〔註34〕

〔註29〕嚴可均《鐵橋漫稿》云：「余所見明刻本亦皆五篇，今從《群書治要》寫出七篇，有注，即滕輔注。其多出之篇，曰〈知忠〉、曰〈君臣〉。其〈威德〉篇多出二百五十三字。」

〔註30〕所謂「四大變」即慎到著作由先秦「十二論」、東漢「四十二篇」、宋代「五篇」以至於清代「七篇」的變化過程。此說見於《中國法家概論・法家的著述考》，頁223。

〔註31〕《群書治要》，魏徵等撰，唐後即亡。直至日本寬永年間（寬永元年約西元1624年，明熹宗天啓四年）才於日本發現，天明五年（西元1785年，清乾隆五十年）始鏤版行世。內有《慎子》七篇，附滕輔注，較明各本多〈知忠〉、〈君臣〉兩篇。

〔註32〕錢熙祚〈慎子跋〉云：「《群書治要》有《慎子》七篇，今所存五篇具在，用以相校，知今本又經後人刪節，非其原書。今以《治要》爲主，更據唐宋類書所引隨文補正，其無篇名者，別附於後。雖不能復還舊觀，而古人所引，搜羅略備矣。」

〔註33〕見註26。

〔註34〕見梁啓超《古書眞偽及其年代》，頁41。

根據這樣的意見來看，《慎子》書的篇數前後大異，正是任公所指之「僞書」或「可疑」。因此，姚際恆在《古今僞書考》中就將之斷爲僞書，〔註35〕直接否定它的價值。姚氏如此的論斷，也許是過份嚴苛了；篇數由多而少，未必是僞作，亦有可能只是殘佚而已。但無法否認的是，此書必定闕失了大半的內容。在這點上，黃雲眉先生曾經一針見血的指出其中關鍵，他說：

> 吾意今書文字明白，不類先秦殘籍，當由後人抄撮諸書法家語而成。
> 《文獻通考》引〈周氏涉筆〉曰：「稷下能言者，如慎到最爲屏去繆
> 悠，剪削枝葉，本道而附於情，主法而責於上，非尹文田駢之徒所
> 能及。五篇雖簡約，而明白純正，統本貫末。」果如所言，其書誠
> 僞託矣。夫四十二篇而僅存五篇，又安能統本貫末？五篇而能統本
> 貫末，則其餘三十七篇不皆贅耶？〔註36〕

四十二篇僅剩五篇，若說還能「統本貫末」，的確是荒唐之言。我們怎麼能相信身爲「稷下能言者」的慎到，會寫出一部三十七篇「贅言」的鉅著呢？所以今本《慎子》不具有慎到思想的代表性，應該是很明白的了。高維昌先生認爲此書「雖不得直目爲僞，要亦失其眞矣。」〔註37〕確是很持平的看法。

其實，由四十二篇至五篇的殘佚並非《慎子》一書最大的困難，尤有甚者，在於《慎子》此書是否眞爲慎到本人所著的問題。慎到之著作，《史記》中明明說是「十二論」，但《漢書‧藝文志》卻一變而爲「四十二篇」，兩造的說法不論在單位或數字上均不相同，這會是同一本書嗎？前人在此問題上雖然多方試圖解答，〔註38〕無奈材料有限而難有確證，故諸說多只能視爲臆測而已。對此，筆者想起馮友蘭先生曾經提到過：「……稱爲先秦某子的書都是某一個學派的著作總集，雖號稱爲某子，但並不肯定其中某些篇是某子所

〔註35〕見《僞書考五種、清代禁書知見錄‧古今僞書考》，頁20。
〔註36〕見黃雲眉《古今僞書考補證》，頁171。
〔註37〕見高維昌《周秦諸子概論》，頁38。
〔註38〕關於這個問題頗有爭議。金德建先生提出有兩種可能：一是「篇」、「論」二字同義，《史記》之「十二」乃「四十二」之脫誤。二是《漢志》所錄四十二篇乃《史記》記載的「十二論」與《風俗通義》所錄「三十篇」之總和。（《古籍叢考》，頁48～49。）而蔡汝堃先生則認爲：「《慎子》之最後釐定或整理，出自劉向手也。《史記》前於劉氏，自無從龜本，遂以己意析爲十二論；而《漢志》後於劉氏，自可準襲其說，仍析爲四十二篇，此其所以不同，實詞異而量同也。」（《慎子集說》，頁3。）另外陳啓天先生的看法，以爲「漢時徵求遺書多次，凡後人附益於慎子，或託名於慎到的著作，未盡量刪去，致較十二論加了兩倍以上。」（《中國法家概論》，頁221。）

自著的，更不肯定全書都是某子所自著的。……其實在先秦，著作人的觀念是不明確的，當然更沒有所謂著作權。不僅稱爲某子的書不是一人一時寫的，其中的某些篇也不是一時一人寫的，其中有些部分是陸續添上去的。」〔註39〕以這樣的觀念來推想，《慎子》或許也是一部共同著作，是慎到及其後學的著作總集。如此一來，「十二論」之增爲「四十二篇」便不足爲怪，而其內容之複雜性也可以稍獲解釋。只不過若眞是這樣，那此書能代表慎到本人思想的程度則又要大打折扣了。

相對於《慎子》一書的可疑，《莊子·天下》篇益顯可靠。〈天下〉篇向來是研究先秦諸子學的重要文獻，雖然它的作者仍有爭議，著作年代也尙無定論，但以之爲研究諸子的基石卻是不作貳想。梁啓超先生說：

> 〈天下〉篇不獨以年代之古見貴而已，尤有兩特色：一曰保存佚説最多，如宋鈃、慎到、惠施、公孫龍等，或著作已佚，或所傳者非眞書，皆藉此篇以得窺其學說之梗概。二曰批評最精到且最公平，對於各家皆能擷其要點，而於其長短不相掩處，論斷俱極平允，可作爲研究先秦諸子學之嚮導。〔註40〕

馮友蘭先生亦持接近的看法，他認爲：

> 《天下》篇比較晚出，但是它是作爲一個哲學史性質的論文而寫的。它實際上就是一篇簡明的先秦哲學史，它的觀點是莊周這一派的觀點，但是它所説的可不是寓言。它確切是企圖對於先秦的哲學作一個有系統的、在他認爲是客觀的敘述和評論。這篇可以作爲研究先秦哲學的一個支點。凡是研究歷史，無論那一段，總得有幾個大家都認爲是可靠的史料作爲支點，以它爲標準，鑒別別的史料。不然，研究就無法進行。《天下》篇就是這樣的一個支點。事實上現在研究先秦哲學的人，都把它作爲這樣的一個支點。〔註41〕

二人的意見，雖然在〈天下〉篇立論觀點的看法上不盡相同，但卻都強調了它的可靠性，以爲可以作爲研究先秦諸子思想的「嚮導」或是「支點」。至於它是不是「莊周一派的觀點」，則有待於進一步的研究，不過這並不會對我們造成太大的困擾。馮氏亦曾說過，〈天下〉篇的作者「是企圖對於先秦的哲學

〔註39〕見馮友蘭《中國哲學史新編》第二冊，頁114。
〔註40〕見梁啓超《諸子考釋》，頁2。
〔註41〕見馮友蘭《中國哲學史新編·第二冊》，頁117。

作一個有系統的、在他認爲是客觀的敘述和評論。」所以當不致刻意扭曲愼到學說的原意。郭象注〈天下〉篇時即曾言:「莊子通以平意說己,與說他人無異也」,認爲此篇並無偏頗;而王邦雄老師對此則更明確的說道:

> 惟天下篇雖推舉莊子爲百家之學的最高峰,然仍列在「道術將爲天下裂」之後,並未僅以莊學系統來概括天下古今道術之全,而是更開闊其心胸,建立一套天人內外統貫爲一的道術觀,來整合諸子百家的思想,並對先秦學術做一總結的評述。〔註42〕

這樣說來,〈天下〉篇之評述觀點的確保持了一定程度的超然,以之作爲研究的支點,應該是沒有問題的。

事實上,以愼到相關材料的特殊情況,研究者並無太大的選擇空間。《愼子》書的可疑,迫使我們不得不向先秦其它的文獻靠攏。徐復觀先生講得很坦白:

> 在田駢、愼到,因材料簡略,則只有由〈天下〉篇的作者與荀子所下的評判,以作解釋的導引;因而得出互相比較的結果。對於田駢、愼到,我們若不把握住〈天下〉篇作者及荀子所作的評判,以作有關文句解釋的導引,便會流於臆測、牽附。在今日,沒有任何理由,可以不信任〈天下〉篇的作者及荀子的批評的。因爲此外更無其他有力材料,可資參證。〔註43〕

的確,我們沒有理由不相信〈天下〉篇的作者與荀子所下的評判。他們的見識卓越,離愼到的時代近,學派關係密切,荀子甚至還三爲稷下的祭酒;不管怎樣,他們都具有如實理解愼到思想的優勢條件。所以在面對《愼子》可信度成爲一問題時,沒有理由把〈天下〉篇或《荀子》的詮釋效力擺在第二位。

三、研究愼到應以〈天下篇〉爲主,《愼子》爲輔

以上雖然花費相當大的篇幅來申明《愼子》的可疑,但如果由此便直接廢棄《愼子》一書,完全不採信其內容,事實上我們卻反而會感到窘困。在以道法關係爲鵠的之愼到研究上,道家思想雖是探索的重點之一,但如果沒有法家理論的存在,那麼研究也將失去方向感。所以法家思想的質素在此實是不可或缺的,而《愼子》一書就擔當了提供此思想材料之任務。《四庫總目

〔註42〕見王邦雄《儒道之間》,頁103。
〔註43〕見徐復觀《中國人性論史》,頁431。

提要》於介紹《慎子》時曾說道：

> 今考其書，大旨欲因物理之當然，各定一法而守之，不求於法之外，亦不寬於法之中；則上下相安，可以清靜而治。然法所不行，勢必刑以齊之，道德之爲刑名，此其轉關，⋯⋯。

可以看得很清楚，「道德之爲刑名」這句考語是對《慎子》書所下的，若要由理論上縷析道德何以能夠轉爲刑名，那恐怕還是得從此書下手。在此我們面臨一個兩難的局面：接受《慎子》，則可能偏離慎到本人思想；放下《慎子》，則即將失去法家思想素材。兩種結果，都是我們所不樂見的。要妥善處理慎到的道法關係，我們還必須想出一套魚與熊掌兼得的萬全之策。

對於這樣的困難，熊鐵基先生有一段話值得深思，他說：「流傳下來的《慎子》書不可不信也不可全信，慎到的思想最可靠的記載是《莊子》等書。」〔註44〕「慎到思想最可靠的記載在《莊子》等書」這句話，根據前面的論述我們自然完全同意；而「《慎子》書不可不信也不可全信」一句，則正是本文得以借鏡來應對《慎子》書特殊性質的態度。《慎子》一書的版本流傳雖然啓人疑竇，但未必全然是僞書，如果就此不用，那又太過因噎廢食了。就如徐漢昌先生所言：「古書流傳至今，除迭遭兵燹、禍亂而外，刻書之不易，傳鈔之去取，流布之艱難，在在皆古書散佚之因，先秦古籍完全保存至今者有幾？若逕以其殘缺不全而遂謂其爲僞，則眞本古書可採者不多矣。於此類殘缺之書，取其思想可也，何必非其人之言則不取，以文字而廢言？思想雖不全，仍中國人之思想之文明也，況事實上有其眞實性在者乎！」〔註45〕我們同意這樣的看法，不過不僅是因爲有關慎到思想的文獻「可採者不多矣」而已，而是我們還認爲《慎子》書「事實上有其眞實性在者」。此眞實性的判斷，間接地來自於前面所說第二類材料——先秦諸子對慎到的述評。慎到著名的勢論見於《韓非子·難勢》篇乃眾所周知的事，而此文亦載於今本《慎子·威德》篇中；另外《呂氏春秋·慎勢》篇所引述慎到關於定分止爭的說法，如今七篇《慎子》中亦可見。這兩件事實說明了在韓非與呂不韋的時代，所見的《慎子》與今本在某些部分是相同的，所以今本《慎子》的問題有可能就只是篇章殘闕而已。此外《荀子》中提及慎到「尚法」，與今本《慎子》的內容大體符合，這也提高了此書的可信度。不管如何，若將《慎子》的地

〔註44〕見熊鐵基《秦漢新道家》，頁 18。
〔註45〕見徐漢昌《慎子校注及其學說研究》，頁 44。

位定爲「完全不可信」是不恰當的，因爲它至少在一定程度上反映了愼到的思想。故而置疑《愼子》一書，用意並非是要全盤否定它的地位，而是要提高〈天下〉篇與其它先秦典籍在愼到研究上的價值。我們認爲，研究愼到應以〈天下〉篇等先秦文獻爲首，而以《愼子》爲次。藉由此價值次序的改變，一條新的進路便隱然成形，那就是以通過〈天下〉篇來理解《愼子》書的研究方法。

　　通過〈天下〉篇去理解《愼子》，意味著愼到思想的基調將被以道家性格來認識。亦即我們認爲，愼到學說在本質上乃是屬於道家的，而其它的部分則是由此道家思想推擴而出；這正合於司馬遷對愼到學術的介紹——「學黃老道德之術，因發明序其旨意」。所以若承認《愼子》書的內容也是愼到思想的一部份，那麼就可想見其中含有道家思想的性質。雖然其內容大體屬於法家思想的論說，不過就如陳啓天先生所言：「愼到的整個思想，有屬於道家的，也有屬於法家的，而他的法家思想，又是依據道家思想發揮的。」〔註46〕《愼子》中的思想若是依據道家思想發揮而來，則必然有與道家思想的接榫處。藉著〈天下〉篇中愼到之理論脈絡的尋繹，我們可以找出幾個學說上的重點，拿來與《愼子》中相對應的範疇作性質上的比較。兩者若是不合，則必須進一步辨證《愼子》的可靠性；若是相通，則〈天下〉篇與《愼子》在觀念上的連接，正好是觀察「由道入法」課題的最好材料。

四、愼到與田駢不必強加區分

　　以〈天下〉篇作爲研究愼到思想的支點，若說會遭致任何的疑慮，原因可能不在文獻本身的可信與否；最大的問題也許是出在〈天下〉篇的撰述形式上。〈天下〉篇在述評天下道術時，是以流派作爲論述的單位，若屬於同一流派的思想家，就會被併在一起合論。所以當〈天下〉篇談及愼到時，順便也用概括的言語將彭蒙與田駢兩人一同併述了，三個人的思想因此便頗難釐清。面對這樣的情形，歷來學者大多仍順著〈天下〉篇的敘述脈絡，將三人思想視爲大體相同，對之不強加分別。此原因可能有二：一者因爲〈天下〉篇作者既將三人合論，則其思想必然極接近而有不可分別的理由；再者以〈天下〉篇這段文字的敘述形式而言，也眞的難以準確析出三人之思想。因此，

―――――――――――

〔註46〕見陳啓天《中國法家概論》，頁 221。

彭蒙、田駢與慎到三人的思想自然被視為相同來處理了。〔註47〕

但是有些比較積極的學者並不以此為滿足。譬如白奚先生就認為〈天下〉篇的作者「對二人的學術思想大體上是作了區分的。」〔註48〕因而主張「慎到、田駢的思想有同也有異，不應混為一談。」〔註49〕他主要的觀點是認為，「齊萬物」是田駢學術的重要內容，也是田、慎學術的重要區別之一，〔註50〕而〈天下〉篇已將此區別明確的呈現，並無絲毫錯亂。這樣的說法若成立，則對慎到思想內容的決定將發生巨大的影響，所以我們有必要對之作一番辨析和釐清。為了方便複述白氏的說法，茲將〈天下〉篇論彭蒙、田駢、慎到之文字，依其意析為五小段後整錄於下：

第一段：

> 公而不黨，易而無私，決然無主，趣物而不兩。不顧于慮，不謀于知；於物無擇，與之俱往。古之道術有在於是者，彭蒙、田駢、慎到聞其風而悅之。

第二段：

> 齊萬物以為首，曰：「天能覆之而不能載之，地能載之而不能覆之，大道能包之而不能辯之。」知萬物皆有所可、有所不可，故曰：「選則不遍，教則不至，道則無遺者矣。」

第三段：

> 是故慎到棄知去己，而緣不得已。泠汰于物，以為道理。曰：「知不知，將薄知而後鄰傷之者也。」謑髁無任，而笑天下之尚賢也；縱脫無行，而非天下之大聖；椎拍輐斷，與物宛轉，舍是與非，苟可以免。不師知慮，不知前後，魏然而已矣。推而後行，曳而後往；若飄風之還，若羽之旋，若磨石之隧，全而無非，動靜無過，未嘗有罪。是何故？夫無知之物，無建己之患，無用知之累，動靜不離于理，是以終身無譽。故曰：「至於若無知之物而已，無用賢聖，夫塊不失道。」豪桀相與笑之曰：「慎到之道，非生人之行，而至死人

〔註47〕〈天下〉篇明言田駢「學於彭蒙」，二人學術自然相近。而唐君毅先生則更進一步，懷疑慎到亦為田駢之師。（見《中國哲學原論──原道篇（一）》，頁269。）若此說成立，三人的學術則更加可以視為一體。

〔註48〕見白奚《稷下學研究──中國古代的思想自由與百家爭鳴》，頁139。

〔註49〕見白奚《稷下學研究──中國古代的思想自由與百家爭鳴》，頁138。

〔註50〕見白奚《稷下學研究──中國古代的思想自由與百家爭鳴》，頁142。

之理，適得怪焉！」

第四段：

> 田駢亦然，學於彭蒙，得不教焉。彭蒙之師曰：「古之道人，至於莫
> 之是、莫之非而已矣。其風窢然，惡可而言。」常反人，不見觀，
> 而不免於魭斷。其所謂道非道，而所言之韙不免于非。

第五段：

> 彭蒙、田駢、慎到不知道。雖然，概乎皆嘗有聞者也。

白奚先生認為，這裡除了第五段是對田、慎二人學術的總評價，和第一段是
將二人合論外，其餘三段文字明顯地是將兩人分別論述的。第三段因有題名，
可以確定是慎到思想無疑。而標有田駢之名的第四段和有關「齊物」思想內
容的第二段，白氏則將之歸屬於田駢名下。

　　作如此的判斷，白氏所根據的是其它先秦子書的記述。《呂氏春秋・不二》
篇中提到「陳駢貴齊」，《尸子・廣澤》篇也說「田子貴均」，「均」與「齊」
義同，表明「貴齊」確是田駢的思想。相對田駢的情況，在有關慎到思想的
記述上，如輯自《太平御覽》、《藝文類聚》、《文選》、《意林》、《繹史》等書
的《慎子・逸文》，以及各種史書子志等，皆不見有「齊萬物」之相關材料。
白氏認為，此現象說明一個事實，即「齊萬物」乃是田駢的觀點，而與慎到
無涉。〔註51〕

　　以上面的說法來看，白氏顯然認為慎到的「棄知去己」與「齊萬物」的
命題在意義上是截然不同的，這是其立論得以成立的前提；但是在〈慎到、
田駢學術之異同〉一文中，他的說法卻與此前提有所衝突。他如此解釋慎到
「棄私去己」的意義：

> 即所謂『不黨』、『無私』、『無主』、『不兩』、『無擇』、『不顧於慮，
> 不謀於知』，排除任何主觀好惡、傾向和智慮，客觀地對待一切事物。
> 〔註52〕

所以白氏認為慎到講棄知去己，意思是要排除主觀的好惡和傾向，達到不黨
無私的客觀。但是在談到田駢如何「齊萬物」時，白先生又說：

> 既然具體的事物皆有其局限性，人們對待萬物的態度就應該效法大
> 道的『齊萬物』，對千差萬別的事物採取『不辨』、『不選』、『不教』

〔註51〕見白奚《稷下學研究——中國古代的思想自由與百家爭鳴》，頁143。
〔註52〕見白奚《稷下學研究——中國古代的思想自由與百家爭鳴》，頁140。

的態度，排除任何主觀傾向性，這樣才能避免『不遍』、『不至』的
片面性，⋯⋯。〔註53〕

我們注意他的講法，「棄知去己」是要「排除任何主觀好惡、傾向和智慮，客
觀地對待一切事物」；而「齊萬物」則是「對千差萬別的事物採取『不辨』、『不
選』、『不教』的態度，排除任何主觀傾向性」。很清楚地，既然兩者意思都是
要排除主觀的傾向，那麼彼此間其實並無絕對的差異，或者至少可以說兩者
並不互相排斥。白先生既然有這樣的理解，卻仍硬要說「『齊萬物』乃是田駢
的觀點，而與慎到無涉。」〔註54〕不知是根據什麼標準來作出區分？以筆者
的看法，白先生對「棄知去己」與「齊萬物」的解釋，對照於他自己對此兩
者的區分，明顯地是互相矛盾了。

　　至於「慎到其它的相關文獻上沒有出現齊物思想」一說，也頗有商榷餘地。
馮友蘭先生就認為《慎子・民雜》篇「民雜處而各有所能，⋯⋯，多下之謂太
上」的一段話，與〈天下〉篇「齊萬物以為首」的那段話，兩邊的基本思想是
一致的。〔註55〕而就筆者的觀察，《慎子・威德》中明明有「一人心」之論，〈逸
文〉中亦談及了「齊天下之動」，怎麼說慎到無齊物思想呢？在解釋《莊子・齊
物論》時，徐復觀先生曾認為它「主要是解決思想自由的問題」，因而說道：

　　　所謂「物」，雖是無所不包的大共名，但實際是指人群社會而言。
　　〔註56〕

而在慎到，我們也未嘗不可以這樣的含義來考慮「齊萬物」的訴求。若以徐
先生此義來理解「齊萬物」一詞，則「齊萬物」的意義就可以解釋為「齊平
人群社會的思想」，此與〈天下〉篇之上下文非但沒有抵觸，且和《慎子》中
「一人心」、「齊天下之動」的意思顯然可以相通。依此，慎到的相關文獻中
無齊物思想的說法，就不見得可以成立。也許在白氏認知下，齊萬物的「萬
物」並非意指「人群社會」，但我們卻不能完全排除此種意義存在的可能性。
既然不能排除「齊萬物」指的可能是「齊平人群社會的思想」，那麼也就不能
切斷它與「一人心」、「齊天下之動」在意義上的關聯，這樣一來，慎到沒有
齊物思想的說法就站不住腳了。

〔註53〕見白奚《稷下學研究——中國古代的思想自由與百家爭鳴》，頁141。
〔註54〕見白奚《稷下學研究——中國古代的思想自由與百家爭鳴》，頁143。
〔註55〕見馮友蘭《中國哲學史新編》，頁205。
〔註56〕見徐復觀《中國人性論史》，頁400。

　　因此，將上引〈天下〉篇文字第二段視爲專屬田駢的思想只能是一種臆測，並沒有堅強的證據支持；由此而來的區分田駢、愼到思想之主張，也不見得有其必要。以宣穎的看法，他認爲〈天下〉篇這一段文字「敘愼到詳，田駢止一句。又『學於彭蒙』，敘彭蒙又止引其師說。詳略之間，即此見彼也。」〔註57〕宣穎的意思是認爲〈天下〉篇這段文字乃是以敘愼到來概括田駢、彭蒙，三人之學是可以即此而見彼的，故不需強加分別。我們認爲這樣的意見是有道理的，根據在於〈天下〉篇將田駢與愼到劃歸一派的作法並非僅見，在《荀子・非十二子》篇裡亦作如是處理。《荀子》和《莊子》既然都把愼到和田駢放在一塊而不區別，可見他們的學說一定相近到可以彼此互相涵攝的程度。所以強要在〈天下〉篇與〈非十二子〉篇中區別田、愼，並不具有太大的意義。

　　故而在運用材料上，本文並不主張將田駢與愼到的學說分開，那樣子的區分既不可能，也無必要。因此〈天下〉篇述彭蒙、田駢、愼到的那些文字，筆者主張可以直接把第一、二、三、五段都視爲研究愼到思想的材料，由之著手探討其思想，不必顧忌是否誤蹈了田駢或彭蒙學說之領域。而只在第四段的運用上，才需要特別注意彭、田、愼三人彼此間是否有差異；故此段最好視爲參考材料，而不宜輕用。以上述的理念來處理〈天下〉篇的材料，相信便不致有逾越之慮與遺珠之憾。

〔註57〕見宣穎《莊子南華經解》，頁225。

第二章　慎到面對的哲學問題

　　目前能較全面地反映慎到思想之材料，主要是《莊子》的〈天下〉篇與輯佚本《慎子》二種。其它文獻論及慎到者，大多祇是零星地評述，或是對其生平的片段記述。以這樣有限的憑藉，要直接構畫出哲人的學思風貌是有困難的。由於時空環境的變遷，在著作年代久遠的文獻裡，許多語詞的意義皆已不同於今日，若僅憑文字訓詁的追索，便容易因時、空的隔閡，模糊了當初思想產生的針對性，致使詮釋失焦。以〈天下〉篇的內容為例，當面對「齊萬物以為首」這樣的用語時，我們要如何知道「齊」、「萬物」與「首」這些詞彙的指涉意涵呢？若沒有意識到齊物思想乃是相應於特殊的問題而發，那麼詮釋者就很可能將「萬物」一詞，一般地理解為「萬事萬物」，這將令齊物思想的針對性透顯不出。如此理解哲學，必然令一切高妙思想因意指不明而失色。

　　因此光憑傳統的字辭注釋是不夠的，如此容易使意涵淪於籠統朦朧。一套思想學說要理解恰當、確切，還必須弄清楚此思想是針對何人、何事而發。對於這一點，勞思光先生曾說：

> 一切個人或學派的思想理論，根本上必是對某一問題的答覆或解答。
> 我們如果找到了這個問題，我們即可以掌握這一部份理論的總脈絡。
> 反過來說，這個理論的一切內容實際上皆是以這個問題為根源。理論
> 上一步步的工作，不過是對那個問題提供解答的過程。[註1]

這段話說的很清楚，思想理論乃是以一特定問題為根源而衍生的，掌握了此

〔註1〕　參閱勞思光《新編中國哲學史（一）》，頁15。

根源，就掌握了理論的總脈絡。所以欲妥貼地瞭解一個哲人的思想，最好的方法是從發掘其根源問題來著手。廓清了根本的問題，就能夠提綱挈領、脈絡清晰，不致迷失於概念的迷宮之中。故而在進行特定哲人的研究工作之前，有必要先探索其基源問題。只有以對基源問題的理解爲基礎，我們才能在殘缺疏略的傳世文獻中詮定其思想的根本意向。

是故，本章目的便在於對慎子學說作一番基源問題的追索，藉由此問題的發明，確定文獻中出現詞語概念之實際指涉，而使思想理論的整體意義得到落實。不過在發掘基源問題之前，我們有必要先對慎到的生平事蹟略作考察，確定其存在背景，爲接下來的探索奠定客觀的基礎。確立此客觀基礎以後，便能以此爲根據，從相關文獻的呈現、時代問題以及身份立場三方面切入，來探討慎到所面對的哲學課題究竟是什麼。

第一節　慎到生平

在先秦典籍中，《莊子》的〈天下〉篇，《荀子》的〈非十二子〉、〈天論〉、〈解蔽〉篇及《韓非子》的〈難勢〉篇都曾對慎到思想有過述評，並且《呂氏春秋》的〈慎勢〉篇亦曾引述過其學說。〔註2〕就儒、道、法三家都對之加以批判的情形來看，其學說在當時曾引起相當廣泛的注意，可知慎到在戰國中晚期必是相當重要的一位思想家。

關於慎到的生平事蹟，以現今所存的文獻史料而言，實在難以爲他勾勒出鮮明的面目。除開被斷定爲僞書的慎懋賞本《慎子》之外，其餘材料裏《孟子·告子下》第八章和《戰國策·楚策》中「楚襄王爲太子之時」兩段記述，其可靠性亦頗受爭議，〔註3〕歷來學者對之多持保留的態度。以陳榮捷先生爲例，

〔註2〕《呂氏春秋·慎勢》篇：「故先王之法，立天子不使諸侯疑焉，立諸侯不使大夫疑焉，立適子不使庶孽疑焉。疑生爭，爭生亂。是故諸侯失位則天下亂，大夫無等則朝庭亂，妻妾不分則家室亂，適孽無別則宗族亂。」這段文字並未註明爲慎子所作，但與《慎子·德立》篇內容大同小異。另外〈慎勢〉篇又云：「慎子曰：『今一兔走，百人逐之。非一兔足爲百人分也，由未定。由未定，堯且屈力，而況眾人乎？積兔滿市，行者不顧。非不欲兔也，分已定矣。分已定，人雖鄙不爭。故治天下及國，在乎定分而已矣。』」此文亦見於《慎子·逸文》中，文字稍有不同。

〔註3〕這兩段記載雖皆云「慎子」，但由其行事看不出什麼端倪，實在無法判斷是否即爲思想家慎到，故歷來屢有爭議。其詳參見錢穆《先秦諸子繫年·慎到考》，頁425。

他對這些資料就採取各別承認的方法，將文獻中出現過的「慎子」分爲「《戰國策》裡的慎子」、「《孟子》裡的慎子」與「《史記》中的慎到」三人，〔註4〕由此區隔出可靠與可疑的記述。如此區分雖然未必一定切合史實，但卻能令研究者在聯繫各段材料時不致牽強附會，可以避免不必要的混亂。因此在處理慎到生平事蹟時，我們亦借鏡於這樣的態度，不再去追究《戰國策》中楚襄王的師傅是否爲慎到，〔註5〕或《孟子》中的慎滑釐是否爲慎到〔註6〕等問題。

　　所以若僅採信直接而可靠的史料，則各種關於慎到生平事蹟的記述，皆只限於他任稷下先生的一段時間。《史記・田敬仲完世家》中寫道：

> 宣王喜文學遊說之士，自如騶衍、淳于髡、田駢、接子、慎到、環淵之徒七十六人，皆賜列第，爲上大夫，不治而議論。是以齊稷下學士復盛，且數百千人。

而《鹽鐵論・論儒》中則說：

> 齊威、宣之時，顯賢進士，國家富強，威行敵國。及湣王，奮二世之餘烈，南舉楚、淮，北并巨宋、苞十二國，西摧三晉，卻彊秦，五國賓從，鄒、魯之君，泗上諸侯皆入臣。矜功不休，百姓不堪。
> 諸儒諫不從，各分散。慎到、捷子亡去，田駢如薛，而孫卿適楚。

從以上兩則記載，可以知道他在稷下學宮活動的年代，大致在西元前 319 年（宣王立）至 284 年（湣王卒）期間。〔註7〕慎到最後的結局是「亡去」稷下，此後不知所蹤。此外在《史記・孟子荀卿列傳》對荀卿的記載裡，其中還有一段提到：

> 田駢之屬皆已死齊襄王時，而荀卿最爲老師。

田駢向來與慎到齊名，所以這兒的「田駢之屬」也許包括了慎到。若此，則

〔註4〕　見陳榮捷《中國哲學論集》，頁 225。

〔註5〕　《史記正義》說慎到是「戰國時處士」。據李滌生先生的說法，所謂「處士」，是「不出仕者」。《易》曰：「或出或處」。「出」謂出仕，「處」爲隱居。（見《荀子集釋》，頁 106。）慎到既稱爲「處士」，可見其爲楚襄王傅的機會不大。

〔註6〕　《孟子・告子下》記：「慎子勃然不悅曰：此則滑釐所不識也。」趙岐注：「滑釐，慎子名。」焦循對此說道：「『釐與來通』。《詩・周頌・思文》：『貽我來牟』，《楚書・劉向傳》作『飴我釐麰』，是也。《爾雅・釋詁》云：『到，至也』，《禮記・樂記》云：『物至知之』，注云：『至，來也』。到與來爲義同。」焦循這樣的輾轉考釋雖亦或可通，但筆者認爲以文字假借來求證的方式過於曲折，難脫附會之嫌。故對此記載採存而不論的態度爲佳。

〔註7〕　此處年代之釐定，乃依據錢穆先生所作之〈先秦諸子繫年通表〉。見《先秦諸子繫年》，頁 556、565。

慎到應卒於齊襄王時的稷下復興之前（約西元前 278 年左右）。錢穆先生考定慎到生卒年約在西元前 350 至 275 年之間，〔註8〕這大體是可以接受的。王叔岷先生說：「慎到固與莊子同時蓋略年長耳。」〔註 9〕「慎到略長於莊子」此說雖然並無確鑿之證據，但由此卻可知慎到和莊周〔註 10〕兩人大體上生活在同一個時代，年齡差距不大。

如果相信上面的結論，我們就難以接受班固的說法，《漢書・藝文志》在「法家」類中記道：

《慎子》四十二篇。〔註11〕名到，先申、韓，申、韓稱之。

高誘在注《呂氏春秋・慎勢》篇時亦承此說，而曰：

慎子名到，作法書四十一篇，在申不害、韓非前，申、韓稱之也。

以上兩則記載看來是同出一源，可知班固所謂「申、韓」，就是指相韓昭侯的申不害和著作《韓非子》的韓非。慎到先韓非，韓非稱之，這由《韓非子・難勢》篇中引述慎到之論勢可得其證，並且從生卒年上來看也無不合之處；〔註12〕但若說慎到「先」申不害，便值得懷疑。據錢穆先生之說，申不害生當西元前 400 至 337 年間，〔註 13〕就算與慎到生同其世，輩行也應該比較高，慎到不太可能在申不害之前。所以錢先生認爲「夫到與孟子同時，而按《鹽鐵論》，慎子以湣王末年亡去，則慎子輩行猶較孟子稍後，豈得先申子？」〔註 14〕慎到既不先於申不害，故申不害「稱」慎到之說，亦不可貿然接受。〔註15〕胡適先生便認爲：「《漢書》云『慎子先申韓，申韓稱之。』此言甚謬。慎子在申子後。」〔註16〕

〔註 8〕 見錢穆《先秦諸子繫年》之〈諸子生卒年世約數〉，頁 618。

〔註 9〕 見王叔岷《先秦道法思想講稿》，頁 176。

〔註 10〕 據錢穆先生考證，莊周約生於西元前 365 至 290 年之間。見《先秦諸子繫年》，頁 618。

〔註 11〕 裴駰《史記集解》引徐廣之言曰：「今《慎子》，劉向所定，有四十一篇。」其篇數與下引高誘說相合。王叔岷先生因而疑《漢志》原作「四十一」篇，而非清畢沅《呂氏春秋新校正》所據以改高注的「四十二」篇。

〔註 12〕 韓非約生於西元前 280～233 年間，在慎到之後。見錢穆《先秦諸子繫年》之〈諸子生卒年世約數〉，頁 620。

〔註 13〕 見錢穆《先秦諸子繫年》之〈諸子生卒年世約數〉，頁 617。

〔註 14〕 見錢穆《先秦諸子繫年》之〈慎到考〉，頁 426。

〔註 15〕 裘錫圭先生對此則認爲：「也許《申子》編定於申不害門徒之手，所以能稱引慎到。」此可聊備一說。（〈馬王堆《老子》甲乙本卷前後佚書與「道法家」——兼論《心術上》、《白心》爲慎到田駢學派作品〉，見《文史叢稿》，頁 70。

〔註 16〕 見胡適《中國古代哲學史》，頁 342。

至於籍貫，一般來說各種史志都認爲慎到是趙人，比如《史記‧孟子荀卿列傳》即言：

　　慎到，趙人。田駢、接子，齊人。環淵，楚人。

唐人張守節《史記正義》在〈田完世家〉中對慎到亦注之曰：「趙人，戰國時處士。」《四庫提要》也說：「《慎子》一卷，周慎到撰。到，趙人。」而與上說不同者，有高誘在《淮南子‧道應訓》中注爲「齊人」。蔡汝堃先生認爲這是「因慎子嘗客於齊，因而致誤。」〔註17〕另外宋代《中興館閣書目》與黃震《黃氏日抄》則說慎到是瀏陽人。〔註18〕陳振孫《直齋書錄解題》駁之曰：「慎到，趙人，見於《史記》。瀏陽在今潭州，吳時始置縣，與趙南北了不相涉。蓋據書坊所稱，不知何謂也。」〔註19〕此外清代周中孚《鄭堂讀書記》則說是越人。〔註20〕以上幾種說法均不知所憑何據，所以若抱持謹慎的態度，將慎到視爲趙人是較爲穩當的看法。

　　據《史記》的說法，慎到在齊國是任「稷下先生」的職位。〈孟子荀卿列傳〉中提到：

　　自騶衍與齊之稷下先生，如淳于髡、慎到、環淵、接子、田駢、騶

　　奭之徒，各著書言治亂之事，以干世主，豈可勝道哉！

在此太史公直指慎到爲「稷下先生」，就目前可見的材料來看，此說無可置疑。據錢穆先生的看法，稷下學者可分三類：「遊稷下者稱學士，其前輩稱先生，尤推尊老師。」〔註21〕依此說來彷彿稷下學有三個等級。不過就文獻所見，在稷下曾被稱爲「老師」的，也僅荀卿一人而已。荀卿既三爲祭酒，則「老師」之名或許並非常態的銜稱，而只是對其人德望學養所表示的尊敬。若此，則「先生」即爲稷下學人的最高層級，爲當時學術界的佼佼者。慎到在太史公的筆下是少數有名有姓的稷下先生，其地位當更在一般先生之上，必是執學術界牛耳的巨擘。所以像〈天下〉篇、〈非十二子〉篇等縱論天下學術的文章，都不得不論及慎到這號人物；從這裡，我們可以略窺慎到的重要性。

　　除了稷下先生之外，我們找不到慎到擔任其他職務的確實證據。雖然有材料指出慎子曾擔任過楚太子傅（《戰國策》）、韓大夫（《風俗通義》）甚至差

〔註17〕見蔡汝堃《慎子集說》，頁18。
〔註18〕見黃震《黃氏日抄》，頁644。
〔註19〕見陳振孫《直齋書錄解題》，頁292。
〔註20〕見周中孚《鄭堂讀書記》，頁260。
〔註21〕見《先秦諸子繫年》之〈稷下通考〉，頁233。

點當上了為魯攻齊的將軍（《孟子》），不過由於這些「慎子」的行誼與身為思想家的慎到似乎並不相類，況且也無旁證確認其身份，是故本文不採入說。這裡描繪慎到身世背景，主要還是依據《史記》的記載為準——以慎到為趙人，與莊子約為同時，是名噪一時的稷下先生。憑著這些認識，已足夠觀察「時代」和「身份」兩因素對其生命造成的驅迫力。後面我們便將以之為根據，來探索觸發慎到哲學思想的根源問題。

第二節　哲學問題——萬物不齊

一、理論還原——「齊萬物」與「平治爭亂」的意向

要瞭解慎到哲學的基源問題，第一步要做的是理論還原的工作。勞思光先生說：

> 所謂理論還原的工作，就是從許多論證中逐步反溯其根本意向所在。根本意向發現了，配合一定材料，我們即可以明白基源問題應如何表述。〔註22〕

依這樣的說法，哲人的所有主張中，可以返溯出一個原始的意向，這個意向所針對的就是基源問題。所以勞先生才說：「表述基源問題時，要使這個問題的解答，確能邏輯地涉及所提出的理論。」〔註23〕因此由理論中發掘「根本意向」乃是認識「基源問題」的前提。在慎到來說，這一步工作比較複雜，原因是現存的慎到理論並非統一的整體。如前文所述，今存的慎到思想材料主要可以分為〈天下〉篇的道家部分和《慎子》中的法家部分，兩邊的性質並不一致。道家性格的慎到，其思想主要表現在人生哲學方面，是從個體的角度來考量對應人世之道；而法家型態的慎到，思想則呈現為一種政治哲學，乃是從社會的角度來探討個體間的互動關係。所以兩種理論在性質上是不盡相同的。面對這樣的兩橛，我們只好分別對道家與法家思想展開理論還原的工作，先找出兩邊各別的「根本意向」之後，再來考慮彼此銜接的可能。

首先來看代表道家性格的《莊子・天下》篇。研究者在反溯此篇中慎到學說的根本意向時，往往會發現工作比想像中容易，因為此篇作者事實上已

〔註22〕參閱勞思光《新編中國哲學史（一）》，頁15。
〔註23〕參閱勞思光《新編中國哲學史（一）》，頁15。

經替讀者理出線索。〈天下〉篇直截地說慎到「齊萬物以爲首」，這個「首」
字陳壽昌說是「首務」，宣穎曰爲「第一事」，梁任公則指之爲「根本義」；依
此我們認爲也就是上述的「根本意向」。以「齊萬物」爲慎到思想根本意向的
說法是持之有故的，因爲它在〈天下〉篇中或直接、或間接地衍生爲各個次
要概念與主張；若反溯這些概念和主張的意向，可發現它們莫不歸本於「齊
萬物」此命題。

以作爲慎到工夫論中心命題的「棄知去己」爲例，它的用意是要讓主體能
夠「無建己之患，無用知之累」，如此便能使生命「動靜不離於理」而至「全而
無非」的境界。「全而無非」就慎到言是「舍是與非」所致，主體依此工夫而觀
照出的，是一個毫無價值意義的世界。萬物既然都無價值，那麼也就沒有「萬
物皆有所可、有所不可」的問題了。換句話說，既然萬物都沒有價值意義，那
麼人們對於這個世界上是非善惡的爭論也就可以免除；這就是慎到所謂的「齊
萬物」。在此有必要特別強調「舍是與非」這個用詞的意義，它不但說明了「棄
知去己」工夫的實際內涵，並且對於理解慎到的齊物思想也相當重要。因爲「是」
與「非」屬於價值方面的判斷，或者更具體地說乃是「倫理價值」的判斷，「棄
知去己」既然要「舍是與非」，可見「齊萬物」所指的「齊」是價值層面的齊平。
〈天下〉篇中引述彭蒙師之說曰：「古之道人，至於莫之是、莫之非而已矣」，
言中直就是非判斷的範疇而論，說明了「齊萬物」命題之提出，一開始所涉及
就是萬物的價值層面。因此我們才認爲「棄知去己」的工夫論，應該是針對不
同價值觀間的爭執而發，而歸本於「齊萬物」的意向之下。

再舉個例子，〈天下〉篇中說慎到「謑髁無任，而笑天下之尚賢也；縱脫
無行，而非天下之大聖」，又說「無用賢聖」，如此主張源自於慎到對「道」
的理解。慎到認爲「無知之物，無建己之患，無用知之累，動靜不離於理」，
心知的主體性發用在他看來是患累的根源，生命若要「不離於理」，唯一的辦
法就是棄知去己而達致「無知之物」的狀態。無知之物當然與賢聖有知的生
命型態相矛盾，於是慎到堅持笑賢非聖的態度便成爲必然，因而他說：「至於
若無知之物而已，無用賢聖，夫塊不失道。」將「若無知之物」與「無用賢
聖」放在一起談，可見「賢聖」與「有知」是相屬的，它們同是棄知去己之
工夫所欲對治。上面說明過「棄知去己」與「齊萬物」的關係，而現在「無
用賢聖」的主張既然可以回溯至「棄知去己」的工夫，便可知它的根本意向
還是在於「齊萬物」。

由上面兩個例子的分析看來，〈天下〉篇所言的慎到理論的確用心於解決萬物不齊的問題，因此以「齊萬物」爲其學說根本意向的說法是可以言之成理的。〈天下〉篇的作者直接點出慎到是以「齊萬物」爲「首」，我們認爲是深中肯綮的見解。

除了〈天下〉篇之外，先秦評述慎到思想的還有《荀子》、《韓非子》與《呂氏春秋》等材料。這批文獻的內容雖然可靠性不低，但大多只表現爲針對部分理論的批評，難以判斷是否周延地涵蓋了慎到思想整體，所以要由其中直接看出基本意向並不容易。所幸在《荀子》裏還有幾句簡略的批評，由於表述形式的特殊，筆者認爲具有慎到思想的概括性，可作爲研究的依據。這些批評主要就是〈解蔽〉篇所說的「蔽於法而不知賢」，以及可爲佐證的「尙法而無法」（〈非十二子〉）一句；它們一起指出慎到思想中「尙法」傾向的重要意義。在討論此意義之前，我們還必需先釐清一點：〈解蔽〉篇所論的亂家之「蔽」，雖然就大清明的心術而言可謂「蔽塞」，但在諸子自身的認識上，它卻是不折不扣的「道」；換言之，「蔽」在某個意義上是各家對「道」的理解。所以荀子說：

> 曲知之人，觀於道之一隅，而未之能識也。故以爲足而飾之，內以
> 自亂，外以惑人，上以蔽下，下以蔽上，此蔽塞之禍也。（〈解蔽〉）

「蔽」雖是諸子對於大道的曲知，卻也是他們「以爲足而飾之」者，是他們「內以自亂，外以惑人」之憑藉。也就是說，各家之蔽塞同時也即爲各家之特識。所以言墨子「蔽於用而不知文」、惠子「蔽於辭而不知實」、莊子「蔽於天而不知人」等等，這些荀子所謂的「蔽」，正是一般認識上的諸家之「長」。在此情況下，慎到既然被指爲「蔽於法而不知賢」，可見在荀子的認識中，其理論的代表性特點即在於對「法」的強調，也就是〈非十二子〉中所說的「尙法」。尙法，是以法爲上，爲崇尙之意。作爲一個具有涵蓋性的命題，「尙法」二字所意謂的應是慎到哲學之整體訴求，其思想的基本意向即繫於此；追問此一訴求，便可瞭解慎到哲學之所欲爲何。所以點出「尙法」爲理論的整體訴求，則其思想的基本意向便呼之欲出。

以「尙法」爲考察對象，揆諸於慎到思想的相關文獻，可以發現《呂氏春秋》對慎到理論的記述與此是相應的。〈慎勢〉篇云：

> 故先王之法，立天子不使諸侯疑〔註24〕焉，立諸侯不使大夫疑焉，

〔註24〕陶鴻慶曰：「疑皆讀爲擬，謂相比擬也。《管子‧君臣》篇云：『內有疑妻之妾，

立適子不使庶孽疑焉。疑生爭，爭生亂。是故諸侯失位則天下亂，大夫無等則朝庭亂，妻妾不分則家室亂，適孽無別則宗族亂。慎子曰：『今一兔走，百人逐之。非一兔足爲百人分也，由未定。由未定，堯且屈力，而況眾人乎？積兔滿市，行者不顧。非不欲兔也，分已定矣。分已定，人雖鄙不爭。故治天下及國，在乎定分而已矣。』〔註25〕

這段話一開頭就提及「先王之法」，並且闡釋了法度與定分止爭的關係。可以瞭解到，此處主要目的雖然在於說明「定分」對於「止爭」的意義，但歸結其意向，還是對客觀之「法」的強調。這與上述荀子的評斷基本上是相合的，讓我們更加確認「尚法」乃是慎到思想的主要訴求。在確認此主要訴求之餘，還必須意識到，這裡不但提到法可以定分止爭，也告訴我們尚法「就是爲了」要定分止爭。如此一來，這段話不但指出慎到的基本意向，也揭示了產生此意向的現實根源。「諸侯失位則天下亂，大夫無等則朝庭亂，妻妾不分則家室亂，適孽無別則宗族亂」，貞定「位」、「等」、「分」、「別」是法的作用，而此作用則指向於對爭、亂的平治。〔註26〕「先王之法，立天子不使諸侯疑焉，立諸侯不使大夫疑焉，立適子不使庶孽疑焉」，法不立則分不定，分不定則相疑，接下來便是「疑生爭，爭生亂」；到最後，「爭亂」乃是問題所在。是以「尚法」此一訴求，自始至終所針對的都是「爭亂」現象，「法」存在之目的即在於爭亂的平治。若我們承認「尚法」是涵蓋整個慎到思想的訴求，那麼「平治爭亂」顯然是其理論的根本意向，而「爭亂」就是引發此意向的現實根源了。

　　「平治爭亂」作爲慎到哲學的思考中心，不只反映在上面《呂氏春秋》的那段引述中，在《慎子》裡它也同樣表現爲一根本性的意向。《慎子》七篇

此宮亂也；庶有疑適之子，此家亂也；朝有疑相之臣，此國亂也。』《韓子·說疑》篇云：『孽有擬適之子，配有擬妻之妾，廷有擬相之臣，臣有擬主之寵；此四者，國之所危也。』是疑擬古通用。」（見《讀諸子扎記》，頁125。）陳啓天注《韓非子·說疑》篇則曰：「疑讀爲擬。擬物，謂相似相爭之物也。」（見《韓非子校釋》，頁248。）另陳麗桂先生認爲：「這些『疑』字都作『貳』字解」，亦近此說。

〔註25〕在今本《慎子》中，可以找到與這段話幾乎相同的內容（分別在《德立》與《逸文》二篇），詳見注2。

〔註26〕《慎子·君人》篇亦云：「法之所加，各以其分，蒙其賞罰而無望於君也，是以怨不生而上下和矣。」由此可見慎到以法定分、以分止爭的思想進路。

的內容，據陳啓天先生的分析，各篇的主旨如下：

一、威德篇——本篇宜分為四段：第一段自「天有明」至「聖人無事矣」言聖人以有德而無事，近道家說。第二段自「毛嬙」至「其得助博也」，韓非子難勢篇所引慎到語與此略同，言尚勢，為法家說，乃慎到的重要思想。第三段為自「古者工不兼事」至「非立官以為長也」，言政府的目的，將國與君劃分為二，確有精意。……第四段自「法雖不善」至「下無羨財」，言任法以立公棄私，實法家語。……。

二、因循篇——本篇主旨在因人情之自為而用之，為一種道家的人性論與治術論。

三、民雜篇——本篇主旨在「臣事事而君無事」，為一種應用道家無為說於君道的治術論。

四、知忠篇——本篇主旨在自「亂世之中」至「則至治矣」一段，為君使臣忠不過職；自「亡國之君」至「非一人之力也」一段，則為治亂存於「得人與失人」。……。

五、德立篇——本篇主旨在「立天子不使諸侯疑」，近法家說。

六、君人篇——本篇主旨在賞罰任法，不以心裁輕重，以去私塞怨，為純法家說。

七、君臣篇——本篇主旨在「據法倚數以觀得失」，為純法家說。

〔註27〕

由以上各篇的內容來看，〈知忠〉與〈德立〉二篇是直接點出爭亂現象而加以討論（〈德立〉篇內容近似於上引《呂氏春秋·慎勢》篇的那段文字），「平治爭亂」為其意圖固不待言。而在〈威德〉篇的第四段與〈君人〉、〈君臣〉二篇，用意則明顯地在強調法的重要性，此正相應於荀子所歸納的慎到「尚法」之說。據前面的考察，「尚法」所為「定分」，用意在弭平爭亂；此三段文字既以尚法為主旨，可知「爭亂」亦為其所欲克服之課題。以一闕佚超過六成以上的殘本而言（四十二篇只剩七篇，且七篇之內容亦不全），剩下的七篇中以「平治爭亂」作為討論主題的篇章幾達五篇，不能不承認此課題在《慎子》中的重要性。因此大體而言，荀子認為慎到尚法的判斷在此可算是得到印證，而「尚法」訴求所涵攝的「平治爭亂」意圖，也因之可確定為《慎子》一書的根本意向。

〔註27〕見陳啓天《中國法家概論》，頁226～227。

　　我們之前曾以〈天下〉篇爲據而判定「齊萬物」是愼到思想的根本意向，但稍後又以「平治爭亂」爲愼到思想的根本意向，這其間是否有所衝突呢？以筆者之見，兩者其實並無衝突，只是針對的層面不同而已。「齊萬物」所對應的問題是「萬物皆有所可、有所不可」，乃是直就價值觀的分歧而言；價值觀分歧，人們必將因自是非他的情識執著而引發彼此衝突。這衝突落在現實政治上，即表現爲前引《呂氏春秋》那段文字中所說的「爭亂」。爭亂起因於「相疑」，而相疑則起因於「分不定」。分不定就前文所舉的例子是「諸侯失位」、「大夫無等」、「妻妾不分」與「適孽無別」，看看「失位」、「無等」、「不分」、「無別」等用詞，不難理解它們即指價值殽亂的意思。天子就宗法的觀點認爲自己有權力實行禮樂征伐，而諸侯則就實力的觀點亦覺得自己有理由實行禮樂征伐，兩者由於觀點分歧而相疑，於是便導致了天下爭亂的場面。由此可知爭亂之起，乃在於價值認知的分歧（分不定），而要解決此問題當然也得從價值層面來著手。故而我們可以瞭解到「齊萬物」和「平治爭亂」的意向其實是一致的，皆總攝於消除價值對立以解決「爭亂」的局面。只不過「齊萬物」是從價值層次根源地講，而「平治爭亂」則就社會、政治的層次現象地說；兩者所論的層次雖然看來不同，但對治處卻是一樣的。因此「齊萬物」與「平治爭亂」在愼到實應視爲一事，目的皆在消除價值分歧的困境；由此亦可推知其哲學的根源問題，乃在於價值上的「萬物不齊」。

二、時代困境——戰國社會的價值混亂

　　前文關於愼到基源問題的提出，是直接從文本的理論脈絡中歸納而來，也就是勞思光先生說的「從許多論證中逐步反溯其根本意向所在」。〔註28〕勞先生認爲這樣做法將使理論不致失眞，但是實際上我們進行「反溯」時，所憑藉的「許多論證」並不太可能是文獻內容的全部，而總是選擇其中的某些部分而已。譬如處理六萬餘言的《莊子》，就很難將書中每個命題都拿來反溯一遍。故而所謂理論的「還原」，事實上脫離不了主觀性的揀擇；若找不到較客觀的證據作爲支持，那麼提出「基源問題」來解釋哲學思想的作法畢竟淪於自說自話。因此爲了證實「萬物不齊」的確是愼到哲學所面對的根本問題，我們必需尋找更具客觀性的基礎。

〔註28〕 參閱勞思光《新編中國哲學史（一）》，頁 15。

在這點上，胡適先生有一段話可作爲參考，他說：「諸子之學，皆春秋戰國之時勢世變所產生。其一家之興，無非應時而起；及時變事異，則向之應世之學翻成無用之文，於是後起之哲人乃張新幟而起。」〔註 29〕此見解運用在慎到思想的研究上，正可提供一客觀面的支持，以使其基源問題的成立更加穩固。據胡先生之見，諸子之學無非應時勢世變而發生，如果依勞思光先生對基源問題的定義——一切個人或學派的思想理論，根本上必是對某一問題的答覆或解答——加以衡之，則所謂基源問題必對應於時代問題。故而勞先生才會說：「每一家理論學說，皆有其基源問題；就全部哲學史說，則基源問題有其演變歷程；這種演變的歷程，即決定哲學問題在哲學史中的發展階段。」〔註30〕又說：「我們將各時代的基源問題，排列起來，原即可以發現整個哲學史上的理論趨勢，……。」〔註 31〕基源問題的演變歷程既然可以表現哲學史上的理論趨勢，可知其與胡適先生所說「應時而起」的時代問題關係密切。是以欲證實前面所提出之基源問題的正確性，可從考察慎到的時代困境下手，將時代問題和從「理論還原」而來的基源問題加以對照；兩者若是相契，則足見前文基源問題的提出無差。如此，將令往後詮釋文獻時具備更紮實的客觀基礎。

關於先秦諸子起源的時代問題歷來討論者不少，但其中以牟宗三先生的說法最能哲學地切入核心。他認爲胡適先生所提出「憂世之亂而思有以拯濟之」〔註 32〕的說法太過籠統浮泛，與諸子起源沒有本質上的關係；〔註 33〕而指出諸子思想乃是針對「周文疲弊」的時代問題而發。他說：

> 這套周文在周朝時粲然完備，所以孔子說「郁郁乎文哉，吾從周」。
> 可是周文發展到春秋時代，漸漸的失效。這套西周三百年的典章制
> 度，這套禮樂，到春秋的時候就出問題了，所以我叫它做「周文疲
> 弊」。諸子的思想出現就是爲了對付這個問題。〔註34〕

從這段話可以知道「周文疲弊」就是當時社會問題的確切內容，而諸子之學則都是爲了解決此問題而產生。諸子思想的根本意向既針對著周文疲弊而

〔註 29〕見胡適〈諸子不出於王官論〉，《古史辨》第四冊上編，頁 7。
〔註 30〕參閱勞思光《新編中國哲學史（一）》，頁 15。
〔註 31〕參閱勞思光《新編中國哲學史（一）》，頁 16。
〔註 32〕見胡適〈諸子不出於王官論〉，《古史辨》第四冊上編，頁 7。
〔註 33〕牟宗三《中國哲學十九講》，頁 55～56。
〔註 34〕牟宗三《中國哲學十九講》，頁 60。

發，故而欲瞭解諸子思想的本質，就需要先瞭解何謂「周文」。周文是周代中央政府基於政治目的所發展的一套禮樂系統，〔註35〕不過主要是針對「禮」而言。〔註36〕它是由親緣關係而衍生出的社會運作體制，我們可以藉由《左傳》和《國語》的一些記載略窺其內容與作用的範疇：

　　禮，經國家、定社稷、序民人、利後嗣者也。(《左傳・隱公十一年》)

　　禮，身之幹也；敬，身之基也。(《左傳・成公十三年》)

　　古之治民者，勸賞而畏刑，恤民不倦。賞以春夏，刑以秋冬。是以將賞爲之加膳，加膳則飫賜；此以知其勸賞也。將刑爲之不舉，不舉則徹樂；此以知其畏刑也。夙興夜寐，朝夕臨政；此以知其恤民也。三者禮之大節也，有禮無敗。(《左傳・襄公二十六年》)

　　禮，上下之紀，天地之經緯也，民之所以生也。(《左傳・昭公二十五年》)

　　昭明物則，禮也。(《國語・周語》)

　　夫禮，國之紀也 (《國語・晉語四》)

可以看出，周禮規範了一切家庭、社會乃至於政治上的關係，將這些關係作了有秩序的安排；甚至人之所以爲人的價值意義，也屬於其涵蓋的範圍。〔註37〕所以當時人們的生活，是籠罩在周文軌制之下的。徐復觀先生說：「通過《左傳》《國語》來看春秋二百四十二年的歷史，不難發現在此一時代中，有個共同的理念，不僅範圍了人生，而且也範圍了宇宙；這即是禮。」〔註38〕這番話把「禮」的重要性清楚表明了。不過，周禮雖然是起著範圍人生宇宙的作用，但究竟而言卻不能說生命是受到周禮的「型鑄」。因爲它雖是外在的行爲規範，卻並非憑

〔註35〕 牟宗三先生云：「周之文只是周公之政治運用以及政治形式（禮）之湧現。教化風俗是其餘事。」（見《歷史哲學》，頁32。）

〔註36〕 牟宗三先生云：「孔子說『郁郁乎文哉，吾從周』主要是對著禮講的，就是指周公所制定的禮。」見《中國哲學十九講》，頁57。

〔註37〕 牟宗三先生云：「我們說周朝的禮粲然明備，郁郁乎文哉，……夏商兩代沒有達到這個境地。殷周之際，從殷商末年轉到周朝這個時期在中國文化上是一個突破的關鍵。比如說同姓不婚，這是周朝才開始立的，殷商還是雜婚的。同姓不婚是有道理的，這不光是在優生學上有道理，不光是遺傳的問題，它在政治上也有作用。所以周公對中國文化的貢獻是很大的，就是在人之所以爲人、人如何能站起來這人道方面，也是貢獻很大。」（見《中國哲學十九講》，頁59。）

〔註38〕 見徐復觀《中國人性論史——先秦篇》，頁47。

空創制的空中樓閣，其所依據的乃是親親、尊尊之等級分別。牟先生對此說道：

> 周禮粲然明備，就是親親、尊尊這兩個大綱目。親親、尊尊的制定，
> 並不是毫無道理的，所以順著親親尊尊下來，這「禮儀三百、威儀
> 三千，非天降也，非地出也」，不是天上掉下來的，也不是從地面裡
> 出來的，而是皆本於人性、本於人情的。你也可以把它們簡單一點，
> 但是它們每一條都有根據的，都是合理的。〔註39〕

接著他又解釋了「親親」、「尊尊」的內在意義：

> 親親之殺、尊尊之等這些是等級，是價值觀念，這是以人的才能、
> 道德以及孝心之親疏來決定的。〔註40〕

所以周禮存在的意義，不光只是表面所見的典章制度而已，其背後還蘊涵著
一套以親親之殺、尊尊之等為基礎的價值觀。這套價值觀實際上支撐了周禮
的運作，沒有了它，周禮便將失去實質而僅成為虛文。孔子曾慨然歎道：「禮
云禮云，玉帛云乎哉！樂云樂云，鍾鼓云乎哉！」（《論語·陽貨》）又云：「人
而不仁，如禮何？人而不仁，如樂何？」（《論語·八佾》）沒有「仁」作為價
值根源，禮樂的存在便成問題。〔註41〕所以，當我們稱「周文疲弊」、「禮崩
樂壞」的時候，不但是指西周三百年文制的衰落，同時也意謂制度背後所涵
價值觀的崩潰。袁保新先生在論《老子》的時代時曾說：

> 然而，絕不容置疑的，無論老子是屬於孔子的春秋末世，還是孟子
> 的戰國之時，道德經都反映出當時是一個文化失序的混亂時代。換
> 言之，當時的周文，不但不再能為人間社會提供行為的價值規範，
> 而且連帶著「周禮」所涵蘊的世界觀，也遭到動搖。〔註42〕

這段對時代困境的描述雖是專就《老子》而發，但事實上也涵蓋了自春秋末
以至於整個戰國時代的問題。由之可以很清楚的瞭解到，在周禮隳壞的表象
下，更本質的問題乃在於固有價值的失落。失去了穩定秩序的價值規範，當
時的社會必是一團混亂，人人不知何以為人，完全失去了所以行為舉措的憑

〔註39〕牟宗三《中國哲學十九講》，頁59～60。

〔註40〕牟宗三《中國哲學十九講》，頁63。

〔註41〕牟宗三先生云：「……禮樂要有真實的意義、要有價值，你非有真生命不可，
真生命就在這個『仁』。所以仁這個觀念提出來，就使禮樂真實化，使它有生
命，有客觀的有效性。」（《中國哲學十九講》，頁61。）可見，周文存在的真
正意義並不在形式本身，而在於其中所蘊涵的「仁」之價值觀。

〔註42〕袁保新《老子哲學之詮釋與重建》，頁87。

藉。就此，可以料想到諸子思想之提出，必然要慮及周文背後的「實質」，也就是如何重建價值秩序的問題。〔註43〕

　　慎到生當戰國中期，與孟子、莊子約爲同時。此時距春秋末世已近百年，先行的思想家早爲此價值崩潰的社會提出不少建言，這使得周文疲弊問題進入新的階段。馮友蘭先生云：「及至孟子時，則思想派別，已極複雜。《莊子・天下》篇所謂「百家之學」是也。孟子所謂『聖王不作，諸侯放恣，處士橫議』，即其時代之情形也。」〔註44〕此即所謂「諸子百家爭鳴」的盛況。不過，諸子提出百家思想，雖皆出於一片救世赤誠，卻未見爲天下帶來了多少好處。原因是各家觀點彼此對立（尤以儒、墨之相是非爲甚），卻未有一家能居於主流地位而建立新的文化體制；於是在自是其見、交相攻訐之下，社會上的價值觀反而更形混亂。也就是說，此時的價值雖然多元蓬勃，但整體卻並不和諧；「百家爭鳴」的「爭」字充分地顯露這個意思。當時的思想實況，我們可以透過以下兩則記述而略窺其情：

　　　　天下大亂，賢聖不明，道德不一，天下多得一察焉以自好。譬如耳目鼻口，皆有所明，不能相通；猶百家眾技也，皆有所長，時有所用。雖然，不該不遍，一曲之士也。（〈天下〉）

　　　　假今之世，飾邪説，文姦言，以梟亂天下，矞宇嵬瑣，使天下混然不知是非治亂之所在者，有人矣！（〈非十二子〉）

據這二段文字來看，戰國之世確然是一個價值殽亂的時代。〔註45〕「賢聖不明，道德不一」與「天下混然不知是非治亂之所在」的敘述，道出了天下人難辨善惡是非、不知如何趨捨去取的惶惑之情；這正是價值混亂之世的寫照。人該怎麼活？路該往哪走？於此時是言人人殊。自君王以至於黎民百姓，莫不如盲人瞎馬，是故悖行亂爲司空見慣，社會也因之動盪不已。諸子之學的性質是否眞如荀子所云爲「姦言邪說」可以先不必斷言，但百家爭鳴造成天下梟亂看來卻是千眞萬確的事實。所以此時的社會問題，已經由比較單純的

〔註43〕高柏園先生對此亦云：「原來，周文並不只是外在的一套禮樂政教形式，它其實隱含著一套人生觀、宇宙觀、價值觀，而周文的疲弊，也象徵著這些隱含的根本觀念，亟待重新整合，以適應時代的需要，……。」（見《中國哲學史》，頁65。）
〔註44〕馮友蘭《中國哲學史》上冊，頁167。
〔註45〕慎到在《莊子・天下》篇是其中所論五派道術之一，而於《荀子・非十二子》篇則列名十二子之內，因此我們有理由相信這二段文字所敘述，必然扣緊慎到當時的社會問題。

「周文疲弊」擴大爲盤根錯節的「百家爭鳴」；而就其內在意義而言，也就是從「價值失落」的困境轉變成「物論不齊」的問題。〔註46〕

面對如此世局，當時的思想家必然亟思解決之道。錢穆先生說：「戰國思想，本來極活潑，極生動，因此也極複雜分歧。在孟子、莊子時代，已經感到有將此複雜分歧的思想界加以澄清整理之需要。」〔註47〕這樣的需要，促成了齊物思想的產生。〔註48〕據前面的論述，我們認爲自周文疲弊以至於百家爭鳴，所涉及的問題其根源都在價值層面；是因爲固有價值體系崩潰（周文疲弊）方導致社會的失序，也是因爲價值觀混亂（百家爭鳴）才激化人間世的矛盾。故而當我們在考慮齊物思想的意義時，就很難不將齊物的「物」，理解爲給出萬物存在理由的「物論」，也就是各家不同的價值觀。人們彼此間價值觀不同，即使是面對同樣一「物」，主觀心境中也會產生截然不同的理解。亟言之，甚至可以說價值觀不同的人簡直是生活在兩個世界中。由此可知諸子的相是相非，不僅是簡單的意見相左而已；要澄清整頓當時複雜分歧的思想界，必須化除物論對立的問題。胡適先生在論及四世紀以後的思想界時曾說：

> ……冷眼的哲學家眼見這個「是非無度而可與不可日變」的世界，
> 於是向來的左派的營壘裡出來了一些哲人，彭蒙、田駢、莊周等，
> 他們提倡一種「不譴是非」的名學，說「萬物皆有所可，有所不可」；
> 說「彼出於是，是亦因彼」；說「是亦一無窮，非亦一無窮」；說「無

〔註46〕關於「物論」的意義，王邦雄老師曾解釋道：「物是存在物，物論是哲學家開天闢地的給出萬物存在的超越根據。物的存在，就在『物論』中，『有』了所以存在的價值根源，並取得了可以活出一生一世的價值定位：這是物論的勝義。」（見《人人身上一部經典》，頁114。）是以本文此處言「物論不齊」，指的是諸子百家從價值根源處即相歧異的內在矛盾。諸子透過不同的價值根源（觀點），爲萬物給出不同的價值定位，開出了不同的價值世界。所以王老師說：「儒有儒的物論，墨有墨的物論，用以解釋萬物的存在。問題出在，各家的物論都是自家完足的封閉系統，倘若站在自家的系統內發言，試圖去評析其他家派的教義教路，無可避免的會走向自是非他的對抗之路──墨非儒之所是，儒是墨之所非。」（出處同上。）戰國諸子「物論不齊」的問題，藉由這番對儒墨是非的分析足見其根源。

〔註47〕見錢穆《中國思想史》，頁60。

〔註48〕徐復觀先生說：「『齊物』也是一個共同命題；儒家的『平天下』（《大學》），『以天下爲一家，中國爲一人』（《禮記・禮運》），實即儒家的齊物。惠施的『萬物一體也』（《莊子・天下》篇），是辯者的齊物。若莊子與田駢慎到，在思想上同屬道家，而各人的造詣，個性，又有所不同；則其共有齊物之願望，因而共有齊物之命題，……。」（見《中國人性論史──先秦篇》，頁431。）

物不然，無物不可」。莊子這一派的思想指出是非善惡都不是絕對
的，都只是相對的，都是時時變遷的。這種名學頗能解放人的心思，
破除門戶的爭執；同時也就供給了思想界大調和混合的基礎。〔註49〕

可以看出此時哲人所考慮的，都是在於如何化解是非、可不可的物論對立，
所以慎到云：「萬物皆有所可，有所不可」，而莊子則曰：「是亦一無窮，非亦
一無窮」；這些命題都屬於價值層次。據此可以證明前面的看法──齊物思想
所針對的乃是價值層面的物論衝突。除此之外，胡適先生指出齊物之學的目
的在於「解放人的心思，破除門戶的爭執」，也側面表明了此時主要的社會問
題是源自門戶之爭（百家爭鳴）。因此，我們以「物論不齊」（價值觀的對立
衝突）來指稱戰國中期社會所存在的本質性問題，想來應是符合實情的。

　　對照前頭由文獻「理論還原」而得的結果，此處由歷史路向的考察算是
證實了慎到哲學問題的內容。從文獻理論的還原所呈現給我們的，是一個因
為是非判斷相左所導致的爭亂世界；而在社會問題的追索，則將慎到指向一
個價值不齊的黑暗時代。此兩者同將慎到的哲學對準了價值衝突的問題。是
以當欲詮定慎到思想的意涵時，所根據的「根本意向」大體上可以表述為「對
價值衝突現象的避免」，也就是〈天下〉篇所指出的「齊萬物」之命題。

三、哲學視野──稷下學士的現實傾向

　　同屬於針對價值衝突問題而發的齊物思想，若將莊子與慎到的思想內容
稍加比較，我們將會發現慎到直接涉及社會、政治現實的思考比莊子多出不
少；甚至可以說，慎到具有將齊物思想全部發展為治道理論的傾向。審視保
存慎到思想較為完整的兩種文獻──《慎子》和《莊子・天下》篇──時可
以瞭解到，大體上《慎子》整個輯本幾乎都是對社會和政治問題而發言，表
現為政治哲學的型態。郭沫若先生就說：「據這輯本《慎子》來看，差不多全
部都是法理論」，〔註50〕這是中肯的判斷，因此在歷來著錄上此書也多被歸類
為法家。除此之外，甚至〈天下〉篇那段向來被認為具有濃厚道家色彩的介
紹文字，也隱約地帶有對現實社會的針對性。就前文所論，齊物思想乃因物
論不齊而發，而物論不齊又是肇因於周末百家爭鳴的特殊機緣上。因此可說
齊物思想本身就是現實性的，它直接關聯著現下的社會困境。當然，若以胡

〔註49〕胡適《中國中古思想史長篇》（上），頁82。
〔註50〕見郭沫若《十批判書》，頁169。

適先生的觀點，〔註 51〕可以質疑先秦有哪一家哲學不是關聯著社會問題的？司馬談不就說「夫陰陽、儒、墨、名、法、道德，此務爲治者也」（〈論六家要指〉）嗎？何必特別強調慎到思想的現實性呢？但在此言「現實性」，是與同屬「道德之術」的老、莊思想比較而言的。〔註 52〕相較於老莊，慎到理論較爲直接的涉入現實事務，且其用意僅在當下困境的解除，絲毫沒有超越的理想性可言，所以「動靜無過，未嘗有罪」就是他的最終目的了。而老莊則不然。老子不僅要無知無欲，還希望微妙玄通；莊子平齊物論之餘，更追求逍遙無待。兩人對理想生命境界的企望不言可喻，這和慎到一系「至於莫之是、莫之非『而已矣』」的哲學目標是有差別的。〔註 53〕

因此必須指出，慎到的哲學目的僅在除患，而不在成己；如此的思想具有強烈的現實性格。此處的所謂「現實」，是相對於哲學的永恆性、普遍性而言。牟宗三先生曾提到：

> 同是針對周文疲弊，然而產生的態度有二：一是向著人生之基本問題方向發展；一是將周文疲弊視爲一政治社會之客觀問題來處理。
> 後者在當時是一有迫切需要的問題，而前者之向人生之基本問題發展，就有普遍性、永恆性，故至今仍可應用。」〔註 54〕

以此言衡諸慎到的相關思想文獻，《慎子》一書自然應歸於後者；但〈天下篇〉

〔註51〕 即前引胡適先生言：「諸子之學，皆春秋戰國之時勢世變所產生。其一家之興，無非應時而起；及時變事異，則向之應世之學翻成無用之文，於是後起之哲人乃張新幟而起。」

〔註52〕 《史記‧老子韓非列傳》云：「老子所貴道，虛無，因應變化於無爲，故著書辭稱微妙難識。莊子散道德，放論，要亦歸之自然。……皆原於道德之意，而老子深遠矣。」而〈孟子荀卿列傳〉則曰：「慎到，趙人。……皆學黃老道德之術，因發明序其旨意。」慎到與老莊既皆以「道德」爲學術之本，所處之時代又相近，然所發展出來的理論卻有偌大差異。故筆者認爲當考察決定理論趨向的哲學問題時，有必要將慎到與老莊的差異作一分辨。

〔註53〕 王邦雄老師有一段話恰可以說明老莊與慎到於此間的差別，其言曰：「老莊思想，崇尚自然之道，僅否定人爲之造作，而未否定人內在本有之素樸眞性；問題在如何透過政治之無爲，使其返樸歸眞，與精神之修養，使其呈現超放。然慎子卻以人心不免於偏，人之知不免於累，而不信任人內在之本有，竟否定自我，使人如無心無知之物，惟「與物宛轉」，以求不有患累。故慎到之去知棄己，非其過渡之修養功夫，而直以爲底程之目的，既無老子形上根源的源源流注，又乏莊子逍遙境界的層層提升，遂一去百去，開不出精神飛揚之路。」（見《韓非子的哲學》，頁 43。）

〔註54〕 見牟宗三《中國哲學十九講》，頁 158。

的思想看起來卻似乎屬於前者。當然我們不致直接否認這是事實，但筆者卻認為〈天下篇〉中慎到的提問只是一種姿態，事實上他面對問題的態度是現實的，不將「人生之基本問題」當作永恆性的人生問題來處理，而是作為一個在特定時空中發生的社會問題來解決。所以他齊平萬物不須顧及精神生命，棄知去己可以做到生如土塊，在在暴露出其哲學裡根本沒有「人生」的考量。〈天下篇〉言豪桀相與笑之曰：「慎到之道，非生人之行，而至死人之理，適得怪焉！」若就上面的觀點來看，慎到之道其實也不怎麼奇怪，因為他的齊物思想本非對生命叩問，而是衝著社會政治的方向提出的，這樣一來顧全整體的和諧有序當然比達致個體的逍遙自適更重要。由此我們認為慎到思想具有較強的現實傾向，比較接近於法家。不過必須重申，這是相較於道家的老莊而言的。

　　慎到思想具有這樣的特性，我們不能忽視他的個人背景。據前面有關生平事蹟的考察，可知慎到是趙人，出身於盛產法家的三晉之地。〔註55〕雖然他的學術淵源因為史籍少載我們不得其詳，但總可以料想法家傳統多少對之有所影響，這和他以現實的態度著眼於社會政治問題當然是有關係的。除此之外更需注意的，慎到還是著名的稷下先生，他一生大部分的活動都在稷下學宮之中，稷下先生的身份必然在一定程度上決定了其思想、態度的傾向，所以在研究慎到哲學問題的視野時，不能不考慮「稷下」這個重要的因素。

　　所謂「稷下」，指的是戰國時代齊國的學術機構「稷下學宮」，其中招攬許多學者賢人，讓他們在其中議政談說、著書授徒；這些在學宮中產生、發展的學術，就統稱為稷下之學。關於稷下之學，由於近來學者已作出不少的深入研究，〔註56〕在此不擬多費篇幅加以介紹，只就稷下學術的幾個特點，來考慮它和慎到思想之現實傾向的關聯。首先，我們必須談談稷下學宮成立的背景。徐幹在《中論・亡國》篇中提到：

〔註55〕梁啟超先生云：「申不害，韓產也；商鞅，魏產也。三晉地勢，與秦相近，法家言勃興於此間。」見《中國學術思想變遷之大勢》，頁22。

〔註56〕有關稷下學的綜合性研究，早期有1930年金受申先生的《稷下派之研究》、1935年錢穆先生《先秦諸子繫年》中〈稷下通考〉，及1944年郭沫若先生《十批判書》中的〈稷下黃老學派的批判〉。自1982年後，大陸方面稷下學的研究較為熱絡，《齊魯學刊》曾在1983～1985年推出「稷下學研究」的專欄，具有一定參考價值。此外，1992年林麗娥先生的《先秦齊學考》及1998年白奚先生的《稷下學研究》一書，都頗能吸收前人的研究成果，算是比較全面討論稷下學的著作。

齊桓公立稷下之官（宮），設大夫之號，招致賢人而尊寵之。

另外，劉向在《別錄》中亦說：

> 齊有稷門，齊之城西門也。外有學堂，即齊宣王所立學宮也。故稱
> 爲稷下之學。（《太平寰宇記》卷十八「益都」條下所引）

這兩條記載在學宮的創立者的說法上是有衝突的。不過，不管創立者是桓公〔註57〕或是宣王，總之稷下學宮是一個由官方創辦、由官方支持的學術機構，這是可以確定的。齊國政府在設立學宮之餘，更不遺餘力地加以支持。爲了吸引天下賢士的歸附，齊王所費不貲地供應著稷下學者所需，《史記・田齊世家》中記載：

> 宣王喜文學遊說之士，自如騶衍、淳于髡、田駢、接子、愼到、環
> 淵之徒七十六人，皆賜列第，爲上大夫，不治而議論。是以齊稷下
> 學士復盛，且數百千人。

《史記・孟子荀卿列傳》中則說：

> ……於是齊王嘉之，自如淳于髡以下，皆命曰列大夫，爲開第康莊
> 之衢，高門大屋尊寵之。覽天下諸侯賓客，言齊能致天下賢士也。

《鹽鐵論・論儒》篇亦言道：

> 齊宣王褒儒尊學，孟軻、淳于髡之徒，受上大夫之祿，不任職而論
> 國事，蓋齊稷下先生千有餘人。

由這幾段文字歸納稷下先生所受的優惠，基本上可以用「皆賜列第，爲上大夫，不治而議論」三句話來代表。「皆賜列第」即上面第二條引文所言之「爲開第康莊之衢，高門大屋尊寵之。」《爾雅・釋宮》云：「四達謂之衢，五達謂之康，六達謂之莊」，根據曲守約先生的看法，此處「達」不宜釋爲方向之意，而應釋作「軌」字；「康莊之衢」就是五軌、六軌寬度的大道。因此「爲開第康莊之衢，高門大屋尊寵之」所形容，用現代的說法就是將建在六線大道旁、具有甲級格局的上等住宅供與稷下先生居住。〔註58〕不只如此，在供給宏偉的住宅之餘，齊王更「設大夫之號」，封稷下先生「爲上大夫」，讓他們「受上大夫之祿」。所以稷下先生的生活必是極其闊綽的，《戰國策・齊策》裡所記載田駢「貲養千鍾，徒百人」的排場說明了其受尊寵的程度。我們有必要強調，以上所言的待遇並非專對一人，而是至少供給了騶衍、淳于髡等

〔註57〕此處言「桓公」，乃指田齊桓公田午而言。
〔註58〕見曲守約：〈稷下考〉，《大陸雜誌》第23卷5期，頁151。

稷下先生七十六人之多。以如此手筆來籠絡學人，齊國可以說是竭盡所能了。

　　在這樣優渥的待遇下，很難相信稷下學士能夠進行「純粹的」學術活動。雖然他們「設為不宦」，號稱「不治而議論」，但就文獻資料來看並不是真的與政治毫無瓜葛，像上面引述過的《鹽鐵論・論儒》篇，就說稷下先生是「不任職而論國事」，這大概可視為「不治而議論」一語的確解。「不治」講的不過是不實際參與行政，但卻必須「議論」國事；所以《新序・雜事》篇說：「齊稷下先生喜議政事。」（《史記集解・田敬仲完世家》），所描述的就是這樣的職責。另外，《鹽鐵論・論儒》中言及齊湣王時曾記道：

　　矜功不休，百姓不堪。諸儒諫不從，各分散。慎到、捷子亡去，田
　　駢如薛，而孫卿適楚。

這裡提到了稷下先生因勸諫無用而奔亡他國的史實，可見勸諫君王是稷下先生的責任之一，這或許也就是上述「論國事」的具體例子。由此看來，稷下學宮顯然與齊國政府來往密切，或直接、或間接地涉入政治運作中。司馬遷在〈孟子荀卿列傳〉中的一段話，則又從另一個角度道出稷下學者與政治的關聯，他說：

　　自騶衍與齊之稷下先生，如淳于髡、慎到、環淵、接子、田駢、騶
　　奭之徒，各著書言治亂之事，以干世主，豈可勝道哉！

說稷下先生「著書言治亂之事，以干世主」，明顯道出稷下先生之學術立場，是站在統治者的角度來對國家、社會發言。他們的思想或哲學，都是針對當時的政治、社會問題而發，因此稷下之學術，受現實拘限的程度相對地比較大。劉蔚華先生說：「黃老道家與齊法家的思想是稷下學的主流」，〔註59〕如果我們注意到這兩個家派的學術內容與政治間的密切關係，就會瞭解它們在稷下成為主流並不是偶然的。稷下學宮對於諸子百家雖然是無分軒輊地兼容並收，〔註60〕但在支持學術的表面下卻隱含著政治性的目的，誰能夠提供齊政府在治國上的助力，就必然受到重視而得到昌盛的機會。故而此間學者發展學術，總不脫「言治亂之事」的藩籬。

　　在戰國中、後期那樣一個諸侯割據、兼併激烈的時代，齊國所面臨的急

〔註59〕見劉蔚華：〈稷下學概述〉，《齊魯學刊》第 52 期，頁 22。
〔註60〕白奚先生云：「舉辦稷下學宮的田齊統治者具有一種難得的長遠眼光和開放心
　　　　態，對各派學者來者不拒，兼收並蓄，一律平等相待，任其在學宮中平等競
　　　　爭，自由發展。」（見《稷下學研究》，頁 76。）

迫、嚴峻的任務，毫無疑問首先是怎樣富國強兵，怎樣做到「進」有可能成就王業、「退」則足以能自保。在如此大勢之下，如果沒有急切的、直接的政治需要，如果沒有現實的、明顯的政治好處，田齊的執政者怎麼會那麼饒有興趣地在政府旁側建立一個龐大的學宮，並且慷慨地給予諸「學士」上大夫以至卿相的稱號和「高門大屋」、「貲養千鍾」的優厚待遇呢！〔註61〕認清了齊國的需要，就不難料想稷下學宮必然地含有政治的性質。政治目的既然是創立與支持稷下學宮的動力，那麼稷下先生的視界，也就不得不受現實的限定。因此這些來自於儒、道、名、法各家的先生，雖然在學術上的淵源不同，但其理論的開展最後終究要收攝於政治、社會問題的解決之上。慎到列爲稷下先生箇中翹楚，受到此學風浸染自不待言。所以他的哲學雖然起於叩問生命，最後卻是歸止於社會問題的解決；工夫亦只至「全而無非，動靜無過，未嘗有罪」（〈天下篇〉）而止，解決了是非對立的困境便算數，根本不理會如此的哲學是不是「死人之理」的問題。人的精神生命不是他著眼的地方，萬物的齊與不齊才是慎到眞正用心所在，筆者認爲這也就是「齊萬物」與「平治爭亂」在其意向上何以會冶於一爐的原因；所以當我們藉著釐清基源問題來貞定慎到思想的意指時，他關注於政治、社會的現實傾向是一絕不可忽視的因素。

〔註61〕見董治安、王志民：〈試論稷下學宮的地理位置和政治性質〉，《齊魯學刊》第 52 期，頁 25～26。

第三章　愼到的道家性格

本章旨在藉由探討愼到的道家學說，進而找出其中向法家轉化的因子。所以使用較能表現道家思想的〈天下〉篇爲材料，試圖分析出愼到思想中的核心概念，並將之與老莊道家的相對範疇作比較。由此我們可以簡別出愼到理論的特殊性，而進一步研究其何以獨能成爲「道法之轉關」。

第一節　齊萬物以爲首

一、「齊萬物以爲首」的「首」是「首務」

要討論愼到的學術，首先應從「齊萬物以爲首」這句話開始著手。爲什麼？因爲我們認爲這句話道出了其思想的中心目標。〈天下〉篇稱愼到之道術云：

> 古之道術有在於是者，彭蒙、田駢、愼到聞其風而悅之，齊萬物以爲首。

「齊萬物以爲首」的「首」字歷來主要有兩種解釋，第一種是將「首」解作「首要」的意思。如陳壽昌曰：「其學以齊萬物爲首務」，[註1] 宣穎則曰：「以齊萬物爲第一事」。[註2] 若依此解，則「齊萬物」便成爲愼到學術的根本義，[註3] 必須特別加以重視。第二種解釋，則認爲「首」乃「道」字之假借，如奚侗云：「首借爲道」。[註4] 如此解法乃是著重於後面的「大道能包之而不能

[註1]　見陳壽昌《南華眞經正義·雜篇》，頁66。
[註2]　見宣穎《莊子南華經解》，頁212。
[註3]　梁啓超先生說：「齊萬物以爲首，言以齊物爲根本義。」（見《諸子考釋》，頁12。）
[註4]　奚侗云：「首借爲道。《史記·秦始皇記》：『追首高明』，《索隱》曰：『今碑文首作道』。《逸周書·芮良夫》篇：『稽道謀告』，《群書治要》道作首，是其例。」

辯之」、「道則無遺」之述說而有的說法，王叔岷先生認為這是「以道觀之，則萬物皆一」〔註5〕之意。

關於第二種解釋，雖然它能夠符合慎到以道齊萬物的思想，但卻必須回應一個疑問，即〈天下〉篇論述慎到之文實有多處用及「道」字；對同一篇文章來說，何以只有此一字才假借，而其它處卻無？難道只是偶然？此實為一疑點。目前學者大多傾向於第一種解釋，認為「首」字是指「齊萬物」在慎到學說中的「首要性」。梁啓超先生說此句「與上文『接萬物以別宥為始』句法正同。」〔註6〕徐復觀先生則言：「田駢慎到們的以『齊萬物為首』，即是《尸子·廣澤》篇所說的『田子貴均』，《呂氏春秋·執一》篇所說的『陳駢貴齊』。……」〔註7〕意思是「首」字即貴齊、貴均之「貴」字之義，是以齊物為貴、為首要的意思。由以上的這兩點論證來考慮，「首」為「首要」之解釋，的確比「首」借為「道」之說穩妥，所以筆者在此持較保守的態度，認為「齊萬物以為首」一句應釋作：以齊萬物為首務。

既然確定了慎到的學術重心是齊萬物，那接下來的問題就是：什麼是「齊萬物」？在先秦，「齊物」似乎是一個共同命題。墨子的「兼愛」，《大學》的「平天下」，《禮記·禮運》的「以天下為一家，中國為一人」，莊子的「齊物論」，惠施的「氾愛萬物，天地一體也」，這些主張都可以視為「齊物」的思想。〔註8〕這其中以同是道家的莊子與慎到，兩者的主張在距離上最為接近，他們的齊物都是以泯除是非對待為訴求。慎到要「與物宛轉，舍是與非」，莊子也要「和之以是非，而休乎天鈞」；慎到談「棄知去己」，莊子也講「離形去知」與「無己」、「喪我」；在理論的形式上二者相當類似。由於現今關於慎到思想所留下來的材料有限，所以要瞭解他的「齊萬物」之說，以理論形式相近的《莊子》作為橋樑，筆者以為是可行的方法。透過《莊子》的論述，我們比較容易明白齊物思想產生之背景，並可用以推斷慎到所言「齊物」之實際意義。

（見《莊子補註》，頁 176～177。）

〔註5〕 見王叔岷《先秦道法思想講稿》，頁 181。

〔註6〕 《莊子·天下》篇於記述彭蒙、田駢、慎到前先記述了宋鈃、尹文，說他們：「接萬物以別宥為始。」故梁啓超先生將之與形容慎到、田駢之「齊萬物以為首」相比較。（見《諸子考釋》，頁 12。）

〔註7〕 見徐復觀《中國人性論史——先秦篇》，頁 433。

〔註8〕 此說請參閱徐復觀《中國人性論史——先秦篇》，頁 433。

二、「齊物」在莊子是「消弭價值對立」的意義

　　由〈齊物論〉看，「齊物」命題的提出，應是針對戰國時代價值觀的混亂。周文疲弊之現象，背後象徵了舊有價值標準不適應於時世的事實，這樣的時代問題刺激了新思潮的產生。諸子爲了救世，各依據其思想理論，提出了自己的一套價值標準和實踐方法，於是展現爲百家的爭鳴。「百家爭鳴」，本質上是意謂著各種價值觀的對立；在現象上，則激化爲各派信徒間的衝突，此情形以當時號稱「顯學」的儒、墨兩派之間最表面化，〈齊物論〉中「故有儒墨之是非，以是其所非，而非其所是」的描述就是有力的證明。〔註9〕所以憨山大師在爲〈齊物論〉解題時就說：

> 諸子各以小知小見爲自是，都是自執一己之我見，故各以己得爲必是。既一人以己爲是，則天下人人皆非，竟無一人之眞是者。大者從儒、墨兩家相是非，下則諸子眾口，各以己是而互相非，則終竟無一人可正齊之者。故物論之難齊也久矣，皆不自明之過也。〔註10〕

可見諸子家派間彼此是非對立的現象，是引發莊子齊物思想之原因。由於彼此、是非對立所造成的生命苦境，自始至終是〈齊物論〉的主要反省，貫串了整篇論述；齧缺問王倪一段中，莊子就藉王倪之口說道：「仁義之端，是非之塗，樊然殽亂，吾惡能知其辯！」仁義是非上的殽亂，背後所隱含的其實就是生命彼此間的相刃相靡。

　　這裡我們必須注意篇中提到的「仁義」、「是非」這些語詞，指的都是一種價值判斷。價值判斷的產生，來自於主體所持的觀點；所以仁義是非的殽亂，實際上也就是反映當時價值觀點的紛紜。因此我們知道所謂「儒墨之是非」一詞代表的深層意義，就是諸子百家價值觀點之間的對立與衝突，而〈齊物論〉的主要目的，也就是在於對此現象提出反省與解決的方法。關於這一點，王邦雄老師說：

> 人之所以爲人，人當如何存在？人是什麼？或人有什麼？這都是哲學理論或宗教教義所要解答的問題，是即所謂的存有論，在莊子則稱爲物論，爲萬物的存在，找到可以安身立命的理論基礎。
>
> 問人間是否平等，顯然不站在事實觀點，而是出於價值觀點，因爲

〔註9〕　《韓非子‧顯學》篇亦一開始就說到儒墨二家價值相左，並且交相非難的情況，說它們是「雜反之學」，可見儒墨間的矛盾在當時的確有激化的現象。

〔註10〕　見釋德清《莊子內篇憨山注》，頁189。

站在事實觀點，不必有萬物當該平等的思考。而價值觀根源於自各
大教的義理系統，如儒墨兩家的思想體系，各有其獨立自足的是非
標準，以墨觀儒或以儒觀墨，都很難有同情的瞭解，更別說肯定尊
重了，故在思想家派的相激盪中，墨批判儒的不是，儒抨擊墨的不
是，此之謂儒墨的是非。

人跟人之間的誤解偏見，背後都藏有某一學派或某一教派的價值
觀，不同教派的信徒或不同門派的門徒，不會僅停留在你說你的、
我信我的之各說各話、我行我素的層次，總忘不了懷疑對方的人格
甚至心智是否正常，所以誤解偏見，會帶來抗爭傷害。莊子要齊
「物」，先得齊「物論」。〔註11〕

據此，我們認為莊子所要「齊」的，顯然是諸子百家的「物論」，也就是各家
派的存有論，或者我們也可以把它想作價值觀點。價值觀點是價值判斷的依
據，沒有觀點作為基礎，我們便無法判斷是非。比如要衡量一個人的是非，
儒家會以仁義的呈顯與否來作準，這是因為儒家持性善論的緣故；而在道家，
就會以天性的保全與否來作準，這是因為道家持天眞論的關係。性善論與天
眞論都是一種價值觀點、一種物論或存有論，是對於萬物「應該如何存在」
的看法。有了這個看法，就是貞定了存在的價值方向，生命才能依此方向前
進。所以物論是人之所以成為自己的憑藉，難以輕易改變或放棄。〔註12〕

可是，不同的存在就難免會有不同的立場和視角，不同的視角就會看見不
同的景象。所以，每一個特殊的存在都會有屬於自己的特殊價值觀點，此即為
物論不齊之原因。即使同在一個「儒家」的屋簷下，亦有八派之分。〔註13〕當
每個人都執著自己的立場時，就造成了天下的物論紛紜、自是相非，緊接而來
的必然是抗爭傷害。

面對生命彼此間的相刃相靡，莊子瞭解這些現象背後的眞正原因，乃在

〔註11〕 見王邦雄《二十一世紀的儒道》，頁128。
〔註12〕 關於「物論」與「價值論」的關係，可以參閱王邦雄先生所著之《莊子道》
一書，其中〈齊物論──物我的平等〉部分對「物論」之意義有詳細的闡釋。
〔註13〕 《韓非子‧顯學》中說：「自孔子之死也，有子張之儒，有子思之儒，有顏氏
之儒，有孟氏之儒，有漆雕氏之儒，有仲良氏之儒，有孫氏之儒，有樂正氏
之儒。自墨子之死也，有相里氏之墨，有相夫氏之墨，有鄧陵氏之墨。故孔、
墨之後，儒分為八，墨離為三，取舍相反不同，而皆自謂眞孔、墨，……。」
儒墨相是非，而在儒墨之下的諸子間亦各相是非。可見即使在同一個大的價
值方向下，仍然還是有許多小方向上之取捨的不同。

於物論的不齊，故如何消彌這些物論之間的對立，就成了其哲學的重要課題。因此他提出的「齊物論」，主要目的就是要點出眾家物論在本質上的平等，使人能夠平等而同情地看待各家的價值觀，以此超越是非價值的執著，因而化解矛盾與衝突。這樣的精神境界，如果用莊子的話來講，就叫作「恢恑憰怪，道通爲一」。

三、愼到「齊萬物」也是由「物論」來著手

關於愼到的齊物，〈天下〉篇是這樣說的：

> 齊萬物以爲首，曰：「天能覆之而不能載之，地能載之而不能覆之，大道能包之而不能辯之。」知萬物皆有所可、有所不可，故曰：「選則不遍，教則不至，道則無遺者矣。」

首先我們必須弄清楚，所謂的「齊」是指哪方面的齊？「知萬物皆有所可、有所不可」這段話，在《莊子》中也有意思接近的說法，〈齊物論〉說道：「物固有所然，物固有所可；無物不然，無物不可。」又說：「方可方不可，方不可方可。」勞思光先生對這句話的解釋是「有一面在被肯定中（方可），則另一方面即在被否定中（方不可），反之亦然。」〔註14〕陳鼓應先生則說：「『可』即『是』；『不可』，即『非』。這命題說明價值判斷的無窮相對性。」〔註15〕可見《莊子》的「可」與「不可」乃是「價值判斷」的意義。同樣道理，愼到「知萬物皆有所可、有所不可」的「可」字也是一種價值上的判斷，整句話也同樣是在表明「價值判斷的無窮相對性」。透過這樣的理解，我們可以判斷齊萬物的「齊」應該是指價值層面的「齊」。〈天下〉篇有多處敘述可以佐證上述看法，比如說愼到主張的修養工夫是「舍是與非，苟可以免」，〔註16〕要達至的境界是「全而無非，動靜無過，未嘗有罪」，〔註17〕另外彭蒙之師亦言「古之道人，至於莫之是、莫之非而已矣」。這些敘述的內涵都明顯的指向「是非價值」的判斷，由之可以肯定愼到追求的「齊」，的確是針對價值層面而言，這支持了「知萬物皆有所可、有所不可」一句話應該就其「價值相對

〔註14〕見勞思光《新編中國哲學史（一）》，頁270。

〔註15〕見陳鼓應《莊子今註今譯》，頁62。

〔註16〕郭象注：「不固執是非，苟且免於當世之危也。」（見郭慶藩《莊子集釋》，頁1089。）

〔註17〕成玄英疏：「……三者無心，故能全得，是以無是無非，無罪無過。」可知此句亦是言「無是無非」的消除價值對立之意。（見郭慶藩《莊子集釋》，頁1090。）

性」來詮釋的進路。所以與這句話相鄰的「天能覆之而不能載之，地能載之而不能覆之，大道能包之而不能辯之」與「選則不遍，教則不至，道則無遺者矣」兩段敘述，就都應該從「價值判斷」這個角度上來解釋才合理。

由這個角度來理解，「天能覆之而不能載之，地能載之而不能覆之，大道能包之而不能辯之」的敘述，似乎就呈現了對於某種「觀照立場」的尋找過程。天、地與道三者被以「覆」、「載」、「包」的作用來考慮，那麼天「覆」、地「載」、道「包」的對象是什麼？理所當然地是「萬物」。顯然此處天、地或道三者與萬物是相對的，它們被排除在「萬物」之外，而被要求對萬物須有涵蓋性。這樣的敘述若從價值判斷活動的意義上來考慮，我們認為慎到在找尋的，是一個既能包容每一特殊觀點，又不固執於任何特殊觀點的全面性觀點，立足於這個觀點就能夠「公而不黨」地遍照萬物。為了完成這個目標，他先考察了「天」與「地」的存在，發現它們都有所不能窮盡、有所偏頗，因而落入相對性的存在，不能成為絕對性的價值根源。於是最後他找到了能包覆萬物而不加分別的「道」，認為它既包涵萬物而又超然於萬物之上，是絕對的存在，故由其所產生的價值理序便具有絕對性；奉之為萬物價值的根源，必然能弭平相對的是非價值，而免除人間世的各種爭端。

而「選則不遍，教則不至，道則無遺者矣」這句話的意思，則在強調人為判斷的限制性。或「選」或「教」，必然是以一特定的標準為之，此標準既能被舉出，則必是一偏之見。所謂「大道廢，有仁義」（《老子‧十八章》），在道家看來，特定價值（如仁義）既然被推出，當然是其它觀點被排除的結果。因此「選」則有不合者，便不能遍；「教」則有不切者，便不可至。人為的價值一定是有限而相對的，此時只有以道來整體地涵蓋，才會萬中無遺。這裡有一點需特別注意，就是關於「選則不遍，教則不至」兩句話，它關涉到「萬物」一詞的意義。萬物若是泛指一切事物，則固然可以「選」，但卻未必皆能「教」。今既然言萬物為可選又可教者，則筆者認為慎到所說之「萬物」，其意義特重在指「人群社會」而言。〔註18〕因此「齊萬物」一語的意思主要

〔註18〕徐復觀先生認為莊子的〈齊物論〉「主要是解決思想自由的問題」，因而他說：「所謂『物』，雖是無所不包的大共名，但實際是指人群社會而言。」（見《中國人性論史——先秦篇》，頁400。）王邦雄老師也說：「『物』是人物、萬物，它或許是萬物，但主要是講人物，於是平齊萬物也是平齊人物，這人物是眾生，萬物也是眾生。」（見《莊子道》，頁38。）由以上的見解來看待慎到「齊萬物」的命題，筆者認為慎到所「齊」的對象可以和《莊子》等量齊觀，一

應是指社會人群的平齊，而這個「平齊」，則主要是從價值層面來說的。因此所謂「齊萬物」，廣義來說就是「齊萬物之是非」，或者狹義的講，即「齊諸子之是非」、「齊儒墨之是非」。

　　所謂「儒墨之是非」或「諸子之是非」，並不是如它表面上所呈現得那樣簡單，只是彼此意見不同罷了；它更暗示了每個主體在價值觀點的層面就已經分道揚鑣的事實。由於觀點不同，所判斷出來的是非自然也有異。比如墨子每「愛」、「利」並言，〔註19〕而孟子卻道：「王何必曰利？亦有仁義而已矣！」（〈梁惠王上〉），「利」在二子評價上的差異，就是源於儒、墨兩家本身價值觀點的相左。可知物之不齊本是因為物論之不齊、價值觀點之不齊，所以齊「物」與齊「物論」兩者是連在一起的。王邦雄老師曾提到傳統對於莊子「齊物論」有二種解法：「一個是齊物，平齊萬物，萬物平等；另外一個解法是平齊天下的是非，平齊宗教理論、平齊哲學思想，所齊的是『物論』。」又說：「因為平等、不平等是從宗教理論、宗教教義或哲學思想來看的，所以它一定要從齊『物』講到齊『物論』……。」〔註20〕筆者認為此見解雖是對莊子而發，但用以說明慎到之「齊萬物」也是相應的。慎到的思想不但考慮到「萬物平等」（公而不黨，易而無私），也談到「平齊天下的是非」（舍是與非，苟可以免），雖然有關慎到思想的資料並未出現過「物論」的字眼，但由理論的角度來審視，我們還是可以認為他齊萬物實際上是從「物論」的層次上來著手。因為談平齊價值判斷的問題，本質上也就是在談平齊價值觀點的問題，要齊諸子之是非，就先得齊百家之物論。因此「齊物」就慎到而言，其對象應同於莊子，是諸子百家的「物論」，也就是各種不同的價值觀點。

　　莊子的時代困境是價值觀的混亂，生於相近年代的田駢、慎到，亦必然

様主要是在指「人群社會」或「人物」而言。

〔註19〕　《墨子·兼愛上》說：「臣子之不孝君父，所謂亂也。子自愛不愛父，故虧父而自利；弟自愛不愛兄，故虧兄而自利；臣自愛不愛君，故虧君而自利，此所謂亂也。雖父之不慈子，兄之不慈弟，君之不慈臣，此亦天下之所謂亂也。父自愛也不愛子，故虧子而自利；兄自愛也不愛弟，故虧弟而自利；君自愛也不愛臣，故虧臣而自利。是何也？皆起不相愛。雖至天下之為盜賊者亦然，盜愛其室不愛其異室，故竊異室以利其室；賊愛其身不愛人，故賊人以利其身。此何也？皆起不相愛。雖至大夫之相亂家，諸侯之相攻國者亦然。大夫各愛其家，不愛異家，故亂異家以利其家；諸侯各愛其國，不愛異國，故攻異國以利其國，天下之亂物具此而已矣。察此何自起？皆起不相愛。」觀此文，可知墨子是以「利」作為「愛」的內容。

〔註20〕　見王邦雄《莊子道》，頁37。

面臨同樣的問題。〔註 21〕〈天下〉篇描述當時的實際狀況是「天下大亂，賢聖不明，道德不一，天下多得一察焉以自好」。「賢聖不明，道德不一」，可見當時的心靈在生命方向上是何等的無所依歸！故〈天下〉篇一開頭就說慎到學派追求的目標是「公而不黨，易〔註22〕而無私」，〔註23〕透露出對公平無私之境界的渴望；這兩句話我們可以視之為「齊萬物」一詞的註解，它和莊子要「照之於天」的意圖是很接近的，都是想要為生命找到一個超然立場，以擺脫片面性、相對性的價值觀點之限制，由是而能免於價值判斷相對立、衝突之苦。所以言慎到學說是「齊萬物以為首」，即明示了其思想的發生機緣乃應對於「價值失序的社會」，這是我們在理解其「齊物」說時所應先意識到的。

第二節　棄知去己

「齊萬物」的目標，慎到是透過工夫修養來達成的。〈天下〉篇說：

> 齊萬物以為首，曰：「天能覆之而不能載之，地能載之而不能覆之，大道能包之而不能辯之。」知萬物皆有所可、有所不可，故曰：「選則不遍，教則不至，道則無遺者矣。」是故慎到棄知去己，而緣不得已。

「是故慎到棄知去己，緣不得已」的「是故」兩字表示了「棄知去己，緣不得已」的敘述乃是直承上文「齊萬物以為首……」一段文字的語意而下，所以我們知道「棄知去己」是針對「齊萬物」此目的而提出的修養方法。慎到不管是處世或是政治哲學，皆立基於齊物的理論之上（故曰：齊萬物以為「首」），而齊物的達成，則必須仰賴每一個體「棄知去己」的修養工夫，因

〔註21〕據錢穆先生之說，莊周的生卒年約在西元前365～290年，而慎到的生卒年約在西元前350～275年，所以兩人基本上是生活於同一個時代環境之中。（見《先秦諸子繫年》，頁618。）

〔註22〕「易」訓為「平易」（成玄英）、「坦易」（宣穎）及「坦夷」（林希逸），故知其有「平」義。顧實、譚戒甫皆以為「易」乃假借為「德」，《說文》：「德，平行也。」，亦可訓為「平」義。

〔註23〕顧實先生說：「『公』、『易』之義，類也。『黨』、『私』之義，類也。……〈洪範〉曰：『無偏無陂，遵王之義。無有作好，遵王之道；無有作惡，遵王之路。無偏無黨，王道蕩蕩；無黨無偏，王道平平。無反無側，王道正直。』此公而不黨，易而無私之義也。」（見《莊子天下篇講疏》，頁54。）所以這句話主要目的是在標明慎到等人所追求的，是一種不偏不倚的公平無私境界。

此梁任公才會說「棄知去己是慎到學說根本」，〔註24〕可知工夫論在其哲學體系中扮演了相當重要的角色。所以要真切的瞭解慎到哲學的特點，必須從工夫論來切入。因此接下來我們就談慎到「棄知去己」的修養工夫。

一、平齊物論的三種方式

前面曾說過，我們認為慎到齊物之所要「齊」的對象和莊子相同，基本上是指諸子百家的「物論」，也就是各種不同的價值觀點。在物論即價值觀點的意義下，平齊物論有三種可能的方式：一是以統一，一是超越，一是取消。〔註25〕

第一種方法「統一」，是指以單一的觀點為標準來統合其它價值，也就是要別人「以我為準」。物論定於一尊，就沒有第二個觀點，自然沒有學派間的是非。這樣的例子，最典型的就是《韓非子》的態度，〈五蠹〉篇中說：

> 故明主之國，無書簡之文，以法為教；無先王之語，以吏為師；無私劍之捍，以斬首為勇。是境內之民，其言談者必軌於法，動作者歸之於功，為勇者盡之於軍。

「以法為教」、「以吏為師」、「以斬首為勇」，這完全是以單一的價值觀點來考量世事，而要人們附從於此特定價值觀的作法。如此的齊「物論」若要成功，多半必須依靠威權暴力，這從後來秦皇、李斯焚書坑儒的行徑就可以看出。就歷史經驗來看，這種方法若要徹底實現顯然是行不通的，所以秦朝建立十五年便忽爾崩潰，「以法為教」、「以吏為師」的夢想也終究化作泡影。除非是受制於強制的力量，否則沒有任何人、任何教派會輕易地放棄既有立場去附和別人。因為放棄價值觀點就如同向別人承認自己的判斷沒有意義，此無異於否定自己的存在和尊嚴，是人所不能忍受的。而若是使用強制的力量，往往也會遭到抵抗，發生無可轉圜的對決。回顧歷史，基督教與回教發生戰爭，資本主義與共產主義產生對抗，究其因都是彼此想要統一對方的價值觀點而造成的。這樣的齊物，事實上只會造成更大的傷害。

第二種方法「超越」，是指跳離所有的價值觀點，重新找一個更高層次

〔註24〕見梁啟超《諸子考釋》，頁12。
〔註25〕關於齊「物論」這三種方式，乃承襲自王邦雄老師的說法（《二十一世紀的儒道》，頁129。）但為了適合於討論慎到，故將次序稍作調換，把「取消」的方式置於「統一」與「超越」之後討論。

〔註26〕評判觀點的方式。莊子的齊物論就屬於這種方法，他以道的超越境界來觀照不同的存在立場，於是彼此與是非的對立自然消失。這種作法的理論基礎，乃是「方術爲道術之裂」的觀念。〈天下〉篇一開頭就說：

> 天下多得一察焉以自好，譬如耳目鼻口，皆有所明，不能相通。猶
> 百家眾技也，皆有所長，時有所用。雖然，不該不遍，一曲之士也。
> 判天地之美，析萬物之理，察古人之全，寡能備於天地之美，稱神
> 明之容。……天下之人各爲其所欲焉以自爲方。悲夫，百家往而不
> 反，必不合矣！後世之學者，不幸不見天地之純，古人之大體，道
> 術將爲天下裂。

此乃將各家的物論，看成是「天下之人各爲其所欲焉以自爲方」的結果，是由各個受限制的特殊存在所發出的一曲之見；這樣的物論只能在某個向度上表現其所用所長，但是對整體來說卻是不該不遍，故稱之爲方術。〔註27〕莊子認爲如果能放棄「各爲其所欲以自爲方」的偏執，以道無往不存的境界來觀照世界，就能全備大體而消除萬有之對待，物論也因此平齊。

第三種「取消」的方法，就是完全否定任何價值判斷，要求所有的價值觀點都取消捨棄。所有的物論俱歸消寂，則萬物的價值亦同趨隱沒，也就是皆還歸於原始生物性質的存在。〔註28〕這就和眼睛張開時會因爲五光十色而眼花撩亂，但一閉上眼則萬紫千紅就同歸消寂的道理一樣，是以取消一切物論來齊物論的方式；這也就是慎到齊萬物的方法——棄知去己。

二、道家反對心知在「分別價值」一面的作用

關於「棄知」一詞很容易引發一個疑惑，就是價值判斷如何與「知」關連起來的問題。在一般的理解中「知」似乎只是認識行爲，與價值並無明顯關係。但是若注意到道家所反對的「知」，其意義往往就是指「分別」，〔註29〕

〔註26〕所謂的更高層次，是指能涵蓋、保留現存所有價值觀點，而不偏限、偏向於任何特殊觀點的超然立場。

〔註27〕陳壽昌云：「方術，亦在道中，特局於一方，不可以道名耳。」（見《南華眞經正義・雜篇》，頁62。）

〔註28〕徐復觀先生說：「慎到的『去己』，乃是把自己的精神向下壓，壓到成爲原始生物性質的存在。」（見《中國人性論史——先秦篇》，頁434。）

〔註29〕陸西星曰：「蓋天下自以『分別』爲知，而不知知識之開，混沌之鑿也。」（見《莊子南華眞經副墨・天下卅三》，頁1174。）

便可以聯想到除了在客觀上的「彼」、「是」劃分之外，是非、善惡、美醜等主觀判斷也應該和心知活動關係密切。事實上，《老子》就曾在這樣的意義下反省了「知」所造成的問題，他說：

> 天下皆知美之為美，斯惡已；皆知善之為善，斯不善已。(〈第二章〉)

美與善都是一種價值，所以知美知善，就是價值上的分別。顯然價值的判斷是「知」的重要作用之一。這個意義在《莊子》中獲得了更清楚的表現，〈齊物論〉中有一段嚴密解析心知的文字說道：

> 古之人，其知有所至矣。惡乎至？有以為未始有物者，至矣，盡矣，
> 不可以加矣！其次以為有物矣，而未始有封也。其次以為有封焉，
> 而未始有是非也。是非之彰也，道之所以虧也。

知的活動，在此被分為「以為未始有物」、「以為有物，而未始有封」、「以為有封，而未始有是非」、「有是非」四個層次。我們光憑文中連用兩個「其次」，就可知這四層次所表示的是由高而低的境界差等。因此最後一個是非分明的心靈層次，在莊子看來是最為不可取的，故而他說：「是非之彰也，道之所以虧也。」這話充分表現了道家思想的訴求。「是非之彰」既是「道之所以虧」，可見分別價值就是道家反對心知活動之主要原因；或者也可以說，道家反對的「知」，基本上就是指價值的分別活動而言的。所以老子要「常使民無知無欲」(〈三章〉)、莊子要「外於心知」(〈人間世〉)，講的都是心知活動中分別價值這一層的作用。莊子在〈大宗師〉裡頭也曾說過「且有真人而後有真知」這樣的話，證明了他承認「知」的某些層次之價值 (如「真知」)，而只是反對未達此層次的一般心知活動。「真知」的層次，自然是指上述「以為未始有物」的至極境界；而所謂「一般的心知活動」，我們認為即是指心知「分別價值」的作用。上引莊子的那段話說得明白：「是非之彰也，道之所以虧也。」心知活動若被道家反對，原因總在其分別是非的作用上，「知」的貶義之產生，想必也是針對它能夠分判價值的特性而發。

從以上的說明可以瞭解，在道家的理論體系中，「知」和價值判斷是分不開的。故而當慎到欲取消價值判斷的活動時，理所當然地也就得從「知」來著手。

三、慎到的「棄知」是以「去己」來達成

既然要取消價值判斷，慎到主張「棄知」是很自然的。但問題在於「棄

知」是怎麼個棄法？〈天下〉篇說：

> 公而不黨，易而無私，決然無主，趣物而不兩。不顧於慮，不謀於
> 知；於物無擇，與之俱往。

又說：

> 椎拍輐斷，與物宛轉，舍是與非，苟可以免。不師知慮，不知前後，
> 魏然而已矣。推而後行，曳而後往；若飄風之還，若羽之旋，若磨
> 石之隧。全而無非，動靜無過，未嘗有罪。是何故？夫無知之物，
> 無建己之患，無用知之累，動靜不離於理，是以終身無譽。故曰：「至
> 於若無知之物而已，無用賢聖，夫塊不失道。」

「棄知」就是這裡的「不師知慮」，也就是所謂「不顧於慮，不謀於知」。〔註30〕
慎到認為只要「不師知慮」，就能夠「不知前後」，而達至「魏然」的地步。「不
知前後」成玄英解作「不瞻前顧後」，筆者認為它的意義應從「魏然」二字來理
解。「魏然」是「兀然不動之意也」，〔註31〕這個「兀然不動」，指的是主體本身
的自我解消，而放棄選擇，所以才說是「於物無擇」。對於事物無所選擇，接下
來自然就只好「與之俱往」。所以生命的理想狀態是「推而後行，曳而後往；若
飄風之還，若羽之旋，若磨石之隧」，這完全是一種被動的人生觀。瞭解了這樣
的生命型態，回過頭來看我們便知道這「不知前後」應該解作「不知道該前進
或後退」，是「於物無擇」的意思。

　　「於物無擇」是表現在外的行為，它的內在修養則是「不顧於慮，不謀
於知」，也就是「棄知」。「知」會造成價值上的分別，所以只要一運用心知，
便有是非、善惡、美醜的分別。我們知道生命要有所趣取選擇，一定得先有
心知的價值分別，沒有是非善惡，則不可能有「為」善「去」惡之類的行為。
因此慎到要「於物無擇」，當然從棄知做起。故而才說「椎拍輐斷，與物宛轉，
舍是與非，苟可以免」，這段話的意思是：「順隨旋轉，與物推移變化，捨去
是和非，或可免於牽累」。〔註32〕能夠順隨旋轉而與物推移變化，是因「於物
無擇」所致之「與之俱往」，而其工夫就在於「舍是與非」。「是」與「非」都

〔註30〕此為馬敍倫〈莊子天下篇述義〉之說。（參閱《莊子研究論集》，頁319。）
〔註31〕見林希逸：《莊子鬳齋口義校注》，頁501。
〔註32〕「椎拍輐斷」的解釋歷來有二類說法，一是以「刑罰之事」釋之，如郭象、
　　　成玄英等；一是認為即「順隨」之意，如林希逸、林雲銘、徐復觀、陳鼓應
　　　等。筆者案：若以刑罰之事釋之，似乎與上下文意不合，故在此採「順隨」
　　　之說，而以陳鼓應先生之翻譯釋之。

是價值判斷，「舍是與非」就是放棄對萬物判別價值，這也就是「棄知」的實際意義。唐君毅先生在解這段文字時也說：

> 唯知萬物之有所可者亦有所不可，有所不可者，亦有所可；而不作一定之利害是非之辯之謂也。若然，則作一定之利害是非之想之知慮，皆所當棄，而可任萬物之陳於前，更不作一定之利害是非之選擇，不以不可者定爲不可，亦不以可者定爲可。〔註33〕

依這樣的方式來「棄知」，則主觀心境中自然無是無非，主觀心境中無是無非，則當然生命也無可趣取選擇，如此主體方能兀然不動地「魏然」，只好隨勢漂流，故曰：「棄知去己，緣不得已」。「緣不得已」〔註34〕就是「推而後行，曳而後往；若飄風之還，若羽之旋，若磨石之隧」地依憑外在的理勢而行，這是主體性取消的必然結果。

不過，慎到所說的「舍是與非」，並不單純的就是不去分別價值而已。「棄知」固然是放棄評價萬物，但這個「放棄」，主要還是從主體性方面來進行的，就是所謂的「去己」。〈天下〉篇的作者說慎到「決然無主」，林希逸注：「決去私意而無所偏主」，〔註35〕意思就是去除私意而沒有主見。〔註36〕此「私意」或「主見」，就是指人人不同的價值觀點，也就是物論。就文脈上來看，因爲「決然無主」緊接於「公而不黨，易而無私」兩句話之後，這兩句話所描述的乃是一個公平無私的超然立場；「決然無主」一語直承其語氣，理應談的就是價值觀點的問題。它所表示的，是主體對價值觀點的放棄，認爲只要心靈對價值的標準無所主尙，便可趣物而達於「公而不黨，易而無私」的大道之境。

前面曾經提到，慎到是以「取消」的方式來平齊物論，這個「取消物論」即此處所言之「去己」、「決然無主」。物論是「己」，也是「主」，因爲它決定了「人之所以爲人，人如何存在？人是什麼？或人有什麼？」〔註37〕等等存有問題的答案，而成爲人判斷進退時的依據，這也就是價值觀點。我們先知道了「人應如何存在」（價值觀點），才會知道自己「這樣存在到底是對是錯」（價值判斷）。有了價值觀點，就能讓萬物在主觀心境中以我們自己的方式、

〔註33〕見唐君毅《中國哲學原論——原道篇卷一》，頁274。
〔註34〕〈人間世〉：「一宅而寓於不得已，則幾矣。」郭象注曰：「不得已者，理之必然者也。」（見郭慶藩《莊子集釋》，頁149。）
〔註35〕見林希逸《莊子鬳齋口義校注》，頁500。
〔註36〕見陳鼓應《莊子今註今譯》，頁897。
〔註37〕見王邦雄《二十一世紀的儒道》，頁128。

我們自己的價值理序來呈顯；所以可以說它是決定了我們精神層次的存在型態，因此慎到稱它是「己」。

當然，有了「己」便可以「知」；既然「知」，就有是非；有了是非，就必然地面對與他人相刃相靡的狀況。面對生命的這種痛苦，慎到主張一刀斬斷價值之源，也就是要「去己」、取消物論或是放棄價值觀點。價值觀點一放棄，也就沒有了價值判斷；也就是說，去己之後，自然便能棄知，物論一除，是非自泯，如此生命的倒懸也就解除了。這就是叫儒家放棄仁義，墨家取消兼愛，如此一來天下便沒有儒墨之是非了。綜合以上的論述我們可以知道，慎到的棄知，實際上是以「去己」來完成的；自我價值觀的否棄，是他工夫論的關鍵。

四、莊子是以「不知」來「喪我」

「棄知去己」的工夫，假若光從字面上來看是不易瞭解的。對「知」與「己」的否定，莊子也曾有「無己」、「喪我」與「離形去知」等說法。面對莊子的「去知」、「無己」之說，若僅由字面上推斷，實在看不出與「棄知去己」的命題有什麼特別不同，令人難以瞭解慎到何以能別為一家，所以在此實有必要將彼此間的異同分際加以闡明。

前面曾經提到，莊子的齊物是「超越」的齊物，是跳離所有的立場，重新找一個更高層次之評判觀點的方式。這個評價的觀點，在莊子自然是「道」，它不是任何一個有規定、有限制的物論，而是包容一切價值觀點的全觀點。我們可以用〈齊物論〉中「萬竅怒呺」的寓言作比喻，若以天籟為「道」，那麼地面上的萬竅與人所用的比竹之屬就是紛紜不同的「物論」。天籟透過萬竅而發聲，道也一樣透過各種物論而發為是非判斷。萬竅不同，地籟人籟即各個不同；物論不同，各家的是非判斷自然也各異。所以儒墨之是非，由此看來不過是不同的兩竅所發之異聲；聲雖然不同，但皆發自天籟的本質其實一致。故諸子方術紛紜，究其本乃皆為道術之裂，道透過不同的存有觀點，而發為各種是非價值。這樣的道，是價值的整全，每一個存有的立場所實現之價值，都是它的殊相之一，究其本質，其實是一樣的，所以才說「恢恑憰怪，道通為一」。莊子的「喪我」，目的便在於消解心知對物論之封限。它藉著境界的提升，而讓主體有更寬廣的視角，以至於能夠綜觀一切物論為止；這段由下而上的工夫，〈齊物論〉就稱為「照之於天」。當主體的境界到達「天」或「道」的境界層次時，觀照便能包羅萬有，而同情理解每一個存有，每一

種物論，使萬物各自實現其價值。此時便不復有諸子之是非、儒墨之是非的存在，萬物咸其自取、各任其性，而皆能涵納於天府〔註38〕之中。

由此看來，莊子的「喪我」，作法實際上是接納其它的價值觀點，所「喪」的是隔離人我的畛域。〈齊物論〉說：

　　夫道未始有封，言未始有常，爲是而有畛也。

「封」是封域，〔註39〕「畛」是界畔，〔註40〕兩者指的都是人我相別的界線。站在道的境界來看，萬物間的封域本來是不存在的，「只因執了一個『是』字，故有是非分別之辯。」〔註41〕所以畛域之生，乃因於是非價值之分別。我們曾經在前面說明過，價值的分別乃肇於心知，是「知」的活動讓是非判斷產生出來；故而人我的畛域，歸本乃是心知的產物。

「知」的活動分別了是非價值，而對價值的執著則造成了人我的封域；莊子的齊物，便從這人我封域的去除開始，這就是所謂的「不知」。〈齊物論〉說：

　　夫大道不稱，大辯不言，大仁不仁，大廉不嗛，大勇不忮。道昭而
　　不道，言辯而不及，仁常而不成，廉清而不信，勇忮而不成。五者
　　圓而幾向方矣！故知止其所不知，至矣。

「知止其所不知」，就是要將封域去除，使價值回歸整全。這裡說心知分別使道有「稱」而不成大道，使辯有「言」而不爲大辯；「稱」與「言」皆是畛域封界。而唯有不知，才能使道與辯還其「大」。所以「不知」是境界，也是工夫，它的作用就在於掃除心知的執著封限。因此面對人我物論之相隔，莊子就以「不知」的工夫來打通畛域，使主體能夠接受其他的價值觀點，而達到「我」（指自我的存有論、物論）的消融。這也就是逍遙遊說的「無己」，是「官天地，府萬物」式的「無」，乃是自我的生命的擴大，精神境界的提升。

相對於此，慎到的工夫則大不相同，他的「去己」不是接納其它價值，而是要取消一切的價值觀點，放棄精神境界，使生命成爲塊然一物。他相信，當萬竅皆消失時，天籟的無聲就是最好的聲音；在一切價值觀點都取消時，

〔註38〕「天府」，陳壽昌注：「曠然虛空，包括萬有。」這是對精神主體的描述，意謂其能夠放開自我之執著，而接納萬有不同的價值觀。（見《南華眞經正義‧內篇》，頁17。）

〔註39〕成玄英疏：「夫道無不在，所在皆無，蕩然無際，有何封域也？」（見郭慶藩《莊子集釋》，頁83。）

〔註40〕成玄英疏：「畛，界畔也。」（見郭慶藩《莊子集釋》，頁84。）

〔註41〕此爲釋德清「爲是而有畛也」一句之注。（見《莊子內篇憨山注》，頁245。）

大道自然會呈顯萬物必然的理序。所以他講「棄知」，實際上是以「去己」來達成的，其所達致「無知之物」的境界，是真正徹底的無知，絲毫不能感受一點價值，所以也難說有什麼「境界」可言。這就是為什麼〈天下〉篇說「彭蒙、田駢、慎到不知道」的原因。

綜觀莊子與慎到的「齊物」，雖然表面上看來是那麼地接近，但實際所達致的精神境界卻相差很遠。一個是搏扶搖而上九萬里的大鵬，其工夫的根本用意是「打破界線」，乃是以「不知」來達至「喪我」的境界；而另一個卻是至於若無知之物而已的土塊，其修養的具體方法是「壓抑個性」，乃是以「去己」來完成「棄知」的目的。這一點，是莊、慎二人在修養工夫論上最大的不同，也因此，當二人在面對複雜的人間世時，會開出截然相異的哲學走向。

五、棄知去己會導致「無用賢聖」

無是無非的「無知」境界，慎到以「土塊」來作為這種狀態的畫像，而說：

> 至於若無知之物而已，無用賢聖，夫塊不失道。

土塊沒有主體性，沒有精神價值的世界，沒有是非善惡可以取捨趨避，將無法依「自己」來決定方向（因為已經「去己」之故），由是才能順任「道理」來決定動向，這就叫「不失道」。為了要「不失道」，「魏然」顯然是必須達成的狀態。〔註42〕所謂「魏然」，林希逸說是「兀然不動之意也」，〔註43〕就生命本身來說，它是取消主體的能動性，使之處於頑固的停頓的狀態，如此的工夫似乎是因噎廢食。為此，〈天下〉篇的作者藉「豪傑」之口批評道：「非生人之行，而至死人之理，適得怪焉！」的確是相當切中肯綮的。

既然在「魏然」的狀態下主體性不能發用，那麼當然也就沒有所謂「賢」或「聖」可言。〔註44〕關於「賢」的意義，《說文》云：「多才也。」《玉篇》則曰：「有善行也。」《墨子‧尚賢下》說：「為賢之道將奈何？曰：有力者疾

〔註42〕「魏然」在此不稱「境界」而稱「狀態」是有原因的，因為「魏然」是精神生命的放棄，它要求主體必須不帶價值地去混同對象（舍是與非），那麼對象在心靈中，也就不可能有什麼價值意義上的改變，於是對這種心靈狀態而言，境界是不存在的。

〔註43〕見林希逸《莊子鬳齋口義校注》，頁501。

〔註44〕牟宗三先生說：「聖、賢是德性上的名詞，不是權位上的物質力量。」（見《政道與治道》，頁30。）

以助人，有財者勉以分人，有道者勸以教人。」又說：「古者聖王之爲政，列德而尙賢。」（〈尙賢上〉）看來能夠助人、化人之有德者，就是墨家的「賢」。而在儒家，孟子說：「賢者以其昭昭使人昭昭，今以其昏昏使人昭昭。」（〈盡心下〉）「昭昭」，朱熹注之爲「明也」，〔註45〕而尹焞亦曰：「大學之道，在自昭明德，而施於天下國家，其有不順者寡矣。」〔註46〕此乃以具有「明德」，而能施於天下者爲「賢」。由此觀之，儒墨兩家所說之「德」雖然意義不同，但「賢」的內涵基本上都是指才德兼備的人。至於「聖」，則可以孟子的一段話作解，他說：「可欲之謂善，有諸己之謂信。充實之謂美，充實而有光輝之謂大，大而化之之謂聖。」（〈盡心下〉）王邦雄老師解釋道：「『大而化之』，是成就生命人格的『大』，再通過修養，把這個大的形象也化掉，使自己平易近人，這才是聖人。」〔註47〕因此「聖」所化掉的只是大的「形象」，其生命人格本身還是「大」的。牟宗三先生亦說道：「仁、義直接是道德的觀念，聖、智是道德修養所達到的境界。道德修養的最高目標就是聖人。」〔註48〕故知所謂「聖」，是指主觀境界提升的極致，聖人就是精神生命到達最高層次的人。賢與聖，它們一個是指才德兼備之人，一個是指道德修養至於極致之人，若綜觀的來說，可以發現雖然有程度或方向的不同，但在根本上，它們都是對生命價值的追求，都是主體性的充分展現。這意謂著賢聖之所以可能，必須立基於「己」的存在。

　　既然賢與聖都是立基於「己」的存在、是主體性的充極發用，那麼對鼓吹棄知去己的愼到而言，當然是否定賢、聖的。質諸先秦文獻，除了《莊子・天下》篇之外，《荀子》對愼到有「愼子蔽於法而不知賢」（〈解蔽〉）的評價；而《韓非子・難勢》篇中「應愼子曰」的一段話，〔註49〕亦明指愼到的理論是「釋賢而專任勢」；這些評論明顯地是愼到否定賢聖的確證。所以〈天下〉篇也說他：

　　　　譋髁無任，而笑天下之尙賢也；縱脫無行，而非天下之大聖。

〔註45〕見《四書章句集注》，頁517。
〔註46〕見《四書章句集注》，頁517。
〔註47〕見王邦雄《老子的哲學》，頁29。
〔註48〕見牟宗三《中國哲學十九講》，頁132。
〔註49〕《韓非子・難勢》篇第二段開頭說道：「應愼子曰：飛龍乘雲，騰蛇遊霧，吾不以龍蛇爲不託於雲霧之勢也。雖然，夫釋賢而專任勢，足以爲治乎？則吾未得見也。」

可知他對明顯表現自我個性的人，採取不以爲然的嘲笑態度，呈現出鮮明的反智色彩。先秦道家，雖然都有不尚賢智的傳統，但如慎到這樣徹底還是少見。徐復觀先生曾就老莊與慎到的主觀境界加以比較，說：

> 老子、莊子皆有一段向上向內的工夫，並承認工夫的效驗；因此，
> 他們雖認萬物價值、人生價值的平等；但同時對於萬物，尤其是
> 對於人的實現其價值，又承認有很大的等差；否則所謂價值者，
> 亦無由顯現。所以老莊雖不承認儒家思想中的聖賢，卻不斷提出
> 自己理想中的聖人、至人、神人、眞人等，以作追求的目標。這
> 與慎到們的「無用賢聖」，「非天下之大聖」，又成一明顯的對照。
> 〔註50〕

就其觀點，在老莊的工夫下，主體性其實是被高度肯定的，只是老莊認爲儒、墨的「聖賢」意義太過偏狹，所以他們才提出了自己對理想中聖人的要求，因此這並不是對主體價值的否定，而是超越。在這種觀念下，「道」與「主體性」並非是相對立的，而是相容並存的；但在慎到，「道」與「己」則是絕對矛盾的二個概念，有「己」就失「道」，合「道」即是去「己」。故而雖同是反對儒墨的「尚賢」、「大聖」，但慎到卻表現的比老莊更爲徹底而激進。就唐君毅先生的說法，是「慎到只言棄知去己，有如佛學中小乘之灰身滅智，……。老莊則棄一般之知與己，而亦有不棄之知，不去之己，則有如佛學中小乘趣向大乘。」〔註51〕以此看來，老莊所棄的「一般之知與己」指的就是「自是而非彼」的心知執著，而不是價值觀的本身。我們只有認爲老莊思想中仍肯定價值分判，才能理解爲什麼在「不尚賢」與「萬物與我爲一」的主張之下，還能標舉「聖人」或「至人」以爲典範。

相對之下，慎到的笑賢、非聖之舉，則充分的呈現出對「人所提出之價值方向」的不信任感，他根本不相信人能夠瞭解、體會眞理（或是「道」），所以假使有人凸顯其主體性，展現價值方向，他便認爲那就是造成爭亂的開始。這和老子所說「夫禮者，忠信之薄而亂之首；前識者，道之華而愚之始」的想法倒是相通的。只不過老子旨在回歸價值源頭以求取活水，而慎到卻根本就是要掘斷整條價值之流；所以他對價值觀點（己）的放棄，才會轉成了對賢、聖的全然否定。

〔註50〕見徐復觀《中國人性論史——先秦篇》，頁434。
〔註51〕見唐君毅《中國哲學原論——原道篇卷一》，頁279。

第三節　緣不得已

一、「緣不得已」的「緣」是被動地受牽引

　　慎到的工夫，從主體內在方面來說是「棄知去己」，但若就外在所見的行為而言，則可稱之為「緣不得已」。「緣」與「順」同義，「不得已」即「不得不然」；〔註52〕「緣不得已」整句話來說，就是「順著不得不然而行」的意思。「棄知去己」是對主體能動性的極力壓制，使之至於無知之物的「魏然」狀態。「魏然」，成玄英說是「不動之貌也」，就是主體無所趣取、毫無動作的意思。這在精神生命的層次看來是一種猶如死物的狀態，對自身的動向是不能決定的，〔註53〕所以〈天下〉篇描述道：

> 不師知慮，不知前後，魏然而已矣。推而後行，曳而後往；若飄風
> 之還，若羽之旋，若磨石之隧。全而無非，動靜無過，未嘗有罪。
> 是何故？夫無知之物，無建己之患，無用知之累，動靜不離於理，
> 是以終身無譽。

這裡有必要特別強調「推而後行，曳而後往」這句話，郭象注這一句說：「所謂緣不得已。」說明了「緣不得已」的意思應該從「推而後行，曳而後往」此句來理解。這兩句話很明顯的表示出，在「魏然」狀態下的主體，是被「推擠」、被「拉曳」而後才會動的。也就是說，主體並不是主動地去「乘」勢，不是主動地去附和潮流，而只是光停在那兒不動而已；這樣的生命之所以能行能止，都是因為外力驅迫的緣故。就像羽毛一般，隨風起而飛，隨風息而落。羽毛本身是不能自主的，它並不能如鷙鳥一般，自己去選擇順這陣風、或避開那陣風地乘風而行，而只能「被」吹起，或「被」拋落而已。楊儒賓先生說：

> 然而心靈既然已不離己意，又不能從心靈深處得到超乎己意以外的
> 動力，則促使人行為的因素只能來自於外。……他們的思想最後不
> 得不變為「椎拍輐斷」之學，心靈只殘存平面如鏡的反射能力，真
> 正決定的因素來自於外在的力量。〔註54〕

〔註52〕見王叔岷《先秦道法思想講稿》，頁182。
〔註53〕徐復觀先生說：「慎到的去己，乃是把自己的精神向下壓，壓到成為原始生物性質的存在」。（見《中國人性論史——先秦篇》，頁434。）
〔註54〕見楊儒賓《先秦道家道的觀念的開展》，頁143。

這就是沒有「己」、沒有能動性的結果。所以「緣不得已」是一定要跟「棄知去己」連在一起來理解的，沒有這種取消自我的工夫，就沒有如此隨波逐流的生命；這在道家的應世論中，是屬於比較特殊的型態。

《荀子・非十二子》篇裡說慎到的學術是「上則取聽於上，下則取從於俗，終日言成文典，反紃察之，則偶然無所歸宿，不可以經國定分。」這樣的批評，暴露了慎到之工夫所將導致的被動性，印證了〈天下〉篇的說法。「上則取聽於上，下則取從於俗」就是「於物無擇，與之俱往」，完全地撤銷主見。在如此被動的存在狀態下，「緣不得已」即便要稱之為「處世哲學」，亦是有些不符的。因為此時主體性早已泯滅而致無知無慮，所以它根本沒有以某種「哲學」去「處」世。司馬談在〈論六家要旨〉中說道家「其術以虛無為本，以因循為用」；就「棄知去己」的工夫看，慎到的確是以「虛無」為本，然已不是作用層的虛無，而直是實有層的虛無。「以因循為用」的提法，指的是主體有意識的去因循外物以為「用」，「用」字肯定了主體的目的性。但慎到棄知去己後的心靈是一種「魏然」，是沒有動向、沒有目的的土塊，那如何會有所謂的「用」？故而說慎到「緣不得已」，必須特別注意到這個「緣」字沒有「主動」的意思，而是完全被動地受外力牽引。

胡適先生在《中國古代哲學史》中解「選則不遍，教則不至，道則無遺者矣」之句時，認為「道則無遺者矣」的「道」字通「導」字，而說：「『道』即是因勢利導。」〔註55〕如果就上面的論述來看，這個解釋可能必須重新考量。〔註56〕《說文》云：「導，引也。」是有意識的去引導方向。這樣就不是魏然地「緣不得已」，而是有意識的「乘勢」了，如此與慎到思想的體系似乎不合。所以「緣不得已」不能解作「因勢利導」，因為「不得已」是「不得不然」，明顯的沒有第二條路可以走；而「因勢利導」卻在「因勢」之外，仍存在著主體的「導」，顯然不是讓外在條件決定一切。因此我們在理解慎到思想時，必須注意這個重要的分別，才能瞭解他強調成為「無知之物」的意義。

二、「不得已」是指必然之「理」

既然「緣」字絲毫沒有「主動」的意思，那麼對生命來說，就是一切都

〔註55〕見胡適《中國古代哲學史》，頁342。
〔註56〕王曉波先生亦持此見，而說：「胡適認為此處之『道通導字』，實誤。」（見《先秦法家思想史論》，頁241。）

隨外界變化而轉移了；外界的變化，就是〈天下〉篇所說的「不得已」。「不得已」這三個字在莊子書中是常常見到的，而且內外雜篇皆有。它是什麼意思呢？王叔岷先生曾舉出：「慎子之『棄知去己，而緣不得已。』與《莊子‧刻意》篇之言相似。」〔註57〕翻察《莊子》，見〈刻意〉篇說道：

> 感而後應，迫而後動，不得已而後起。去知與故，循天之理；故無
> 天災，無物累，無人非，無鬼責。

這說法看來的確很類似慎到之主張。郭象注「不得已而後起」句，曰：「任理而起，吾不得已也。」另外，注〈人間世〉：「一宅而寓於不得已」句，則云：「不得已者，理之必然者也。」可見郭象認為所謂的「不得已」，就是「必然之『理』」。這解釋用在慎到思想上應該也是沒錯的，〈天下〉篇在說慎到「緣不得已」之後，就馬上補了一句「泠汰於物，以為道理」做為註腳，可見「不得已」與「理」有十分密切的關係。王叔岷先生在解釋「慎到棄知去己，而緣不得已」一句時曾說：「去己即去私，緣與順同義，不得已，即不得不然。謂慎到棄智巧，去自私，順乎不得不然之理。」〔註58〕此以「順乎不得不然之理」來解釋「緣不得已」，所以可知「不得已」一詞實際上就是指「理」而言，故「緣不得已」就是「順理而行」的意思。

在此所指的「理」，是客觀事物遷移變化的軌則。萬物的行止，莫不依於理，所以〈刻意〉篇才會說「感而後應，迫而後動」是「循天之理」。〈天下〉篇談慎到的工夫時說：

> 夫無知之物，無建己之患，無用知之累，動靜不離於理。

這是說人若成為無知之物，就能不離於理；可見「理」是物之「動靜」所必依憑，是物之行止所必遵循，這證實了前述的看法。另外，〈天下〉篇又評論：

> 慎到之道，非生人之行，而至死人之理。

把「行」與「理」拿來相提並論，由此更能夠確定「理」就是「物」（死人）之所「行」。就以上所指出的地方來看，我們可以認定慎到的「理」指的就是事物運行的律則。它對物來說是一種必然，決定物的動向。慎到之所以能夠「趣物而不兩」，就是因為「理」的必然性。「趣物而不兩」宣穎注為「隨物而趣，不生兩意」；〔註59〕物之所趣，必然只有順理一途，如果人能夠以物之

〔註57〕見王叔岷《先秦道法思想講稿》，頁183。
〔註58〕見王叔岷《先秦道法思想講稿》，頁182。
〔註59〕此為王先謙《莊子集解》所引之宣穎注。（參閱《莊子集解》，頁197。）

所趨爲趨，則必然不可能有兩趨之意。從這裡可以看出，慎到認爲人應該也要同於萬物，以「理」來作爲動靜行止的依憑。

在慎到強調棄知去己的工夫下，心靈放棄主宰生命方向的權力，於是生命便只能緣「不得已」了。「不得已」是必然之「理」，所以這樣的修養所造成的，就是讓「理」在實際上變成生命的主體；也就是說外在物勢決定了一切。所以王曉波先生認爲「這種思想傾向，顯然是落入了機械決定論中。」〔註60〕質諸慎到之說，這樣的判斷是相當中肯的。

三、「理」不是「知」的對象

既然「緣不得已」是全憑外在的力量來推動生命的前進，那麼對主體來說，客觀外在的「理」，並不需要由主觀來加以把握；事實上，在棄知去己的修養工夫下「理」也不可能被認知到主觀之中。這就是說，「理」對慎到來說並不是「知」的對象，在主觀中「理」並無「被意識到」的必要。要「緣不得已」並不需要「知」理，而是需要「任」勢。「勢」也就是物勢，是使物之所行，〈天下〉篇中說「推而後行，曳而後往」的推、曳之力就是勢。「勢」一定循著「理」而行，所以說：「泠汰於物，以爲道理」。「泠汰」是「聽放」的意思，〔註61〕聽放於物、任物之所行，而可以之爲道理，可見物所行的軌道就是理，而推物使之行的力量就是勢。《韓非子·難勢》篇曾引《慎子》之言道：

> 飛龍乘雲，騰蛇遊霧，雲罷霧霽，而龍蛇與蚓螘同矣，則失其所乘也。賢人而詘於不肖者，則權輕位卑也；不肖而能服於賢者，則權重位尊也。堯爲匹夫不能治三人，而桀爲天子能亂天下，吾以此知勢位之足恃，而賢智之不足慕也。夫弩弱而矢高者，激於風也；身不肖而令行者，得助於眾也。堯教於隸屬而民不聽，至於南面而王天下，令則行，禁則止。由此觀之，賢智未足以服眾，而勢位足以詘賢者也。

若以龍蛇來比喻主體，那麼龍蛇所乘之雲霧就是物勢，也就是此處說的「勢位」。慎到認爲「物」的起落進退（動靜）乃是由「勢」所推動，而勢的運行軌道又是決定於「理」，所以任勢而行實即等於緣理而行，因此才會說：「動靜不離於理」。「動靜不離於理」這句話，是理解上面韓非〈難勢〉篇所引《慎子》這一段話的關鍵，不瞭解慎子強調「勢」的原因乃在於「無知之物，無

〔註60〕見王曉波《先秦法家思想史論》，頁 241。
〔註61〕郭象曰：「泠汰，猶聽放也。」（見郭慶藩《莊子集釋》，頁 1088。）

建己之患，無用知之累，動靜不離於理」，就不能準確的把握「勢」在慎到學說中的意義。物勢是不離於理的，因而理具有必然性，所以人成為無知之物最大的意義，乃在於可以緣著一個決定性的必然理序而行動。由於「理」對物來說是強制而必然的，所以任勢（即循理）而行，對內來說，無罪無譽，心靈可以免受價值衝突之苦；在外而言，萬物皆依理而行，各有其序而不致紛亂，能夠達到一種和諧。這在慎到來說，是一舉兩得之事，所以「勢」論會成為他理論中被突出的部分，原因即在於勢的背後有「理」的存在。

　　不過總的來說，不管是「勢」或是「理」，在棄知去己的意義下，都是不需要「知」的。如果是「知」理而「就」理，那麼這便是以「理」為生命價值方向，這就是有「己」，這是違反棄知去己的想法的。「緣不得已」是被動地受牽引，對主觀來說，生命唯一應該要達致的就是「魏然」，除此之外一切是非價值之選擇都沒必要，所以說「於物無擇」。對成為無知之物的自身，到底「應該」朝什麼方向前進，任何考慮皆屬多餘，物勢自然會循著不得已之「理」而行，幫主體決定出「最正確」（也就是沒得選擇）的方向。因此就主觀而言，理不必「緣」，勢亦無須「任」，它們都不是認知的對象，不需要特別在主觀裡把它們拈出來，而對之有所作為。

　　延續這樣的思考，我們必須提到歷代《莊子》注本的一些問題。翻查舊注，可以發現有些注本將「泠汰於物，以為道理」的「泠汰」，解成由主觀的「知」來參與的選擇行為。這類注釋可以成玄英為代表，他說：

　　泠汰，猶揀鍊也。息慮棄知，忘身去己，機不得已，感而後應，揀

　　鍊是非，據法斷決，慎到守此，用為道理。〔註62〕

這樣的解釋其實並沒有貫通前後文義。慎到明明要「舍是與非」，這裡卻說「揀鍊是非」；慎到明明是「決然無主」、「於物無擇」，這裡卻說「據法斷決」。很明顯的，這是錯誤的解釋，所以泠汰絕不是「揀鍊」的意思，也不是《釋文》所記「沙汰」〔註63〕的意思，當然更不是如王闓運所云的「或損之，或益之」〔註64〕的意思。自《釋文》以降，凡以具有「主觀選擇」之意義來釋「泠汰」者，都是忽視了慎到學說的反知性格，因而才會對此句作了與前文互相矛盾

〔註62〕見郭慶藩《莊子集釋》，頁1088。

〔註63〕《釋文》曰：「……，一云：泠汰，猶沙汰也，謂沙汰使之泠然也；皆泠汰之歸於一，以此為道理也。……」（見郭慶藩《莊子集釋》，頁1088。）

〔註64〕王闓運《莊子內篇注》曰：「泠，零也；汰，溢也。或損之，或益之。」

的詮釋。這是在理解慎到學說時須特別注意的。

四、慎到的「道」就是「理」

從「緣不得已」的命題中，我們理解到一種「人」與「世間」相對關係的主張；慎到要每個人都放棄自己的價值判斷，隨波逐流地飄蕩於人世裡。這樣的生命，應該稱為「主體」的其實不是心靈，而是外在的客觀之「理」；因為能為生命的前進方向作「主」的，並不是人的心，而是物的理。「理」機械地決定萬物的行止，所以成為無知之物的人，在「理」之中也將必然地進退起伏，不可能選擇；這樣的表現就是所謂的「決然無主，趣物而不兩」。如此的「理」，是決定一切變化的原因，是萬物（包括人）的主宰。從這段話的描述，我們可以試著可以替「理」歸納出兩個基本涵義，一、它決定對象的動向行止，具有「規範性」；二、它的對象範圍涵蓋萬物，具有「普遍性」。

觀看「理」這樣子的意義，我們不難聯想「理」與「道」之間是否有相當的關連。〈天下〉篇引慎到之說曰：

> 天能覆之而不能載之，地能載之而不能覆之，大道能包之而不能辯
> 之。……選則不遍，教則不至，道則無遺者矣。

不管是天覆或地載，都有所不能盡，唯有「道」能完全地包覆天地萬物，〔註65〕絲毫不遺漏，所以說「道則無遺者矣」，意謂沒有任何事物能脫離道，道可遍及於萬物，具有窮盡地包含萬物之「普遍性」。另一方面，〈天下〉篇又批評慎到：

> 慎到之道，非生人之行，而至死人之理，適得怪焉！

〈天下〉篇作者認為慎到的「道」，本來該講的是「生人之行」，卻講成了「死人之理」，可見「生人之行」是「道」本該呈現的意義。「生人之行」就是活人該走的道路，所以「道」是人之所由，對人來說具有「規範性」。之前我們也說過，慎到追求「公而不黨，易而無私」的意義，是在於尋找一個公平無私之超然立場，而之所以要尋找「超然的立場」，目的就在於替人找出一個不偏不頗的處世標準。這也就是從價值觀點的層次來決定行為的規範。陳鼓應先生對此曾說：

〔註65〕《說文》：「包，象人懷妊」。相對於天之「載」與地之「覆」，「包」在此顯然不作「懷妊」解。段玉裁在此注曰：「引申為凡外裹之稱」，馬敘倫亦云：「包，當作勹」（見《莊子天下篇述義》，頁315。）《說文》訓「勹」為「裹也」。故知慎到之道具有包裹、包覆萬物的性質。

> 慎到、田駢一派的『齊物』，乃是建立一個客觀標準的均齊，……既
> 然有一個客觀標準的道（或法）以資遵循，則個人的主觀性必須去
> 除，這就是慎到之所以要主張『棄知去已』。〔註66〕

由以上這段話可知，慎到的「道」，是一個「可資遵循」的客觀標準，這呼應了前面我們認為它具有「規範性」的看法。由此觀之，慎到的「道」亦具有「規範性」與「普遍性」，和前面所述的「理」在性質上有相同的特徵。

　　由這樣的類同性來推斷，筆者認為〈天下〉篇述慎到時所稱的「理」，就是慎到學說中的「道」。如此的論點在〈天下〉篇中是持之有故的，比如講慎到「泠汰於物，以為道理」，道、理連稱，間接地顯示了這兩個概念在意義上的密切。又如「夫無知之物，無建己之患，無用知之累，動靜不離於理」與後來的「至於若無知之物而已，無用賢聖，夫塊不失道」兩段話，句中主詞同指「無知之物」，而一言「動靜不離與理」，一言「不失道」，可以看出兩段話基本上想表述的意義是相同的，因此「不離於理」其實就是「不失道」的意思。

　　所以在此言「理」就是言「道」，說明了慎到的「道」這個概念，實際上已經轉成「理」的意義。它不是「虛而待物」的主觀境界，〔註67〕而是「泠汰於物」的客觀律則；它也並非「不塞不禁」的自然之道，〔註68〕而是「趣物不兩」的必然之理。在這以「理」為「道」的變換中，道的「普遍性」被窄化為「客觀性」，而其「規範性」也被強化為「必然性」；於是和老莊一系道家思想是越走越遠。〈天下〉篇批評慎到「其所謂道非道」，又說他的「道」，「非生人之行，而至死人之『理』」；可知〈天下〉篇對慎到的天道觀有多麼不以為然。藉由這樣的批評，我們也可以更肯定一件事：慎到的「道」之概念，其實根本就是裝進了「理」的內涵。

五、「道」由價值內容到形式意義之轉化

　　前面曾經提過，慎到齊萬物的目的是想擺脫紛紜的價值對立，所以他的

〔註66〕見陳鼓應《莊子今註今譯》，頁871。

〔註67〕《莊子·人間世》云：「氣也者，虛而待物者也。唯道集虛。虛者，心齋也。」憨山大師注曰：「言心虛至極，以虛而待物。」（見《莊子內篇憨山注》，頁307。）

〔註68〕《老子》十章：「生而不有，為而不恃，長而不宰，是謂玄德。」王弼注曰：「不塞其原，則物自生，何功之有？不禁其性，則物自濟，何為之恃？物自長足，不吾宰成。有德無主，非玄為何？凡言玄德，皆有德而不知其主，出乎幽冥。」（見《老子四種》，頁8。）

工夫便用力於各個價值觀點的解消，就是之前所言的「取消物論」。這樣說來，他似乎是主張一種虛無主義，企圖否定一切的價值；不過，這樣的說法並不能完全呈現慎到的思考。就慎到而言，應該還是主張一種價值觀點的，這個觀點就是「道」。〈天下〉篇說慎到學派：

> 齊萬物以爲首，曰：「天能覆之而不能載之，地能載之而不能覆之，大道能包之而不能辯之。」知萬物皆有所可、有所不可，故曰：「選則不遍，教則不至，道則無遺者矣。」

「大道能包之而不能辯之」是說大道能普遍地包涵萬物，而不能對萬物加以分別。﹝註 69﹞由於道總括萬物，沒有任何事物能與之相對，所以它是絕對性的存在；也由於道總括萬物，對它來說每個內在於自己的事物價值都是一樣的，所以無法加以分別。這兒透露出來的，是慎到欲以「道」廓然無私的絕對性來消解萬物相對性的意圖；他的思考到此爲止與莊子還不算離得太遠，但接下來就不同了。因爲慎到把「道」的內容理解爲「理」，於是「不失道」成了「不離於理」，要立足於道的立場只好先合於理。但是慎到的「理」是由「泠汰於物」而來的「物理」，是物勢所循之理，只有沒有選擇能力的「物」，才可能切實地循理而行。因此要合理，就要先化身爲物，故而就必須「棄知去己」了。所以我們前面說慎到「取消物論」，是指由工夫論的角度而言；若就他整體的思考來看，應該原本是要以絕對而客觀的「道」來「統一」或「超越」萬般不同的物論，但是「道」的概念一經賦予「理」作爲內容，「超然」的觀點也就變成了沒觀點，「公正無私」的立場也就轉成了毫無立場。

　　若欲考察慎到何以用「理」來作爲「道」的內容，筆者以爲即可以從「公而不黨，易而無私」這句話來著手，這句話基本上可以用一個「公」字的意思來代表。面對物論的紛亂，慎到亟欲找出一個普遍的原則，以作爲社會共通的價值標準，依循這樣的標準，社會就能得到形式上的和諧。所以他要求公而無私，就是在尋求一種絕對性，要以此絕對性來統一諸般的相對性，這

﹝註69﹞成玄英曰：「大道包容，未嘗辯說」，以「辯說」訓「辯」字，似乎與前後文意無法呼應。《說文》：「辯，治也」，亦與此處文意不合。段注云：「俗多與『辨』不別；辨者，判也。」查《說文》訓「判」爲「分也」，譚戒甫先生曰：「判分正與包容相對成文。」（《莊子天下篇校釋》，頁 31。）可見「辯」字在此應作「辨」解。宣穎於此處注：「不能生其分別」，馮友蘭先生亦說：「『辯』者，即對事物加以種種區別也。」（《中國哲學史》上冊，頁 195）。故此句之意應爲：「道」不會對萬物加以分別、分析。

個絕對性自然就是歸屬在「道」上。陳鼓應先生說：

> 慎到、田駢一派的「齊物」，乃是建立一個客觀標準的均齊，這個作
> 為客觀標準的道，自然也可能化為客觀標準的法。這一客觀標準的
> 道或法的形式意義漸被注重，則成為一塊然的存在。〔註70〕

慎到所要找的「公」就落實在這裡所謂的「客觀標準」上。找到「客觀標準」，
就有了絕對性，有了齊平相對性的萬物之基礎，所以尋求這個客觀標準的存
在，在他的理論來說是最重要的事。但是，客觀標準的存在並不容易找出，
大體上就是〈天下〉篇說的「生人之行」和「死人之理」兩路。所謂的「生
人之行」，近乎於莊子所談的「道」，是指由主觀境界的提升而開顯的價值理
序；而「死人之理」，則是循物勢之所行的軌道律則。一個是對「心」所實踐
的「主觀境界」具有普遍性，另一個是對「物」所展現的「客觀現象」具有
普遍性。雖然牟宗三先生曾經闡述過，主觀境界的昇進最後會有自由自在的
「終極之定」，使主客觀為一，而獲得「絕對的客觀」。〔註71〕但在主觀修養
上下工夫，畢竟不是人人都有能力或有興趣做的事情，於是對大部分的人來
講，順從物勢可能遠比提升境界要來得現實，也容易理解。陳麗桂先生說：「事
物無『知』，其理固定，當然容易客觀」，〔註72〕此處重點在「容易」兩個字
上，慎到應該就是看到了這一點，所以寧願泠汰於物，也不圖照之於天。這
可能是他比老莊都現實，也都更注重學術的普及性之故。

　　「公而不黨，易而無私」的客觀標準，就是在要求「容易客觀」的情況
下，如陳鼓應先生說的「形式意義漸被注重」，於是道家傳統表達價值理序的
「道」概念，自然轉化為近似於物理律則的形式內涵。因此，慎到學說繼續
講下去必然地會要求主體鈍化成為塊然之物，如此才能「不失道」。質諸「推
而後行，曳而後往」、「上則取聽於上，下則取從於俗」這種完全倚靠驅迫才
行動的存在方式，我們知道慎到的「道」是絕對的從外在形式來理解「公」
或「客觀」的意義，由此可看出他所比較關心的，其實可能還是外在客觀世
界的秩序，故而「緣不得已」也許才是慎到真正所想要的，「棄知去己」不過
是個過程罷了。或者由此我們應該慎重地考慮他的學說，是否實際上反映了
戰國末極亂之世的普遍需求。

〔註70〕見陳鼓應《莊子今註今譯》，頁871。
〔註71〕參閱牟宗三《中國哲學十九講》，頁131。
〔註72〕見陳麗桂《戰國時期的黃老思想》，頁160。

第四節　本章小結

　　慎到之學，是戰國亂世之下的產物，所面對的是當時社會失序的問題，其發生的機緣，當然跟周文疲弊、百家爭鳴有關。周文所代表的價值系統崩潰，天下人失去據以行事的準則，於是諸子便各持其觀點以立論，意圖爲周文崩解後的新時代找到方向；目的雖然本是爲救世，但百家並作的結果，卻也讓天下人苦不堪言。《莊子·天下》篇描述當時的境況是「天下大亂，賢聖不明，道德不一，天下多得一察焉以自好。」《荀子·非十二子》篇也提到「假今之世，飾邪說，文姦言，以梟亂天下，矞宇嵬瑣，使天下混然不知是非治亂之所在者，有人矣！」這裡一言「賢聖不明，道德不一」，一言「天下混然不知是非治亂之所在」，可見作爲「人之所由」的是非價值在當時是漫無標準，人人不知所從，而導致社會更形混亂。面對價值觀如此紛紜對立的濁世，人們迫切需要一個解倒懸於其中的方法，於是就開始有了「齊物」之論的提出。

　　慎到的思想就是發生在此背景下，以「齊物」爲中心議題而衍生。觀看〈天下〉篇的描述，他的學說基本上以泯除是非分別爲訴求，這就是對當世價值淆亂問題的回應。他清楚地了解到人類認識能力的侷限性和相對性，因此極端地不信任人心而主張「棄知去己」，認爲取消觀點、不判斷價值，就可以讓自然的理序呈現。這樣的思想進路基本上是很道家式的，唐君毅先生曾針對道家的意識型態論道：

> 此一精神意識之型態，吾將謂其在根本上，乃始於求自拔於一般世俗之精神意識。人之所以欲自拔於世俗，則由世俗之事物，確有無價值，或反價值者，其中之有價值者，又恆與無價值、反價值者，相夾雜混淆，如泥沙與水相雜，以成污濁之故。世俗固有一污濁性。凡人在感到世俗之污濁性時，人直下生起之第一念，亦恆是求自拔於此污濁，而自保其一身之心靈之清潔、生命之清潔。直下順此措思，則可有種種高遠之思想，次第生出；然人在有種種高遠之思想之後，又可再還求如何應此世俗之道。是則道家思想之發展之道路也。〔註73〕

這段話說明了道家思想普遍的基源問題，乃在如何自拔於世俗價值之混沌中。自拔於混沌污濁之後，生命之本然清潔自然顯露，這個「心靈清潔」後

〔註73〕見唐君毅《中國哲學原論——原道篇卷一》，頁262～263。

所開顯的「高遠思想」就是「道」，是道家思想之所共同追求。就慎到「無建己之患，無用知之累」的追求來看，無疑也是一種想要自拔於濁世的願望表現，所以他應該是屬於道家的人物。不過在慎到來說，他的「自」拔方式是把這個「自」放棄掉，這就等於放棄了體現價值的根源，那自然也開不出什麼境界來。一般來說道家是追求「全生保眞」的，〈論六家要旨〉介紹道家時說：「道家使人精神專一，動合無形，贍足萬物。」第一句話就講「使人精神專一」，可見自我精神的保護在道家是第一義的。慎到特別不同，他與其他的道家人物在精神型態上有非常大的差異，王邦雄老師曾就精神境界的觀點，對慎到與老莊作過一番比較和批評，他說：

> 老子之無知無欲，旨在回歸道之自然，以保有己之全德，其上有道之德的往下流注，其下有小國寡民「甘其食，美其服，安其居，樂其俗」之理想社會的遠景；莊子之無己喪我，亦一過渡之修養工夫，旨在打破個體生命之有限，以「道通爲一」，「道未始有封」的無限，去涵容萬物，肯定萬物存在之價值。其上有逍遙境界之提升，其下有齊物的同體大肯定。老莊思想，崇尚自然之道，僅否定人爲之造作，而未否定人內在本有之素樸眞性；問題在如何透過政治之無爲，使其返樸歸眞，與精神之修養，使其呈現超放。然慎子卻以人心不免於偏，人之知不免於累，而不信任人內在之本有，竟否定自我，使人如無心無知之物，惟「與物宛轉」，以求不有患累。故慎到之去知棄己，非其過渡之修養功夫，而直以爲底程之目的，既無老子形上根源的源源流注，又乏莊子逍遙境界的層層提升，遂一去百去，開不出精神飛揚之路。老子無所不在內存萬物的自然之道，慎子由內往外推，斬斷道與萬物相接溝通的橋樑，並由上往下沈落，反成迫壓萬物不可違抗之物勢。故去知棄己，旨在打消人之主體性，使成爲無知塊然之物，而完全「緣自然之不得已」，聽任外在物勢的安排。莊子齊物之平等，先有逍遙之生命精神的顯發，慎子卻以齊萬物爲其始，僅「舍是與非」、「無用賢聖」，未有一番精神開闊的工夫，遂成往下摜壓之齊頭的平等。如是，人固無知之累與己之患，萬物亦可等齊如一，卻使人間世界，漆黑一團，萬物沒有個性，而歸於死寂。老子之道賦予萬物以生機活力，慎到之物勢，則把萬物迫壓得一無生氣。使萬物在自然之勢下，惟有「決然無主」、「與之俱往」，

生命主體永無呈顯的可能,「而至死人之理」。〔註74〕

由這裡可知慎到修養工夫的前提,在於他「不信任人內在之本有」,所以便不可能試圖去「開闢精神」,如此必然轉而求諸於外,離開生命來找尋他的「道」。這樣的追尋,所能找到的「道」其實只是物之「理」。為了能徹底的遵循這個物理,他反過頭來更要壓抑人的主體性,所以其修養工夫就變成要求「至於若無知之物而已」。無知之物既與主體性對反,順著下來慎到當然也否定賢聖,因為賢聖是主體性的充分發揮。故而對其體系來說,賢聖不啻是體道的障礙,更是社會混亂的根源。在這一點上,笑賢非聖的行為似乎和道家傳統又有相合,但這只是貌似。老子是在肯定主體價值的前提下講「不尚賢」和「絕聖棄知」,是「作用的保存」;〔註75〕而慎到則是站在否定主體價值的立場,來推衍出「無用賢聖」的命題,是全面性的否棄。此兩者內容之差別是必須辨清的。

了解「棄知去己」是對主體性的極度攢壓,就能理解慎到「緣不得已」的確切意義。「緣不得已」就是「動靜不離於理」的表現,它不是有意的選擇物勢而「乘」勢,而是無心的隨波逐流。徐復觀先生言道:「慎到對人與己之態度,乃一切處於被動,一切隨人為轉移,……。」〔註76〕陳麗桂先生對此也說:「其因任,因此也就成了絕對地不加選擇、思辯地機械遵循,完全無條件地與物透迤,若飄風、旋羽,可左可右,一任外物,『推而後行,曳而後往』,所依恃的卻只是那些呆板、固定,連土塊都有的物理。」〔註77〕由此可以看出,慎到的因任之道是絕對的被動,絕對的「於物無擇」。絕對的被動而「泠汰於物」,才能讓「理」的必然性在物勢推移中顯出。所以「緣不得已」和老子的「法自然」與莊子的「託不得已」,〔註78〕或者黃老道家的「推自然之勢」都不同,〔註79〕它是不加思辯地任「勢」推曳而行,並不嘗試去「體察」或

〔註74〕見王邦雄《韓非子的哲學》,頁 43～44。

〔註75〕參閱牟宗三《中國哲學十九講》,頁 134。

〔註76〕見徐復觀《中國人性論史——先秦篇》,頁 435～436。

〔註77〕見陳麗桂《戰國時期的黃老思想》,頁 160～161。

〔註78〕《莊子・人間世》:「且夫乘物以遊心,託不得已以養中,至矣。」此言「乘物」乃為「遊心」,而「託不得已」是要「養中」,生命的中心都在心靈。故與慎到「至於若無知之物而已」的無知無己狀態大不相同。

〔註79〕吳光先生說:「然而,黃老道家卻不然,他們雖講無為,卻並不迴避現實社會的矛盾,也不放棄鬥爭。他們所強調的,是『無為而無不為』的辯證命題。……《淮南子・修務訓》則指出,黃老道家所謂的『無為』,並不是指『疾然無聲,漠然不動,引之不來,推之不往』的消極『無為』,而是要『循理而舉事、因事而立功,推自然之勢』,即主張根據客觀自然的規律,因勢利導而有所作為。

「認識」道（實際上是「理」）的本身，而只需要安處於其運行之中，便算完成了「不失道」的任務；這就是我們前面認爲「『理』不是『知』的對象」之原因。

　　〈天下〉篇所呈現的慎到之學，始於求生命之無患無累，而終至於完全扼殺生命。若對此過程加以思考將會注意到：他既已主張放棄精神的生命，卻還要追求客觀的「公」，彷彿重視應世之道更甚於全生之道，這種傾向值得深思。王邦雄老師認爲慎到的主張「僅順任外在不得已的自然物勢，一如枯草飛舞空中而隨風飄落，此反映出亂世人心所受到的傷害，已超乎其所能乘載的極限，僅求一如土塊般的無心無知，就不再有感覺，不知有痛苦了。」〔註80〕唐君毅先生也說「當人之病患，至不能癒，或病患之苦，至不堪忍受之時，人亦固可寧死，以化同土壤之無知也。此時人果得化同土壤之無知，亦人之至大願望也。」〔註81〕兩者的意見都認爲，慎到的去己思想，是時代對生命傷害過甚所造成的心裡疲乏，所以生命至此已別無所求，只求解脫痛苦即已滿足。此看法對當時的心靈渴求有相當的洞見在，大體可以視爲「棄知去己」思想發源之確解。但是我們還必須注意到一點，在慎到理論中的確有強調外在客觀秩序的傾向，甚至有時候讓人懷疑，他到底是爲了解脫痛苦才講去己，還是爲了建立客觀秩序而說去知。這種重視外在客觀秩序的理論傾向，可能和他身爲稷下學士，必須爲天下人尋找出路有關。但不管原因如何，其理論中表現出對「緣不得已」意義的偏重，是難以否認的。

　　　　這樣的『無爲』理論就比較積極了。」（見《黃老之學通論》，頁229。）
〔註80〕見王邦雄《老子的哲學》，頁184。
〔註81〕見唐君毅《中國哲學原論──原道篇卷一》，頁276。

第四章　道家性格與法家型態間的差異

　　本章旨在考察慎到思想由道入法之演變軌跡。藉由對《莊子·天下》篇的分析，我們大致掌握了慎到思想中屬於道家性格的部分；以這些理解為基礎，進一步與具有濃厚法家性格的《慎子》輯本相比較，可以看出其學說在道家與法家間的差異，而再繼續探討兩家思想如何過渡的問題。所以本章之論述，仍以上章為基礎，依「齊萬物以為首」、「棄知去己」、「緣不得已」的架構，將〈天下〉篇所展現的理論脈絡，與《慎子》中相對應的思想概念作一比較，以尋出其中遞衍變化之軌跡。

第一節　「齊萬物」與「齊天下之動」

一、「齊萬物」仍為貫串《慎子》書之根本意向

　　〈天下〉篇說慎到學派「齊萬物以為首」，明白指出了齊物思想在其學說中的重要性。他之所以言「道」、言「公」，目的都是為了要「齊萬物」，也就是藉由找出一超然的價值立場，以解消不同觀點間的價值對立；這在上章我們已經述及。如此的意向，我們以為在《慎子》輯本中同樣地反映出來，且進一步被具體地表述。舉個例來說，〈威德〉篇中言道：

> 法雖不善，猶愈於無法，所以一人心也。夫投鉤以分財，投策以分馬，非鉤策為均也；使得美者，不知所以德，使得惡者，不知所以怨，此所以塞願望也。故蓍龜，所以立公識也；權衡，所以立公正也；書契，所以立公信也；度量，所以立公審也；法制禮籍，所以

立公義也。凡立公，所以棄私也。

這段文字旨在說明「法」的存在意義，認為法可以「塞願望」，〔註1〕具有「一人心」的作用。以分財、分馬的事情為例來說，人們之所以採取投鉤、投策之類抽籤〔註2〕的方式來分配財物，並不是真的以為鉤、策等無知之物能夠使分配達到平均，而是瞭解無知之物能夠擺脫主觀的侷限，達到不偏頗的客觀境地。蓍龜、權衡、書契、度量和法制禮籍等物之舉用，都是為了要確立這個客觀立場的存在，如此可以避免事情的決定受個體主觀之左右，而偏向任何一方，此作法即所謂「立公去私」。可以看得出來，這和〈天下〉篇「公而不黨，易而無私」的思考在大方向上是一致的，都是為了要消弭個體彼此間的對立，而試圖找出一個超然的觀點或立場來作為共通的準則。因而此處所謂「一人心」，指的就是達成共識的「齊物」之活動，其實踐的方法則是「立公去私」——即大眾共同以投鉤探籌之結果作為標準來決定取捨，而放棄以個人自身的觀點來判斷事物，這樣便可以得到對判斷結果的共同承認，免於對立衝突而造成傷害。

關於「立公去私」的主張，《慎子》中俯拾皆是。除了前引〈威德〉篇的一段文字之外，比較明顯的還有：

> 君人者，舍法而以身治，則誅賞予奪從君心出矣。然則受賞者雖當，望多無窮；受罰者雖當，望輕無已。君舍法而以心裁輕重，則同功殊賞、同罪殊罰矣，怨之所由生也。是以分馬者之用策，分田者之用鉤，非以鉤策為過於人智也，所以去私塞怨也。（〈君人〉）

〔註1〕 《子彙》本、《墨海金壺》本、《守山閣》本皆作「塞願望」，而《說郛》本、《群書治要》本則作「塞怨望」。王叔岷先生說：「『怨望』，複語，《史》、《漢》中習見，願字誤。」（《先秦道法思想講稿》，頁325。）在本文的立場來說，筆者認為慎到的齊物思想乃針對於「天下大亂，賢聖不明，道德不一，天下多得一察焉以自好」（《莊子・天下》）的價值混亂之局而起，故其言「使得美者，不知所以德，使得惡者，不知所以怨」，應是欲將受分配者的價值觀點取消，以化除其對分配判斷的質疑；根本的用意，是要消弭不同價值判斷間的對立衝突，而非在於讓人無所希求冀望。故而我們參考王叔岷先生的意見，以為此處應理解作「塞怨望」為佳。

〔註2〕 關於「投鉤以分財，投策以分馬」的意義，《荀子・君道》篇中有近似之言，云：「探籌投鉤者，所以為公也。」李滌生先生注此曰：「『探籌』，削竹為書，令人探取，如今之抽籤。『投鉤』，……《洪武正韻》：『投鉤，猶云拈鬮。』」（《荀子集釋》，頁266。）可見「投鉤」、「投策」基本上應是類似於抽籤之類的活動。

　　官不私親，法不遺愛，上下無事，唯法所在。(〈君臣〉)

　　法之功，莫大使私不行；……故有道之國，法立則私議不行，君立
　　則賢者不尊。民一於君，事斷於法，是國之大道也。(〈逸文〉)

　　有法而行私，謂之不法。(〈逸文〉)

　　不以智累心，不以私累己。寄治亂於法術，託是非於賞罰，屬輕重
　　於權衡。(〈逸文〉)

　　法者，所以齊天下之動，至公大定之制也。(〈逸文〉)

上列的徵引文字，都是直接地表達出「立公」或者是「去私」之意向的，我
們當可以由之瞭解到齊物思想在《慎子》中的份量。但實際上，《慎子》中所
包含「立公去私」之內容遠過於此。由上面的引述我們可以注意到，「齊物」
的要求往往是藉著「法」來達成的，所以說「法雖不善，猶愈於無法，所以
一人心也」(〈威德〉)，又說「法者，所以齊天下之動，至公大定之制也」(〈逸
文〉)，更明白的甚至說「法制禮籍，所以立公義也」(〈威德〉)，可見「法」
實際上就是起著體現「公」的作用，它對齊物的活動來說是主角。沒有了法，
就沒有了「一人心」，亦無須再言「齊天下之動」，故而法的存在實是齊物活
動的依據。郭沫若先生說：「據這輯本《慎子》來看，差不多全部都是法理論」，
〔註3〕若我們瞭解「法」在《慎子》中蘊涵的意義，就能領悟此書其實到處都
充滿「齊物」的意向，而表現為各種對客觀標準的追求。所以書中言「立公」、
「立法」，都是為了齊物、去私的目的而設，欲從價值判斷的層面著手，樹立
不偏不倚的共同標準，以治平社會的失序。所以若就「齊物」此目標而論，《慎
子》和〈天下〉篇的意向是相同的，根本上也是「齊萬物以為首」。

二、形上的「道」落實為具體的「法」

　　第三章曾經提過，慎到以「道」廓然無私的絕對性來消解萬物的相對性，
所以「齊物」在〈天下〉篇的描述中都是藉著「道」(其實應是「理」)〔註4〕

〔註3〕　參閱郭沫若《十批判書》，頁169。
〔註4〕　就〈天下〉篇與《慎子》書中的行文來看，在慎到的系統裡「道」與「理」
　　　　是沒有分別的；或者說，慎到的「道」概念，其實根本就是裝進了「理」的
　　　　內涵(此論詳見第三章第三節)。所以〈天下〉篇說：「夫無知之物，無建己
　　　　之患，無用知之累，動靜不離於理。」而《慎子‧逸文》亦言「守成理，因
　　　　自然。」兩者皆以「理」為最高的範疇，而往往在行文中與「道」並列為一

來進行的。但是到了《慎子》這本書，齊物的意向雖然依舊，齊物的憑藉卻明顯的由「道」替換爲「法」，這樣的轉變是值得注意的。《四庫全書總目提要》對《慎子》內容的歸結是：

> 今考其書大旨，欲因物理之當然，各定一法而守之，不求於法之外，
> 亦不寬於法之中，則上下相安，可以清靜而治。〔註5〕

既然說「欲因物理之當然，各定一法而守之」，可見《慎子》此書確實有以「法」來替代「物理之當然」（即「理」）的現象。〈天下〉篇中具有形上性質的道，在《慎子》的理論系統中落實爲具體的法，使得本來立基於主體修養工夫上的齊物境界，有了客觀化爲政治現實的可能。如此的轉變，可以藉以下〈逸文〉中的這段文字來觀察：

> 古之全大體者，望天地，觀江海，因山谷。日月所照，四時所行，
> 雲布風動，不以智累心，不以私累己。寄治亂於法術，託是非於賞
> 罰，屬輕重於權衡。不逆天理，不傷情性，不吹毛而求小疵，不洗
> 垢而察難知，不引繩之外，不推繩之內，不急法之外，不緩法之內。
> 守成理，因自然。禍福生乎道法，而不出乎愛惡；榮辱之責在乎己，
> 而不在乎人。故至安之世，法如朝露，純樸不欺，心無結怨，口無
> 煩言。故車馬不弊於遠路，旌旗不亂於大澤，萬民不失命於寇戎，
> 豪傑不著名於圖書、不錄功於盤盂，記年之牒空虛。故曰：「利莫長
> 於簡，福莫久於安」。〔註6〕

詞或交互使用，作爲萬物依循的必然律則。基於這樣的理解，所以在接下來的論述中，若無特別必要，本文都將視「道」、「理」爲一。

〔註5〕 見《四庫全書總目提要》第四冊，頁2455。

〔註6〕 這段文字亦見於《韓非子·大體》篇，不過二文稍有不同。自「福莫久於安」句開始，〈大體〉篇多出了「使匠石以千歲之壽，……德垂於後，治之至也。」一段。錢熙祚認爲這段文字是雜取於《韓非子》（見守山閣本〈慎子跋〉）。但根據李增先生的看法，則認爲此段文字作者應是慎到而不是韓非子，他舉出的理由可歸納爲三點：一、《韓非子》之法從整個思想體系很難斷定法是從道的觀念而來。二、「君子」的詞句在韓非子不用，但在稷下學士卻常引用。三、不「傷萬民之性」的思想爲商、韓所不能容忍者。（見李增：〈慎到法之思想〉，《國立編譯館館刊》第十八卷第一期（民國78年6月），頁174，註15）另外，陳麗桂先生亦認爲這段文字與〈威德〉等各篇並不抵近，除非有更明確的證據，證明其確非《慎子》原文，否則應姑且信其眞。（見《戰國時期的黃老思想》，頁170～171。）筆者認爲李、陳兩位先生言之有理，故從之，以此段文字爲《慎子》之原文。

「車馬不弊於遠路，旌旗不亂於大澤，萬民不失命於寇戎，豪傑不著名於圖書、不錄功於盤盂，記年之牒空虛。」一番勾畫雖與道家無爲而治的情調頗爲接近，但實踐的進路卻已經有所改變。這兒也講「不逆天理，不傷情性」、「守成理，因自然」，彷彿是道家一貫的無爲而治態度；「不以智累心，不以私累己」的說法，甚至可視爲〈天下〉篇「棄知去己」主張的翻版。不過必須注意到「不逆天理，不傷情性」之前說的是「寄治亂於法術，託是非於賞罰，屬輕重於權衡」；而「守成理，因自然」則置於「不引繩之外，不推繩之內；不急法之外，不緩法之內」之後。很明顯的，這是將道家的天理自然解釋爲法術權衡。它要求人們去私去智，以成理爲依循；每個人都依循於成理，萬物萬民自然平齊。此種以客觀之理爲價值根源來齊平萬物的作法，與〈天下〉篇中所描繪「緣不得已」的進路倒是相同的。所不同的是，〈天下〉篇的「舍是與非」在此變成了「寄治亂於法術，託是非於賞罰，屬輕重於權衡」，由主體棄知去己的緣理任勢而行，轉成有知無己地寄法託術而決，將體現著「公」之性質的超然立場，由不可知、不必知的「理」換成了客觀明確的「法」。所以〈天下〉篇言「泠汰於物，以爲道理」，此處卻是講「禍福生乎道法」；由「道理」連稱到「道法」連稱的改變，暗示了道的內容已經由「理」改換成「法」的事實。這點是〈天下〉篇與《愼子》在理論上相當重要的不同。

　　對於《愼子》呈現了以「法」爲「道」的現象，大部分的學者都認爲這是愼到由道入法的具體表現。侯外廬先生說：「愼子是由道到法的過渡人物，他的思想具有道法兩方面，但其法家思想卻是由道家天道觀導出的，……。」〔註7〕陳麗桂先生亦認爲如此，因而將上面所徵引的這段文字定位爲「愼子思想由道到法的過鍵」，她進一步說：

　　　　就文字氣質而言，它是道家式的；就思想內容而言，卻已有了明顯
　　　　的轉化。在這裡，道家的自然無爲與法家的法令賞罰接上了頭。他
　　　　用道家的無爲而治，去帶過法家的法令賞罰，用道家的無爲而治爲
　　　　法家的法令賞罰護航；同時也用法令賞罰來詮釋填充道家無爲而治
　　　　的內容，然後努力的縫合、牽攏它們之間極其懸殊的思想氣
　　　　質；……。〔註8〕

可見，愼到之學所以廣被稱爲「由道入法」的轉關，主要關鍵還是在於《愼

〔註7〕　參閱侯外廬《中國思想通史》第一卷，頁601。
〔註8〕　參閱陳麗桂《戰國時期的黃老思想》，頁171。

子》中的道被「塡充」了法令賞罰的內容，或者說，其天道觀「導出」了法。不管如何，荀子曾經批評慎到「蔽於法」，而說「由法謂之道，盡數矣」（〈解蔽〉），可見慎到的確是以「法」來詮釋「道」的內涵。梁啓超先生說：

> 蓋道法二家，末流合一，事實昭然也。夫以尊自由宗虛無之道家，
> 與主干涉綜核名實之法家，其精神若絕不相容，何故能結合以冶諸
> 一爐耶？此研究古代學術最重要且最有趣之一問題也。以吾觀之，
> 兩宗有一共同的立腳點焉，曰：「機械的人生觀」。道家認爲宇宙爲
> 現成的，宇宙之自然法，當然亦爲現成的。人類則與萬物等夷，同
> 受治此一定的因果律之下，其結果必與法家所謂法治思想相契合而
> 冶爲一，有固然也。〔註9〕

又說：

> 法家所受於道家者何耶？道家言「我無爲而民自正。」民何以能正？
> 彼蓋謂自有「自然法」能使之正也。自然法希夷而不可見聞，故進
> 一步必要求以「人爲法」爲之體現，此當然之理也。〔註10〕

這兩段話點明了前述慎到思想的變換處，正是道家至法家的轉關。依梁任公之言，道、法兩家的理論關連，在於兩家的立腳點都是「法」。只不過道家的法是「自然法」，也就是所謂的「道」，是先天的自然理則；而法家的法則是「人爲法」，是後天的人設標準。兩者雖一爲自然、一爲人設，但皆同是「機械的人生觀」，同是「一定的因果律」，所以藉著這一點，道法兩家是可以連通的。由於先天的自然理則難以捉摸，而後天的人設標準卻清晰可見，對於一般人而言，要求自然法進一步具體化爲人爲法便成必然的趨向。

　　《慎子》中以法來替代道作爲齊物準則的現象，就呈現了這個「具體化」的事實。如前引的「寄治亂於法術，託是非於賞罰，屬輕重於權衡；不逆天理，不傷情性」一段文字，其意以爲「寄治亂於法術，託是非於賞罰，屬輕重於權衡」即等於「不逆天理，不傷情性」，可見它是將法術、賞罰、權衡拿來詮釋「天理」，將道家希夷不可見不可聞的「道」轉向了法家具體明確的「法」。從這裡，我們可以看出慎到思想由道入法的主要線索。

〔註9〕 參閱梁啓超《先秦政治思想史》，頁132。筆者案：這般對「道家」的理解或適於慎到之學；不過，在此所謂「機械的人生觀」云云，實與老莊思想大相逕庭。

〔註10〕 參閱梁啓超《先秦政治思想史》，頁157。

三、「全大體」與「立公去私」之落差

　　齊物的根本目的，在於解消不同觀點間的對立，在這個目的之下，齊物的立足點必須要能超然於各個既有的存在立場。對萬物的「超然」，在愼到稱爲「公」，〈天下〉篇說他崇尚「公而不黨，易而無私」，指的就是對此超然性的追求。「公」的意義，愼到是透過「道」來表現的，他說：

> 天能覆之而不能載之，地能載之而不能覆之，大道能包之而不能辯之。知萬物皆有所可、有所不可，故曰：選則不遍，教則不至，道則無遺者矣。

道之所以能齊物，是因爲它包覆了天地萬物，所以萬物「有所可、有所不可」的相對性，在道的觀點下便能完全解消。由這樣的論述我們可以知道，道的觀點是全觀點，其觀照萬物是整全的一體皆照。因爲道對萬物是「包而不辯」，所以「公」也是在這個意義下成立的。愼到的「公」，是整體包含的公，它的不偏不黨，建立在全數接納每一個特殊觀點的前提之下。所以這樣的超然，是涵蓋每一個特殊觀點的超然，其「道的觀照立場」與「萬物」乃分別屬於不同的兩個層次。

　　「全觀點」意義的「公」，在《愼子》書裡表述爲「全大體」的命題，〈逸文〉中云：

> 古之全大體者，望天地，觀江海，因山谷。日月所照，四時所行，雲布風動，不以智累心，不以私累己。

「全大體」這三個字表示了齊物的目標是要使「大體」得「全」，也就是要窮盡地涵括一切的存在立場，而使每個人的觀點都不被抹煞。〈民雜〉篇中對此義作了更爲具體的闡釋，其言道：

> 民雜處而各有所能，所能者不同，此民之情也。大君者，太上也，兼畜下者也。下之所能不同，而皆上之用也。是以大君因民之能爲資，盡包而畜之，無能去取焉，是故不設一方以求於人，故所求者無不足也。大君不擇其下，故足。不擇其下，則易爲下矣。易爲下則莫不容，莫不容故多下，多下之謂太上。

這裡說「太上」是「兼畜下者」的，雖然「下之所能不同」，但是「皆上之用也」，所以「盡包而畜之，無能去取焉」。此般說法與前述「全大體」之觀念是相同的，都認爲齊物的觀照，應該要能綜括所有的角度、觀點，不能固定於一隅、拘於一格，因而才說「不設一方以求於人」。如此的思想若將之與〈天

下〉篇「天能覆之而不能載之，地能載之而不能覆之，大道能包之而不能辯之」、「選則不遍，教則不至，道則無遺者矣」的說法加以比較，就會體認到兩者用以齊物所持的觀點，都是盡包萬物而不加分辨的「全觀點」。

不過，就《慎子》書的呈現來看，超然而絕對的齊物標準，其性質似乎並不一致。有時齊物之立場雖然如上述地具有「涵蓋全體」的意義，有時卻也表現出本意雖在獨樹一格，而其實已經是另立一偏的狀態。這個現象我們可以用〈威德〉篇中談「立公去私」的一段文字為例來說明：

> 法雖不善，猶愈於無法，所以一人心也。夫投鉤以分財，投策以分馬，非鉤策為均也；使得美者，不知所以德，使得惡者，不知所以怨，此所以塞願望也。故著龜，所以立公識也；權衡，所以立公正也；書契，所以立公信也；度量，所以立公審也；法制禮籍，所以立公義也。凡立公，所以棄私也。

「投鉤以分財，投策以分馬」之目的是要產生一個判斷或選擇，而此選擇乃是任客觀之物（鉤、策）隨機產生。由於此判斷並不是任何一人所下之決定，而是「自然」產生，所以其據以判斷的立場似乎即代表了道，故而這裡便說它是「公」。就「取捨不因為任何主觀意志而轉移」這一點而論，抽籤的方式確實是沒有私意的摻入，若以《韓非子·五蠹》中「背私謂之公」的定義來作準，此方式無庸置疑的能夠體現出「公」的精神。但我們若進一步地對這個「公」的性質再加以思考，便可能會注意到：此「所以一人心」的公，是為了「棄私」而設立的公，它並不是全部之「私」的涵蓋，而是一切「私」的排除。

這段文字所言之「立公」，根本的用意其實在於「去私」，目的只是為了要「塞願望」，而不在於讓其取捨能夠「全而無非」；〔註11〕因此公的確立，不過是去私的手段。換句話說，是為了避免決定取捨時偏向於任何特殊的立場，以致造成彼此對立衝突，因此才樹立一個獨立於各相對立場之外的觀點，而此觀點，是「排除」其它觀點的。〈威德〉篇中說得很明白：「凡立公，所以『棄私』也」，〈逸文〉中亦言道：「法之功，莫大『使私不行』」，這些提法皆明顯地表示「立公」乃是因於「去私」的需要而來，因此由之所立的「公」，先決條件必然是對「私」的否棄，這樣的「公」是不可能納入任何特殊、個

〔註11〕見《莊子·天下》篇之述彭蒙、田駢、慎到部分，其云：「全而無非，動靜無過，未嘗有罪。」

別觀點的。這裡再舉一段《慎子》的原文來佐證方才的看法，〈逸文〉中說：

> 法者，所以齊天下之動，至公大定之制也。故智者不得越法而肆謀，辯者不得越法而肆議，士不得背法而有名，臣不得背法而有功。我喜可抑，我忿可窒，我法不可離也。骨肉可刑，親戚可滅，至法不可闕也。

即使讓「我喜」、「我忿」受抑窒，讓自己的「骨肉」、「親戚」受刑滅，也要維護「至公大定之制」，這就是司馬談說的：「不別親疏，不殊貴賤，一斷於法，則親親尊尊之恩絕矣。」（〈論六家要指・法家〉）對各個特殊的價值立場來說，這是完全的抹滅。可見在此所講究的公，是排除一切的公，而非包容萬物的公。顯然地，這和「大道能包之而不能辯之」、「道則無遺者矣」〔註12〕的以道齊物並不相同，與「兼畜下者也」的「太上」亦不類屬。〔註13〕道是一切價值觀點的包含，「太上」亦涵蓋了所有的立場，它們不是為了「棄私」而設立的「公」，而是為了「不傷情性」而找出的「天理」，〔註14〕這和只為了去私而立的「公」，性質是相當不同的。

以排除「私」為目的而設立的「公」，容易流於專制獨斷。〔註15〕關於這一點，李增先生曾以商、韓主張之「公」為例而言其弊，他說：

> 商、韓之「公」是以君主專制、富國強兵為基準所設立之「公」，這種「公」其實是君主的「私」利，而不是真正的「公」。商、韓所謂的「私」，是站在「君臣之利異」之「臣」或民之利，稱之謂「私」。

〔註16〕

由此可以瞭解，商、韓所謂的「公」，就是前述之「排除各個特殊觀點的超然立場」，〔註17〕這放在現實的政治上，就往往是以君主之利為公，而以臣民之

〔註12〕見《莊子・天下》篇之述彭蒙、田駢、慎到部分。
〔註13〕〈民雜〉篇曰：「大君者，太上也，兼畜下者也。下之所能不同，而皆上之用也。是以大君因民之能為資，盡包而畜之，無能去取焉。」
〔註14〕〈逸文〉言：「寄治亂於法術，託是非於賞罰，屬輕重於權衡。不逆天理，不傷情性。」
〔註15〕徐復觀先生言：「專制即不受他人牽制而獨作決斷的意思。」（見《兩漢思想史》卷一，頁128。）
〔註16〕見李增〈慎到法之思想〉。《國立編譯館館刊》第十八卷第一期，民國78年6月，頁162。
〔註17〕《韓非子・詭使》篇曰：「夫立法令者以廢私也，法令行而私道廢矣，私者所以亂法也。」這種說法與「法之功，莫大使私不行」（〈逸文〉）是一樣的，都是以排除各特殊觀點來達成法之超然性，也就是以棄私來立「公」。

利爲私。將臣民的立場看作必須排除的「私」，於是自然就會有「六蝨」（《商君書・靳令》）、「五蠹」（《韓非子・五蠹》）之類觀念的產生。以獨立於各相對主觀之外的立場來作準，表面上看起來好像是廓然大公的胸襟，其實卻正容易養成「大私」。藉以齊物的立足點，如果不能包含既有的各相對觀點，那麼這個立場與其它的觀點仍只屬於同一個平面層次，沒有理由能作爲其它觀點的標準；而且這個「公」的立場若只歸屬於君主，那它更容易變成一個新的「私」。「公」之所以爲價值，應該是因爲它能不偏地兼顧萬物而致；重點在於「兼」，而非在於「不偏」。這個道理我們可以藉著法的存在意義來具體地說明。法之所以有價值，並非因爲它能完全的排除民眾的意志，達到「棄私」的「公」；而是在於其可大體地反映百姓的願望，至於「無非」之「全」。〔註18〕《老子》十六章言道：「容乃公，公乃王，王乃天，天乃道，……。」說明了道家之「道」所蘊涵的「公」，其意義是由「無所不包通」的「容」而來，〔註19〕因此我們必須瞭解，以「棄私」而致之公，並不能承接大道「能包之而不能辯之」的普遍性意義。《慎子》書的作者可能亦曾意識到此兩者間的落差，所以他也承認：「法雖不善，猶愈於無法」；筆者認爲，這句話的「不善」二字，正可視爲對此落差的重要提示，我們也許可以藉此深思由法所致之「公」所帶來的缺憾。

第二節　「棄知去己」與「一人心」

一、「棄知去己」與「一人心」在主體境界上的對立

在〈天下〉篇的敘述裡，慎到齊萬物的方法是「棄知去己」，從放棄價值觀點著手，讓心靈無從趣取選擇，而達至兀然不動的「魏然」狀態，如此一來生命便會任勢漂流（泠汰於物），而順應於「道理」，體現出「公而不黨，易而無私」的理想世界。如此的齊物，其實現乃寄託於每一個體在精神層面的自我否棄，進路全然是屬於工夫論的。此種型態的齊物方式，在《慎子》

〔註18〕見《莊子・天下篇》之述彭蒙、田駢、慎到部分，其云：「全而無非，動靜無過，未嘗有罪。」筆者認爲此處之「全」字，指的就是能兼顧大體而無偏無頗的意思。

〔註19〕王弼注「容乃公」句曰：「無所不包通，則乃至於蕩然公平也。」見《老子注》十六章。

中仍有痕跡。比方說前面引述自〈逸文〉的「古之全大體者……」一段文字，
其中言道「不以智累心，不以私累己」，基本上就幾近於「棄知去己」的意思。
另外，〈逸文〉中還有一段話也很可以表現主體在「棄知去己」後的「動靜不
離於理」狀態，其言道：

> 鳥飛於空，魚游於淵，非術也。故爲鳥爲魚者，亦不自知其能飛能
> 游，苟知之，立心以爲之，則必墮必溺。猶人之足馳手捉，耳聽目
> 視，當其馳捉聽視之際，應機自至，又不待思而施之也，苟須思之
> 而後可施之，則疲矣。是以任自然者久，得其常者濟。

鳥飛魚游，都是在「不自知」的狀態下進行的，皆是「非術也」。如果「知之，
而立心以爲之」，則必定失去自然的和諧而「必墮必溺」。就人而言也是一樣，
我們足馳手捉、耳聽目視，都是自然而然、應機自至，根本不需要等待思考以
後才能動作；相反的，思考反而會造成行動的障礙。鳥不需要知道如何擺翅就
自然能飛得高，同樣的，人也不需要知道如何選擇就自然能過得好；所以只要
能「得其常」、「任自然」，生命便可濟可久。這樣的表述，顯現出一派典型的道
家思維，認爲心知的造作和干涉是破壞萬物和諧的根本原因，所以要回復和諧，
不去「立心」是最重要的；用這裡的話來說，就是要人「不待思而施之」。不待
思而施之，則生命之「常」自然會「應機自至」，而令天人相濟。

　　這樣的態度，與〈天下〉篇中「夫無知之物，無建己之患，無用知之累，
動靜不離於理」的想法差相彷彿，都認爲心知介入會破壞萬物的本然，造成
生命的失衡。所以若以價值觀爲向度來考量，就會體認到任何徹向性的執守
都是不必要的。不過在此有個問題值得注意，上一章所言之齊物，是以「棄
知去己」的方法來回歸生命的本然，是工夫論進路的，但在這兒，我們卻看
不到任何關於修養工夫的論述。《愼子》在這段講求「任自然」的文字上只突
顯了「境界」〔註20〕的意義，而缺乏修養方法上的描述，似乎意謂生命的本
然就是如此，不須工夫，萬物自能「得其常」。從存有論的意義而言，這是認
爲主體中本來就沒有「物論」，所以根本就不須「取消」，而只要不去「立心」
就可以了。如此的說法，雖然同於〈天下〉篇的「塊不失道」之意，但已經
完全抹除了工夫修養的因素，把人最後一點自主的可能性完全剝盡。看得出

〔註20〕這裡用「境界」二字，只是爲了配合一般習慣用法的權說，但其實並不恰當。
　　　　因爲在這種狀態的心靈之中，並無價值層面的觀照，所以也許將之理解爲「狀
　　　　態」會更切合。

來，這是機械決定論更往前一步的推進。

〈逸文〉講的「不待思而施之」一段，意思雖然接近於〈天下〉篇的「緣不得已」，但《慎子》書中這種型態其實並不多見。在大部分的篇幅裡，《慎子》書中所呈現的是另一種齊物進路，就是前一章提到過的「統一物論」之方法。〈威德〉篇以此首先提出了著名的「一人心」之說，其言道：

> 法雖不善，猶愈於無法，所以一人心也。夫投鉤以分財，投策以分馬，非鉤策為均也；使得美者，不知所以德，使得惡者，不知所以怨，此所以塞願望也。故著龜，所以立公識也；權衡，所以立公正也；書契，所以立公信也；度量，所以立公審也；法制禮籍，所以立公義也。凡立公，所以棄私也。

不需多作解釋，光看「一人心」三個字也約略知道這是在講「人心」的「統一」。所謂人心的統一，也就是指價值方向或觀點的統一，是找出一個共同承認的客觀立場，以作為每個人評價萬事萬物的標準。「使得美者，不知所以德；使得惡者，不知所以怨」，之所以能使人不德不怨，原因就在於判分馬匹或財物所依據的標準，已經在每個人心中獲得共許，人人以此標準為應然，故而心中當然無可德怨。由此看來，「法」在這兒是被人心奉為圭臬的，每個人的心中都很清楚地意識到這個標準的存在，而共同據之以判斷事物，彼此的對立便不可能產生。如此的齊物，即符合上一章我們對「統一」此方法的界定——是以特定觀點為標準，統合其它價值，將物論定於一尊，而要求人必共守；所以基本上「一人心」應該視為「統一」物論的進路。當然，我們也知道這個「標準」是由抽籤而來（投鉤、投策），並不出於任何一人之獨斷立場，也許跟韓非「以法為教」、「以吏為師」、「以斬首為勇」的獨斷主張不大相同；但嚴格來說，它畢竟是要人心「共同遵守」的價值判準，就「人心」的內涵來考量，與完全不去意識任何價值判準的「取消物論」是不同的。

〈逸文〉中說：「以道變法者，君長也。」其意蓋謂法乃是因「道」而損益，[註21] 並不是由人心所造作而來，故亦具有道之絕對地位，可作為價值之根源，因此「據法倚數以觀得失」（〈君臣〉）的「法數」，就相當於「泠汰於物，以為道理」的「道理」（〈天下〉），兩者都是立於「公」之立場以齊物，應該沒有什麼差別。但是，我們言「統一」、「取消」之不同，乃是就主體的

[註21] 文字同於《慎子·逸文》的《韓非子·大體》篇中，其後半段亦云：「因道全法，君子樂而大姦止。」看法與〈逸文〉此句相近，皆認為法的根源在於道。

存在型態來說，只問其有無「物論」，並不考慮此物論的來源。即便〈逸文〉中說「寄治亂於法術，託是非於賞罰，屬輕重於權衡」是「不逆天理，不傷情性」，又說「禍福生乎道法，而不出乎愛惡」是「守成理，因自然」，把「法」牽得與「道理」再相近，也還是不能改變「立公去私」的齊物方式是「統一」物論的事實。〔註22〕既然言「統一」，就是心境中有固著的徼向性，絕不會等於完全無徼向的「取消」方式。

關於此中不同，可藉由牟宗三先生對道家「實現原理」的一段闡述而獲得進一步的釐清，他說：

> 道家只能籠統地說實現原理，不好把它特殊化，說成創造，因此道家是徹底的境界型態。……在這個意義上我也說道家最為哲學性，最 philosophical，formal，對實現原理沒有特殊的決定（no special determination）。若決定它為梵天、上帝或是於穆不已的天命道體等，照道家看都是對實現原理的特殊規定，嚴格講都有特殊的意向。〔註23〕

又說：

> 由不生之生才能說境界型態，假定實是生就成了實有型態。譬如儒家天命不已的道體就實有創生萬物的作用，就成了客觀的實有，創生的實體了。道家的道是無，無起徼向性，從徼向性說生萬物。〔註24〕

這番話主要是強調道家「實現原理」對萬物的「生」是「不生之生」，所以「道」並不是一個「特殊的意向」。它既不是什麼梵天、上帝或是於穆不已的天命道體，當然也不會是用以「一人心」的法。如果心中執了一個「特殊意向」來創生萬物，那麼這就不是道家的「道」了。換句話說，我們若以一特定的價值方向來分判萬物，使之於此定向中分出價值高低，便不屬於道家的方式。統一物論與取消物論的差別，便如牟先生所揭示的，關鍵乃在於徼向性的有無；「統一」堅持特殊徼向的絕對性，而「取消」卻根本是要化除一切徼向，兩者大有逕庭。〔註25〕梁啟超先生在談到道、法兩家的關係時，曾經提到：「以

〔註22〕在「取消物論」的方法下，沒有價值的觀照，主體對「公」、「私」是不可能有價值判分的，如此當然也不會企圖「立公去私」。

〔註23〕參閱牟宗三《中國哲學十九講》，頁105。

〔註24〕參閱牟宗三《中國哲學十九講》，頁105～106。

〔註25〕「超越」的方法則是要「無」掉徼向性的固著，但並不是如「取消」方法般地徹底化除徼向性本身。

尊自由宗虛無之道家，與主干涉綜核名實之法家，其精神若絕不相容，……。」
〔註26〕此精神之「不相容」，似乎就發生在慎到的思想中。〈天下〉篇明言慎
到「棄知去己」、「舍是與非」，根本不將任何觀點據以為「己」，而去分別萬
物價值，對道不作「特殊的決定」。但是在《慎子》中，〈威德〉篇卻亟言「立
公去私」，〈君臣〉篇則強調「據法倚數」，將「公」或「法、數」據以為標準
來決斷萬物，又是在價值方向上作了「特殊的決定」。〔註27〕據此情形看來，
慎到談齊物，似乎在實現原理的思考上無法一致，而並存了兩種互相牴牾的
進路。

二、自為的人情是至公之法的現實基礎

《慎子》中既然主張「據法倚數以觀得失」（〈君臣〉）而說「上下無事，
唯法所在」（〈君臣〉），可見「法」在此具有作為價值標準的重要意義。在前
面，我們曾經花過一番工夫來論述《慎子》的法乃是道的具體化，道是透過
具體的法而使其在現實世界的作用面更加擴大。不過，道是超越的形上律則，
法則是具體的形下規條，形上之「道理」要如何具現為形下之「法」呢？關
於這一點，《慎子·逸文》中有言道：

> 法非從天下，非從地出，發於人間，合乎人心而已。治水者，茨防
> 決塞，九州四海，相似如一。學之於水，不學之於禹也。

這裡說「法非從天下，非從地出，發於人間，合乎人心」，它的意思不難明白，
主要在於申明慎到的法，不是由上天而制定所下於人間者，〔註28〕而是發源
於社會中，契合於「人心」的。接下來「治水者，茨防決塞，九州四海，相
似如一；學之於水，不學之於禹也」一段，表面上似乎在講治水的道理，認
為與其學習大禹個人之智，不如學習「九州四海，相似如一」具有普遍性質
的水；但這段話接在「法非從天下，非從地出，發於人間，合乎人心而已」
之後，其真正用意就不難瞭解——它是以具有普遍性質的「水」來譬喻「人
心」，把法的根源指向了普遍的人性。

〔註26〕參閱梁啓超《先秦政治思想史》，頁132。
〔註27〕《荀子·解蔽》中有評慎到之論云：「由法謂之道，盡數矣。」梁啓超先生解
之曰：「數，度數也，猶言條款節目也。」（見〈荀子評諸子語彙釋〉）「數」
既為條款節目，則必有一確定之內容，故可謂「特殊之決定」。
〔註28〕見李增〈慎到法之思想〉。《國立編譯館館刊》第十八卷第一期，民國78年6
月，頁160。

　　但是在這裡講普遍的「人心」其實有些不妥。〈威德〉篇中曾經說過，法的作用乃在於「一人心」，「一人心」的說法，意味著人心本來並不一致，所以才須用法來使之齊。換句話說，講「一人心」就意味著人心沒有普遍性，那麼，講「合乎人心」到底是要合乎誰的心呢？並且，我們在上一章也曾談到，慎到之所以主張棄知去己，原因就在於他認為「萬物皆有所可、有所不可」——在價值層面上，每個人的方向都各異（沒有普遍性）而難有交集——所以才要求大家放棄自我觀點而「緣不得已」。然而現在追究此「不得已」的根源，他卻反而繞回原點，提出近似於孟子「仁義禮智根於心」（〈盡心上〉）的「合乎人心」之說，將價值的根源安立於具有普遍性的「人心」上，這前後豈非自相矛盾？

　　要釐清這個問題，必須回溯至慎到對「人心」此概念的認識上來考量。前面曾經說過，慎到認為法是道的具體化，所以〈逸文〉中說：「以道變法者君長也。」「以道變法」之言，意味著法是依循著道的理則而產生，在作為價值標準的意義上，二者乃是二而一之物。據此考量前面所引「法非從天下，非從地出，發於人間，合乎人心」一段話，所展現出的就是道具體化、落實化為法的途徑，其意蓋謂人心的向背就是道，道透過「人心」而具現為法。以這樣的認知，再透過以下〈因循〉篇的這段論述，則「人心」之意涵便豁然開朗：

> 天道因則大，化則細。因也者，因人之情也。人莫不自為也，化而使之為我，則莫可得而用矣。是故先王見不受祿者不臣，祿不厚者，不與入難。人不得其所以自為也，則上不取用焉。

「天道因則大，化則細。因也者，因人之情也。」因任形下的人情就等於因循形上的天道，說明了人情的歸趨即是天道的彰顯。依前文的論述，變法的根源在天道，而此處則說天道藉由人情而彰顯，因此法也必然是透過人情來體現的。至此，我們終於知道原來法所要合乎的「人心」就是此處之「人情」，法透過人情（心）與作為價值根源的天道相聯繫，如此言「因人之情」才符合「以道變法」的意義。劉澤華先生對此也認為：「所謂『合乎人心』，就像《荀子・非十二子》中所說：『上則取聽於上，下則取從於俗。』合人心、從俗，也就是因人情。」〔註29〕這看法與我們的判斷是一致的。

　　所謂「因人之情」，指的是因循於人的「自為」之情，其具體的作法是「見

〔註29〕見劉澤華《中國古代政治思想史》，頁 113。

不受祿者不臣，祿不厚者，不與入難。」先王既將「利祿的自為」視為用人的根本原則而不敢違背，可見「人情」的內容實際上就是人的自為自利之心。對人性這樣的看法，《慎子》書中曾經多次地強調，譬如：

> 匠人成棺，不憎人死，利之所在，忘其醜也。(〈逸文〉)

> 家富則疏族聚，家貧則兄弟離，非不相愛，利不足相容也。(〈逸文〉)

> 能辭萬鐘之祿於朝陛，不能不拾一金於無人之地；能謹百節之禮於廟宇，不能不弛一容於獨居之餘。蓋人情，每狃於所私故也。(〈逸文〉)

以上所列的敘述，都強烈地透露出一種自利的人性觀，表現出對精神層次極度地忽視；至於「利之所在，忘其醜也」如此的說法，更是徹底否定了精神主體的能動性。〔註30〕若就《慎子》此般人性論來回顧前引「法非從天下，非從地出，發於人間，合乎人心」之說，就可以確信彼處的「人心」和此處的「人情」並無二致，意思都是指「利祿的自為心」，這與孟子所言「仁義禮智根於心」的價值心是不同的。唯有透過這種「利祿的自為心」的活動，才有可能為「有所可、有所不可」的萬物連結上具有普遍性的價值根源；〔註31〕背離了自為的人情，而要在精神價值上為萬物找出共同的方向，慎到認為那是不可能的。

　　慎到言「棄知去己」的工夫必須做到如土塊一般，其確實的意義，依徐復觀先生的說法，「去己」是「把自己的精神向下壓，壓到成為原始生物性質的存在。」〔註32〕也就是把「人」的存在，退回到生理形軀的意義，像貓狗牛羊之類的動物一般，只知趨利避害，完全地沒有精神價值的追求。在這個意義上所顯現的「人情」（其實是欲望），當然地只能是「利祿的自為」。因任此自為之心而體現的「天道」便即是「物理」。物理規定了物勢的走向，物勢體現出物理的存在，理與勢是相即的。人若因任物勢而被推著走，就是「動靜不離於理」，這也就是要化作無知之物的意義。所以成玄英說「塊然」是「不動之貌」，並非意謂著人失去了行為的能力，而是比喻價值觀喪失後，精神生命的停頓。在此狀態下，生命只剩純然的物性，所遵循的「理」必然是「物

〔註30〕既言「利之所在，忘其醜也」，可見利不在則尚不忘醜，「醜」字證明慎子並不否認倫理價值的存在。

〔註31〕此「價值根源」，並非指內具的德性，而是指外在於主體的「道理」或「天道」。慎到認為「塊不失道」，土塊沒有主體性，故價值不從主體本身產生，而是來自於外在的道，所以在此特別用「連結」二字來強調價值的外來性。

〔註32〕參閱徐復觀《中國人性論史》，頁434。

理」；就這一點而言，慎到真的是找到了一種絕對的「客觀標準」。如果憑主觀的價值來決定方向，儒家言仁，墨家談義，未必有共同的歸趨，故而總落入相是相非的處境；但若是泯除一切精神價值，專從生物層面的意義上來談，那麼趨利避害一定是人類的共性。〈因循〉篇中「人莫不自為也」一句話，肯定地道出此見解。

基於「人莫不自為」之認識，〈威德〉篇才能秉持「任自然」的態度，而開展其政治原理。其言道：

> 天有明，不憂人之暗也。地有財，不憂人之貧也。聖人有德，不憂人之危也。天雖不憂人之暗，闢戶牖，必取己明焉，則天無事也；地雖不憂人之貧，伐木刈草，必取己富焉，則地無事也；聖人雖不憂人之危，百姓準上而比於下，其必取己安焉，則聖人無事也。故聖人處上，能無害人，不能使人無己害也，則百姓除其害矣。

在自然界的方面，天有明、地有財，故天地無須煩憂人類之暗與貧，人類也會自取己之明與富。此原理對應到政治上也是一樣，聖人〔註33〕不需要特別去煩憂人民之危，人民也會自取其所安，這樣的治國方式就叫作「無事」。聖人之所以能無事，其可能性就在於百姓的「必取己安」，也就是前面說的「莫不自為」。建立在這人心自利的必然性之上，慎子才能自信地說出「法者，所以齊天下之動，至公大定之制也」的話。認定法是「至公大定之制」，是因為作為法之根源的人心（情），是「九州四海，相似如一」、具有普遍性的自為之心。基於這個普遍性的存在，人間的相對性獲得解消，於是才有所謂的「至公」可言。因此《慎子》所謂的「至公」，是對人情欲望而言，而非精神價值一面的意義；它其實並不包容任何物論，而是將所有的價值觀點一體削平。所以當我們將「公而不黨，易而無私」（〈天下〉）與「至公大定」（〈逸文〉）兩語相提並論時，其間意涵的不同是必須特別加以辨清的。

〔註33〕在〈天下〉篇的記述中，慎到「謑髁無任，而笑天下之尚賢也；縱脫無行，而非天下之大聖。」明確地主張「無用賢聖」；而在《荀子·解蔽》篇中，則說他「蔽於法而不知賢」；甚至在《慎子·威德》篇中也有不慕賢智的要求。據此，筆者認為慎到對於主體性充分突顯的人格特質，如「賢」、「聖」、「智」等等，是持負面態度的；故此處提及的「聖人」，不應當是儒、墨兩家所標舉的聖賢之類。觀此段文字，「聖人」與「百姓」相對而言，而其中又有「聖人處上」一語，故而若將「聖人」一詞作為「在上位者」的意思來理解，應是較為妥當的。

三、「無用賢聖」與「不待禹之智」態度並不相同

關於慎到反對賢、聖的態度，上一章我們曾以〈天下〉篇爲據而加以分析，主要論點是認爲：由於大道包含萬物的可與不可，所以「道」與「己」被慎到視爲兩個相對立的概念。「道」是超然不黨的立場，而「己」是侷限一方的觀點，放在《慎子》的理論架構上來說，就是「公」與「私」的對立。爲了要「不失道」、「不離於理」，慎到要求每個人「棄知去己」——放棄主體的能動性，如此才能「無建己之患，無用知之累」，而至於「動靜不離於理」的境地。相對於此，賢、聖卻正好是主體性的充極發揮，它們必須立基於「己」而積極地用「知」，這樣一來與講求「棄知去己」的無知之物便成爲相互矛盾的存在。對慎到來說，賢聖的追求是對「道理」的偏離，而直是造成爭亂的根源，所以他會採取「笑尙賢」、「非大聖」的態度，是有其不得不然的理由。

這種反智的傾向，放在《慎子》以人性觀爲基礎所展現的理論脈絡上，其意義便更加透顯。以其對人性的認識而言，「人情」的內容是利祿的自爲，他不承認精神價值對生命的重要性，只願意就形軀欲望來定義人的本然，所以說「先王見不受祿者不臣，祿不厚者，不與入難」，不圖利祿的行爲，在慎到而言根本是違反自然，是不足取用的。前面所引〈威德〉篇開頭的「天有明，不憂人之暗也……，則聖人無事矣。」那段話，也是同樣意思的呈現。完美的政治，不需要在上位者去「使人無己害」，而是只要「能無害人」即可，百姓人民自然「必取己安」。百姓「必取己安」的這個「必」字，意味著自利行爲的必然，依仗著這個「必然」，齊物標準的普遍性才存在，在此意義上才能說「公」。這樣的狀況下，自爲的「人情」是慎到一定得保住的，失去了這個「人情」，即意味著失去了藉以齊物的普遍性，使施政無可資藉，人世與天道就此失去聯繫，法之「全大體」的意義也將難以保證。因此，超乎物欲以外的生命追求，慎到都主張加以排除，比如〈威德〉篇說：

> 教雖成，官不足，官不足則道理匱，道理匱則慕賢智，慕賢智則國
> 家之政要，在一人之心矣。

從「慕賢智則國家之政要，在一人之心矣」一句話可以看得出來，其反對以一人之意決定大眾，這是站在要求「全大體」的立場上對「慕賢智」行爲的責難。只要「慕賢智」，就是「設一方以求於人」（〈民雜〉），那麼對於萬民就無法「盡包而畜之」（〈民雜〉），這就與齊物的目的相違背了。在慎到而言，賢智屬於特殊的主體性質，沒有普遍的人性根源，所以不足以爲齊物之準。

要兼全大體，還是得從自爲的人情著手。

　　由上面一番論述來看，可以瞭解愼到反對賢聖或賢智，其立足點都是站在「『道』與『己』相對立」的認識上，以此認知爲基礎，才有笑賢非聖、不慕賢智一系列的主張。〈天下〉篇引述愼到之言曰：

　　　　至於若無知之物而已，無用賢聖，夫塊不失道。

由「無用賢聖」和「塊不失道」二語的並列，可以看出道是不屬於賢聖的，也就是說，「道」和「賢聖」相對反矛盾，用賢聖就失道，不失道就無用賢聖，這意思是必須再次強調的。以此意義來審度《愼子》，就會發現書中雖亦大體上講究不慕賢智，但反對賢智所持的理由有了變化。比方說〈民雜〉篇道：

　　　　君之智，未必最賢於眾也，以未最賢而欲以善盡被下，則不贍矣。

　　　　若使君之智最賢，以一君而盡贍下則勞，勞則有倦，倦則衰，衰則
　　　　復反於不贍之道也。

〈逸文〉中則云：

　　　　厝鈞石，使禹察錙銖之重，則不識也。懸於權衡，則氂髮之不可差。
　　　　則不待禹之智，中人之知，莫不足以識之矣。

　　　　棄道術，舍度量，以求一人之識識天下，誰子之識能足焉？

　　　　治水者，茨防決塞，九州四海，相似如一。學之於水，不學之於禹
　　　　〔註34〕也。

　　　　鷹，善擊也，然日擊之，則疲而無全翼矣。驥，善馳也，然日馳之，
　　　　則蹶而無全蹄矣。

這幾段引文的意思差不多，都是站在「一人之識不足以識天下」的立場反對尚賢大聖，認爲主觀才能再強也有其極限，不可能盡識天下。所以即使個人擁有超於常人的賢智，亦不足以爲憑靠，不如用客觀的事物來作度量或依據，反而有較好的效果。這裡值得注意的一點是，講究「不待禹之智」的態度，雖然也同樣是反對賢智的追求，但卻不是「塊不失道」意義下的無用賢聖。「不待」的意思是「不須等待」，對「禹之智」的本身並不否定，只是認爲不需要去倚賴它；但「無用賢聖」的「無用」兩字就不同了，它是「莫用」的意思，根本地就否定了賢聖。兩者的不同在於，一是「不全面地肯定」賢智的作用，

〔註34〕〈逸文〉云：「不待禹之智」，可見「禹」是「智」的象徵。「智」乃是個人的特殊稟賦，不具有普遍性；而水則內涵「道理」，九州四海，相似如一。故學之於水而不學之於禹，即〈天下〉篇「泠汰於物，以爲道理」之意。

一是「完全否定」賢聖的價值，其態度是頗有差距的。

　　如此的差距讓人不禁懷疑，《慎子》書對主體性的發用，是否還站在絕對否棄的立場。如果就書中講「不待禹之智」的語氣來看，要齊萬物實在也不必「棄知去己」，只需要在主體的賢智之外，再輔以道術度量即可，何必如〈天下〉篇所述的，做到「至於若無知之物」的地步，如此豈非太過？面對這個問題，郭沫若先生就從《莊子》開始懷疑，認爲〈天下〉篇「敘述得也有點不大公允」，〔註35〕他說：

> 慎到的「棄知去己而緣不得已」以及「至於若無知之物而已，無用賢聖，土塊不失道」，都只是說的君道，而被擴充了起來成爲了一般人的行爲。由《慎子》書看來是沒有這樣廣泛的。〔註36〕

> 從這去私智這一點說來，他是不尚賢的。但這只是限於人君的說法。一人的知識有限，誰也不能以「一人之識識天下。」……人君賢也不能包辦天下事，不賢自不用說，然而沒有賢者天下也不能沒有君長，所以必須有法以爲準據。法立則君賢固然好，君不賢也不會出亂子了。〔註37〕

> 他在君道的範圍內反對聖智，據上可知所反對的只是私心私智的獨裁，主要是不要使「國家之政要在一人之心。」能夠不用私心私智而一準於法的，倒是他所說的「明君」，或「聖人」。而爲臣下的人則相反，（不用說也相成），那倒須得有賢智，所謂「臣盡智力以善其事。」〔註38〕

> 可知慎到並不是根本否認賢聖，而只是反對獨裁。荀子說他「蔽於法而不知賢」，可見荀子本身倒有所偏蔽，沒有虛心地把別人的學說體會得適如其量。〔註39〕

這一番詮釋，把慎到思想的適用性分爲「人君」和「臣下」兩個部分，而將「不尚賢」的思想劃歸於人君的範圍。其意蓋謂人君之能力有限，所以不可倚靠其賢，重要的是應該立法以爲準據，以防君之不賢；所以他說：「法立則

〔註35〕見郭沫若《十批判書》，頁 176。
〔註36〕見郭沫若《十批判書》，頁 176。
〔註37〕見郭沫若《十批判書》，頁 170～171。
〔註38〕見郭沫若《十批判書》，頁 171。
〔註39〕見郭沫若《十批判書》，頁 172。

君賢固然好，君不賢也不會出亂子了。」要以如此的說法來解決前面提出的問題，首先就必須懷疑〈天下〉篇和〈解蔽〉篇中評述的確切性。這不但是正面地向〈天下〉篇作者和荀子的理解力挑戰，〔註40〕而且是一刀將慎到思想的整體性割裂，〔註41〕筆者對之乃是持保留的態度。不過郭沫若先生的理解是否恰當可以暫且不論，重要的是藉由其論述則可以證實我們的看法——對賢、聖之態度，在《慎子》中確實有異於〈天下〉與〈解蔽〉二篇。雖然兩者在大方向上皆可說是不尚賢智，但我們不能將兩種態度一概而論，其間還是頗有差別的。這差別牽涉到《慎子》書對「主體性」之態度的改易，影響了慎到學說由道家向法家思想轉化的可能性，是一個值得注意的觀察點。

第三節　「緣不得已」與「據法倚數」

一、勢之意義在「緣不得已」與「據法倚數」間的衝突

　　就〈天下〉篇的描述，「緣不得已」此命題所喻示的，是一種主體對應外界的方式。慎到認為只要以此方式對應世界，生命當下就立足於不黨無私的超然立場中，所作所為都能達到無罪無譽的境地。這樣的齊物方式之可能，成立於兩個條件上：一是具有客觀性的「道」之存在。由於道客觀地獨立於萬物之外，不偏私於任何一方，故可以象徵超然的價值立場；循道而行就等於達致「公而不黨，易而無私」。二是「棄知去己」的修養工夫。它取消了生命超乎欲望以外的追求，將人單純化為自然生物，如此人才能夠融入天道的運行體系。在此二條件相配合下，結果就是造成生命的緣不得已。由於棄知去己是化消主體能動性的工夫，所以緣不得已的「緣」乃是被動的「不緣之緣」，主體必須倚靠著外在物勢的推動才能進退，否則將只如魏然不動之土塊，無從體現大道的存在。由此可知，物勢在慎到思想中主要扮演的角色，是聯繫「萬物」與「道」的橋樑，沒有了勢，就無從體現大道。

〔註40〕徐復觀先生說：「對於田駢、慎到，我們若不把握住〈天下〉篇作者及荀子所作的評判，以作有關文句解釋的導引，便會流於臆測，牽附。在今日，沒有任何理由，可以不信任〈天下〉篇作者及荀子的批評的。因為此外更無其他有力材料，可資參證。」（《中國人性論史》，頁431。）

〔註41〕袁保新先生說：「無論如何詮釋者都必須視當前詮釋的課題乃一具有一致性與整體性的思想系統，否則任何人都可以宣稱他的詮釋是真實的。」（見《老子哲學之詮釋與重建》，頁138。）

　　由〈天下〉篇到《慎子》,「道理」轉成了「道法」——道的意義漸漸由形上的「理」具體化爲形下的「法」——於是相對的,主體契合於道的方式似乎也有所變化。以〈天下〉篇「泠汰於物,以爲道理」的說法而論,「道理」是由「泠汰於物」而顯,是主體先棄知地聽任物勢而行,然後方顯出其所遵行之道理;勢在此時主宰著物的運行方向,起著體現「道」的作用。然而到了《慎子》,勢的意義不再單純了,它分化爲兩種不同的型態。第一種型態承續了〈天下〉篇的道家理路,將道、勢視爲相結合的一體,而以「任勢」爲體道的不二法門。〈逸文〉裡頭說:

> 夫道,所以使賢無奈不肖何也,所以使智無奈愚何也。若此,則謂
> 之道勝矣。

能讓賢無可奈何於不肖、使智無可奈何於愚,這是外在的力量壓制了內在的主體性,讓賢、智失去作用,因而才對不肖與愚無可奈何;所以這明顯地應該是屬於「勢」的作用。但是在這兒,慎子卻將它說成「道勝」,把「勢」的作用歸諸於「道」。這樣說法能夠成立的唯一可能,就是他事實上認爲道、勢是合一的,勢必然地因循大道而運行,所以勢所造成的強制作用就可稱爲「道勝」。在此意義下,勢既爲萬物運行的動力,又是體現大道的媒介,人只要無心地任勢推行,就能夠與道相契合。《慎子‧逸文》言道:

> 鳥飛於空,魚游於淵,非術也。故爲鳥爲魚者,亦不自知其能飛能
> 游,苟知之,立心以爲之,則必墮必溺。猶人之足馳手捉,耳聽目
> 視,當其馳捉聽視之際,應機自至,又不待思而施之也,苟須思之
> 而後可施之,則疲矣。是以任自然者久,得其常者濟。

此處所表現的意義和上述「泠汰於物,以爲道理」差不多,強調的是「不自知」、「不待思而施之」的道理。文中認爲萬物固有其「常」,只要不去「立心」、不去「知之」,則此「常」必定應機自至,如此便可稱爲「任自然」。看得出來,這個「常」指的其實就是〈天下〉篇的「道理」,「任自然」、「得其常」意思就等於「緣不得已」。萬物只要任隨「勢」之起落運行,就能與不得已之常道相契合。在此講「任自然」、「得其常」一定是涵著「道勢合一」的概念,如果道、勢各不相屬,那麼在「不待思而施之」的狀態下,人如何能「任自然」和「得其常」?因此在這裡,勢的意義除了是推曳萬物的動力之外,更重要的它還是體現道的媒介。

　　第二種型態是,隨著「道」的具體化爲「法」,勢的概念開始獨立出來,

而單只是被以「推動法的力量」來描述。〈威德〉篇言道：

> 堯爲匹夫，不能使其鄰家，至南面而王，則令行禁止。由此觀之，
> 賢不足以服不肖，而勢位足以屈賢矣。

南面爲王則令行禁止，表示了「勢」（南面爲王）的作用乃是在於使「令行禁止」，明顯地是一種權力。所以《愼子》中往往將之稱作「勢位」，陳啓天先生則將之釋爲「統治權」。〔註42〕孟子曰：「徒法不能以自行」（〈離婁上〉），點出了法之所以能行，背後還必須有其它因素的作用；這個因素在《愼子》來說即爲「勢」，它所起的作用是推曳主體，促使主體依於「法」來取捨判斷。這樣的「勢」，與法的本身並無先天上的必然結合，兩者的存在是分離的，所以必須相互配合運作才能夠致治。以〈逸文〉所云：

> 今立法而行私，是私與法爭，其亂甚於無法。
>
> 有法而行私，謂之不法。

法立之後仍然可能「行私」、可能「不法」，可見法的實踐本身並無必然性，如果勢位必定與法相結合，沒有理由會產生「私與法爭」或「有法而行私」的狀況；可見「勢」在《愼子》中與「法」是相離爲二的。這樣的勢，當然亦不能藉著其運行而體現出法的存在，〈君臣〉篇言「據法倚數以觀得失」，「法」、「數」都是已經先被主體所「知」的價值標準；法數先確立而後勢位方行之，這顯示勢在此確實只剩下「力量」的意義，而沒有了與「道法」相結合的必然性。

由以上的敘述可知，「勢」在《愼子》中大體具有兩種不相容的意義，一方面它是實現道的媒介，呈現出「道、勢合一」的性質；另一方面又單單只作爲行法的力量，顯示了「法、勢爲二」的現象。〈逸文〉說：「以道變法者君長也」，又說：「守成理，因自然；禍福生乎道法，而不出乎愛惡」，皆意指法是由道而出，如果依此來衡量上述「勢」的兩種意義，就會發覺其中是頗有問題的。法既出於道，那麼勢如果必然循道而行，沒有理由會法、勢相離，而產生法立之後仍然會「行私」、「不法」的狀況；這不能不說是一種矛盾。所以面對《愼子》的勢論時，其意義上自相衝突的事實，是我們應該特別加以注意的。

二、愼到言勢必及於法

不管勢與法的結合是否具有必然性，由上述的兩種意義來看，《愼子》言

〔註42〕陳啓天先生說：「勢，猶今言主權或統治權。」見《韓非子校釋》，頁 63。

治倒也是法、勢兼顧，也認為法的推行「得助則成，釋助則廢」（〈威德〉），而主張「南面而王，則令行禁止」（〈威德〉）。但歷來論者卻多據韓非〈難勢〉之說，而認為慎子只是專任自然之勢。以王曉波先生對《韓非子》的解讀為例，他說：

> 韓非是主張「勢」的法家，但卻也對慎到的「勢」提出了批判。他說：「夫勢者，名一而變無數者也。勢必於自然，則無為言於勢矣。吾所為言勢者，言人之所設也。」韓非的「自然之勢」乃是指「勢治者，則不可亂；而勢亂者，則不可治也」。而「人設之勢」乃是指「慶賞之勸，刑罰之威」。（《韓非子·難勢》）慎到的「勢」與其「任自然」的思想是相關聯的。所以，韓非指出其「勢」僅為「自然之勢」而已。「人設之勢」才是透過人的主觀能力所造就的「勢」。慎到又把人主觀施為的能力給忽略了。〔註43〕

可見在韓非的理解中，慎到之「勢」只是與法相離的孤立之勢，是「便治而利亂者也」，具有兩面性；還需加以「法」的規範，才能產生正面的作用。繩之以《慎子》，這樣的評論似乎不夠全面。慎子言勢，雖未必一定與「法」共論，但如熊鐵基先生所說的：「從現存的《慎子》來看，關於法的論述是比較多的，故《漢書·藝文志》把它列於法家。」〔註44〕慎子對於法的強調，絕對是無庸置疑的，所以荀子批評慎到大都論及於法，如說他「尚法而無法」（〈非十二子〉）、「蔽於法而不知賢」（〈解蔽〉）、「以法謂之道，盡數矣」（〈解蔽〉）等，在在顯示慎到最主要的關切還是法，所以若說慎子言勢不及於法，將是教人難以相信的。對此，姚蒸民先生也說：

> 論者每謂慎子之勢治論，將有助於暴君之專橫。蓋人之情性，賢者寡而不賢者眾，倘以威勢濟不肖之人君，則於天下之望治，將有百害而無一利。故遠在韓非之日，即思以「人設之勢」以補救之。此等說法，固非無理由，然吾人細繹慎子他處之論旨，則不難發現其一方面承認「勢治」影響之鉅大，另方面則又主張法律既經公布之後，便有其不可侵犯之性質存在，……則慎子固亦已自為之救濟矣。〔註45〕

說慎子「主張法律既經公布之後，便有其不可侵犯之性質存在」，表示慎子之

〔註43〕 見王曉波《先秦法家思想史論》，頁251。
〔註44〕 參閱熊鐵基《秦漢新道家》，頁19。
〔註45〕 見姚蒸民《法家哲學》，頁76。

法具有「強制性質」，不容人之逾越侵犯，這其中必有勢的作用。據此可知，慎子言「勢」基本上是與「法」相配合的，它是行法的力量，受法的規範，所以不見得會「養虎狼之心，而成暴亂之事」（〈難勢〉）；韓非以「勢必於自然，則無爲言於勢矣」（〈難勢〉）難之，實有未盡《慎子》之義。

三、《慎子》之勢並非「自然」，而是「必然」

韓非在〈難勢〉篇中屢稱慎子之勢是「自然之勢」，但若將其言「自然」之義與《慎子》相比較，可以發現兩者之「自然」所指並不相同。〈難勢〉篇說：

> 夫堯、舜生而在上位，雖有十桀、紂不能亂者，則勢治也；桀、紂亦生而在上位，雖有十堯、舜而亦不能治者，則勢亂也。故曰：「勢治者，則不可亂；而勢亂者，則不可治也。」此自然之勢也，非人之所得設也。

勢既然可治可亂，那就意味著勢的運行並無定向，其發展全憑所遇之人的賢與不肖而決定。憑所遇者之才資而決定趣向，乃是隨機而行，這在意義上其實是「偶然」，與「自然」是不一樣的。王讚源先生說：「『勢治』只能『待賢』，也可以說要碰運氣。這就是韓非不談『自然之勢』，而強調『人設之勢』的根本理由。」〔註 46〕說勢治「要碰運氣」，也就是說勢治是「偶然」。可見在韓非的理解，「自然」一詞除了意謂「沒有人力干涉」之外，還含有「沒有定向」的意思；如此的理解，實際上與《慎子》則並不相應。「自然」一詞在《慎子》輯本中凡兩出，一曰「守成理，因自然」（〈逸文〉），一曰「任自然者久，得其常者濟」（〈逸文〉），皆非偶然之意。「守成理，因自然」一語，「自然」與「成理」並舉，其義實同，在慎到思想中乃是「必然」的意思。〔註47〕而「任自然者久，得其常者濟」這句話，同樣地「自然」也必須以「常」字來理解，當爲「常道」、「常理」的意思。此二處言「自然」，透顯出來的皆是「必然」之意，是具有一定方向的軌道律則。故而回顧韓非論慎到之「勢」，言「自然」之義與《慎子》並不相同，從頭到尾講的其實都是「偶然」之勢。勢既然是偶然而行，當然是「便治而利亂者也」，所以韓非才必須以「法」來加以規定

〔註46〕見於王讚源《中國法家哲學》，頁 54。

〔註47〕王叔岷先生解慎到之「緣不得已」時云：「所謂『不得已』，雖皆含『不得不然』之義，但莊子之『不得不然』，歸於『自然』。即『循天之理』。亦即順自然之理。慎子之『不得不然』，即『必然』，易轉爲法家之必於法矣。」（見《先秦道法思想講稿》，頁 183。）

安排，讓勢有一定的軌道可循。

但是若就前面的論述而言，《愼子》之言勢其實本與「法」相配合而論，並非一孤立之勢，韓非將之視作「便治而利亂者」，實不能盡符於愼子之意。而之所以會有這樣的落差，就筆者的看法，應該歸因於韓非所徵引《愼子》原文的不確。以〈難勢〉篇的徵引，愼子論勢之言如下：

> 飛龍乘雲，騰蛇遊霧，雲罷霧霽，而龍蛇與蟓蟺同矣，則失其所乘也。賢人而詘於不肖者，則權輕位卑也；不肖而能服於賢者，則權重位尊也。堯爲匹夫不能治三人；而桀爲天子能亂天下，吾以此知勢位之足恃，而賢智之不足慕也。夫弩弱而矢高者，激於風也；身不肖而令行者，得助於眾也。堯教於隸屬而民不聽，至於南面而王天下，令則行，禁則止。由此觀之，賢智未足以服眾，而勢位足以詘賢者也。

而就《愼子‧威德》篇，其原文則如下：

> 騰蛇遊霧，飛龍乘雲，雲罷霧霽，與蚯蚓同，則失其所乘也。故賢而屈於不肖者，權輕也；不肖而服於賢者，位尊也。堯爲匹夫，不能使其鄰家；至南面而王，則令行禁止。由此觀之，賢不足以服不肖，而勢位足以屈賢矣。故無名而斷者，權重也；弩弱而矰高者，乘於風也；身不肖而令行者，得助於眾也。

這兩段文字大同而小異，主旨基本上乃是在強調任賢不如任勢的道理。文字上其它的小差異對文義的影響雖然無足輕重，但原文「堯爲匹夫，不能使其鄰家；至南面而王，則令行禁止」若改成〈難勢〉篇所引的「堯爲匹夫不能治三人，而桀爲天子能亂天下」，卻會讓整段文字的意向產生很大的變化，造成對勢之「自然」性質理解的分歧。「堯爲匹夫，不能使其鄰家；至南面而王，則令行禁止」的說法，其意只在描述賢智不是政治的主體，強調「勢位」較「賢」更爲重要。〔註 48〕但若言「堯爲匹夫不能治三人，而桀爲天子能亂天下」，則更意味著「勢」乃是可治可亂的盲目之力，暗示「勢」必須加以人爲的控制；由此才有「任賢能」〔註 49〕或「抱法處勢」〔註 50〕之議。回到《愼

〔註48〕 見姚蒸民《法家哲學》，頁 75。

〔註49〕 〈難勢〉篇中第二大段「應愼子曰」至「夫堯舜，亦治民之王良也。」一段文字，代表儒家立場對愼子的質難，因而主張「任賢能」，曰：「欲進利除害，不知任賢能，此則不知類之患也。」

〔註50〕 〈難勢〉篇中第三大段「復應之曰」至「客議未及此論也」一段文字，乃韓

子》中來看，我們認為其言「勢」並無「養虎狼之心，而成暴亂之事」的顧慮，事實上，《慎子》輯本中對勢的論述大都是正面的，多半言其能致治一面的意義，並不特別講到勢的負面作用。所以韓非以慎子之勢為可能亂天下者，其實與慎子原意是不盡切合的。

　　《慎子》之所以只言「勢治」而不言「勢亂」，除了他一向強調凡事必須「據法倚數以觀得失」以外，原因或許還在於慎到根本上仍未完全將「勢」與「法」看作是兩樣分離的東西。就上文第二節所論，慎子之法出於「人心」，繫於自為之人情，乃是因人情之自然法，而非講求實效之實證法。〔註51〕這樣的法，就只是道的具體化，故而承襲了道的必然性，物勢一定會緣其軌道運行，而難以溢乎其外。〈因循〉篇言道：

　　　天道因則大，化則細。因也者，因人之情也。人莫不自為也，化而

　　　使之為我，則莫可得而用矣。

這裡說得很清楚：「人『莫不』自為也」，自為的人情本身就是「必然」之勢。慎子既然主張因循人情而立法，由此而來之「法」當然與「勢」相即不離。

　　至此，我們終於能夠領悟到《慎子》何以不言「勢亂」。除了上述原因以外，還可以從前述「勢」的兩種型態來分別說明。在第一種型態中，就慎子的認識，勢一定是緣著「道法」而行，有著必然的軌則，不可能有所逾越，所以只要任勢而行，為政總是通向於「治」的。而在第二種型態下，《慎子》不斷地重申「據法倚數」（〈君臣〉）、「任法而弗躬」（〈君人〉）、「寄治亂於法術」（〈逸文〉）等主張，強調法的重要性，如此作法就與韓非之言「抱法處勢」所差無幾，故當然沒有「勢亂」之虞。這兩條思路，雖然在法的「必然性」上見解相互矛盾（一者認為法的實現是應然的，承認「不法」情形的存在；一者又認為法的實現是必然的），但卻同時限制了「勢亂」的發生，將勢的作用圈定在有助於「治」的方面。所以就此意義來說，勢在《慎子》中的性格倒是一致的，都是與「道法」相結合的力量，因此其言「勢」便無須抱持著「養虎狼之心，而成暴亂之事」的顧慮。

　　　非持法家之立場為言，故曰：「抱法處勢則治，背法去勢則亂。」

〔註51〕王邦雄老師說：「慎子不信任人心，亦反抗君王之私意自為，故其勢治之說，並無意強化君王之權勢，以宰制天下，壓迫萬民。……足見其法實為因人情之自然法，而非講求實效之實證法，其「勢」亦一自然之勢位，而非控御萬民之威勢。」（參閱《韓非子的哲學》，頁84。）

第四節　本章小結

在第一章對方法的討論中，我們選擇了透過〈天下〉篇來衡量《慎子》的研究進路，認為以此可將慎到思想由道入法的演變軌跡作一展示。於是本章即延續第三章考察〈天下〉篇所用的架構，就根本意向（「齊萬物以為首」——「齊天下之動」）、實踐進路（「棄知去己」——「一人心」）以及應世方式（「緣不得已」——「據法倚數」）三個方面，將〈天下〉篇與《慎子》的理論作了一番比較。這樣的比較或許不是很具系統性，不過此乃受限於材料性質而採取之不得已的作法。本文既肯定〈天下〉篇為考察慎到思想的支點，一切論述根據皆必須出自〈天下〉篇，故而便得受此文獻撰述形式所限制。〈天下〉篇述評慎到是採描述的寫法，不顯系統性，為了避免摻入己意而在不覺間改造慎到思想，筆者考察其義時即緣原文脈絡而敘，刻意不另建系統性的架構以論。〔註52〕本章用意既在於以〈天下〉篇衡定《慎子》書，故亦須承接上一章的理論架構，將《慎子》內容分為三部分來進行比較，其結果即表現為以上的三節。

由第一節來看，《慎子》書的根本意向與〈天下〉篇大體仍然是一致的，都在於解消不同價值觀點間的對立。如此的意向不管在《慎子》或〈天下〉篇皆要求一個超然的「公」之立場以作為齊物的根據，這就是在〈天下〉篇的「道」與《慎子》中的「法」。道與法是形上與形下的關係，法是道的具體化，是為了將齊物活動落實於政治實踐中而有的產物。齊物的實踐若要更加普遍地在社會中推行，必須透過法的具體性以為人所知；不過也因為法的具體性，讓道無所不包的性質受了限定。形上的道不是心知的對象，沒有固定的徵向，故可以不偏黨於任何一種物論；但具體的法卻要求人盡皆知，因此必須表現為確定的內容。一旦法落實為確定的內容，就是在價值方向上有「特殊的決定」、排斥與此方向不同的他者，如此便不能擁有大道對萬物包而不辯的涵容作用，而喪失了其超越性質。為了維持法仍具有與道相同的超然獨立，

〔註52〕勞思光先生認為採取系統研究法，研究者容易因為嫌前人思想不夠完整而給予補充，以致不知不覺間改造了前人的思想，致使研究失實。（見《新編中國哲學史（一）》，頁6～7。）有鑑於此，本文便有意地盡量緣〈天下〉篇原文脈絡以述慎到思想，而避免採取系統性的表述方式。就筆者的閱覽所及，徐復觀先生大致亦採接近於本文的論述結構，將〈天下〉篇述田駢、慎到的文字，依其行文次第析為三部分進行論述。（參閱徐復觀《中國人性論史——先秦篇》，頁430～440。）由此可見本文的論述架構對慎到研究而言有其必要性存在。

《慎子》只好將法所代表的價值提到最高，而貶抑其他一切方向、觀點，以使法能作爲齊物的準則而存在。這樣的抑揚動作雖然樹立了一個看似不偏不黨的立場，但如此的「公」並非涵蓋一切私的公，而是排除一切私的公。落在現實上而言，法的功能本在於保障所有人民的意願福祉，但如今卻變得與任何人民的意願都不相干；雖然它不偏黨，但它也失去了包容。打個比方，這就像一個乳汁不足的母親，爲了維護「母親」身份的公平性，而情願讓所有兒子都沒奶水喝而餓肚子。這是令人覺得難以置信的！如此的「公」與〈天下〉篇的「公」看來有些差距，所以「立公去私」的齊物與「於物無擇，與之俱往」的齊物是不同的。

　　第二節，我們比較了〈天下〉篇與《慎子》書在齊物實踐上所採進路的不同。〈天下〉篇講「不失道」，方法是取消價值的「棄知去己」。在此工夫下，主體放棄任何的價值觀照，讓萬物在主觀中歸於無價值的齊平，生命因此無所趣向而停頓。生命本身魏然不動，便可藉外在的物勢推動而循於道理而行，此即慎到的「動靜不離於理」。如此的齊物，壓抑主體性的工夫乃爲必要條件，即使這種工夫是「取消」物論，缺少修養實踐還是不可能達成；這對大多數的人來說當然是不容易辦到的。在第二章曾經論及，慎到的思考主要是以社會整體爲對象，所以他不能僅提出少數人方可實踐的修養工夫，還必須找出一條能令天下人一體皆齊的途徑。基於這樣的現實要求，「棄知去己」自主的修養進路在《慎子》中轉變爲「一人心」的他力強制方法。「一人心」就主觀心境來說，不再是消極地放棄價值，而是「非常」積極地執取一價值徹向以排斥其他價值觀點；換句話說，是以獨尊一元的方式來解除多元價值的混亂。既言「獨尊一元」，則此「一元」的價值從何而來呢？延續了〈天下〉篇中慎到對自然律則（道理）的推尊態度，《慎子》提出實際內容爲欲望的所謂「人情」，將之與不可捉摸的形上天道聯繫起來，作爲「至公大定之法」的現實依據。如此的價值安置，雖然接駁了〈天下〉篇慎到以「天道」爲價值根源的理論體系，但運用到《慎子》中「一人心」、「據法倚數」等實踐方法上，主觀心境則轉變爲執守一特殊價值的狀態，此與〈天下〉篇所描述「至於若無知之物而已」的型態是有些距離的。由於《慎子》書採取這樣以統一物論爲主的齊物方法，連帶著也使慎到「無用賢聖」的堅決反知立場產生動搖。〈天下〉篇之所以堅決反知，理由在於有知的主體性會干擾甚至破壞大道的運行，故賢聖的存在與大道是絕對矛盾的。現在《慎子》既然將「道」決定爲一特

殊價值觀點的「法」，則賢智所產生之影響相對削弱，與法的對立也不再那麼強烈。因此〈天下〉篇「無用賢聖」的激烈態度，至《慎子》一轉而爲「不待禹之智」較溫和的口吻。這一切理論轉變，都由主觀狀態的不同而致，而主觀心境的不同，又源自實踐方法的改變。所以齊物方法的改變，是慎到理論型態轉變的樞紐。

第三節比較的是應世方式，也就是生命個體於人世中的自處之道。在〈天下〉篇中，慎到強調主體本身應該呈現魏然不動的狀態，其進退取捨全憑外在物勢推曳而決，此即所謂的「緣不得已」。慎到對「緣不得已」的舉例是「塊不失道」，他認爲「無知之物，無建己之患，無用知之累，動靜不離於理」，土塊既無己無知，故可緣於不得已之理。如此說法所以成立，在於其以「理勢合一」的觀念爲前提。在此前提下，「勢」與「道理」是先天的必然結合，因此任勢就能緣理，不必擔心有「失道」的可能。但到了《慎子》書中，對於「勢」的觀念分化爲兩種型態。一種仍然延續了〈天下〉篇的思考方式，以爲任勢就能緣理，所以對生命抱持「不待思而施之」的無爲態度。另一種則較爲不同，將「勢」與體現道理的「法」分離開來，〔註53〕而孤立地理解「勢」的作用。在此認識下，勢只剩下單純的「權力」之意義，它不再是體道之憑藉，而是一股「便治而利亂」的盲目力量；所以韓非批評慎到之勢會「養虎狼之心，而成暴亂之事」（〈難勢〉），就是因爲「法」、「勢」不相即的緣故。法、勢既不相即，則「任勢」也失去了「體道」的意義，於是講究「以力役法」（〈逸文〉）乃成爲不可避免的趨勢。這兩種截然不同的應世方式，讓《慎子》本身的理路產生了衝突。它一面推崇「任自然」，一面卻又疾呼「據法倚數」，〔註54〕在這無爲與有爲的對立間，不由得令人意識到其理論體系的不成熟。〔註55〕也因如此，我們可以推測出《慎子》中的思想，應屬於道法

〔註53〕《慎子‧逸文》中有「以道變法」之說，又有「守成理，因自然。禍福生乎道法，而不出乎愛惡」之論。據此推斷，可知慎到乃認爲「法」是根源於「道」而來。

〔註54〕《荀子‧解蔽》云：「由法謂之道，盡數矣！」梁任公釋之曰：「數，度數也，猶言條款節目也。」（見梁啓超《諸子考釋》，頁33。）「條款節目」絕難以「自然」名之，故可知「據法倚數」與「任自然」之說相牴牾。

〔註55〕徐復觀先生説：「……凡可成爲一家之言的思想，必定有他的基本概念以作其出發點與歸結點。此種基本概念，有的是來自實踐，有的是來自觀照，有的是來自解析。儘管其來源不同，性格不同，但只要他實有所得，便可經理知的反省而使其成一種概念。概念一經成立，則概念之本身必有其合理性、自

合流初期的產物。

　　由以上諸節的比較結果觀之，〈天下〉篇愼到思想與《愼子》書的內容間，似乎既有所同，亦復有異；這對愼到的研究來說實為一棘手的狀況。我們很遺憾地發現《愼子》書不必然能代表愼到的思想，因為這不但可能導致愼到研究材料的受限，也將使其作為道法轉關的地位受到動搖。不過，也不能因為兩邊理論有所差異就驟下論斷，因為彼此思想畢竟亦有所同；還是需要再作進一步的考察，才能為《愼子》的地位下最後的定論。但是不管如何，我們必須承認《愼子》之理論脈絡確實有不連續的狀況，這個問題是今後的研究所必須愼重面對的。

律性。合理性自律性的大小，乃衡斷一家思想的重要準繩。在一部書中若發現不出此種基本概念，這便是未成家的雜抄。有基本概念而其合理性自律性薄弱，則係說明此家思想的淺薄或未成熟。」（見《中國思想史論集》，頁 114。）

第五章　結　論

第一節　面對〈天下〉篇與《慎子》的理論差距

一、理論間的距離蘊涵了什麼問題？

　　由前一章對〈天下〉篇與《慎子》的比較，我們意外的發現兩者理論間有不小的距離。不管從實踐進路（「棄知去己」——「一人心」）或是應世方式（「緣不得已」——「據法倚數」）的範疇來看，兩文獻都呈現出不同的型態。甚至在基本意向這一點上，「齊萬物」雖是兩邊共同的訴求，但彼此所追求的超然立場（「公」），其性質仍頗有差異。總的來說，兩邊理論是有共通點的，這從它們彼此具有相近的理論範疇就可以瞭解。但在此之外，〈天下〉篇與《慎子》也存在著不少概念上的牴牾，讓彼此難以聯繫。對此我們不禁要問：這樣子的比較結果，到底蘊涵著什麼意義呢？

　　在第一章討論研究方法時，我們曾約略提出〈天下〉篇與《慎子》書在性質上的差異，並確立經由〈天下〉篇來衡定《慎子》書的研究進路。就此研究方法的設計，《慎子》書是否與慎到有關，在一開始是未下論斷的。我們是先採取存而不論的態度，將《慎子》與〈天下〉篇進行比較，結果假如是兩者相合，證明《慎子》書內容合於慎到思想脈絡，則可以直接探討慎到思想由道入法的軌跡；但若兩者不合，就必須回過頭來辨析《慎子》一書的可靠性。現在由第四章的比較結果來看，《慎子》所表現的理論概念與〈天下〉篇不但有所同，亦有所異，這讓情況變得較為棘手。我們似乎不能僅因兩者

有所同就忽略其所異，反過來說，也不能只憑兩者有所異即忘卻其所同，兩種判斷都未免失之片面。所以僅憑目前的瞭解，《慎子》與〈天下〉篇的思想體系不管是斷定爲一致或是兩橛，都不是妥當的作法。要如實判定此二理論系統之間的關係，還需要更深一層的考量。

以〈天下〉篇與《慎子》思想有同有異的情形來看，其間關係基本上有二種可能性：一是兩者爲「矛盾」，一是兩者爲「轉化」。如果認爲兩者是「矛盾」的，那即是說《慎子》與〈天下〉篇理論脈絡是斷裂的，沒有延續的關係。若由本文以〈天下〉篇爲研究支點的前提而言，這幾乎等於判定《慎子》根本就是僞書，毫無據以研究慎到的價值。並且這還間接意味著慎到「由道入法」之說缺乏根據，因爲慎到的法家思想主要就是出現於《慎子》中，若《慎子》內容與慎到思想成爲矛盾，則「由道入法」之說自然也不成立。另一方面，如果判斷兩者的關係是「轉化」的，認爲其間的差異乃是理論發展過程中前後的不同；那麼據《慎子》的內容或即可以證明慎到爲道法之轉關，傳統上對慎到學術的看法也就獲得證實。所以對於兩文獻比較結果所下的判斷，是決定慎到地位的關鍵。慎到到底是一位由道入法的轉關人物？抑或只是一位單純研究黃老道德之術的學者？這地位的升降，全取決於《慎子》與〈天下〉篇理論系統間之關係。

二、如何判斷此理論差距？

決定《慎子》與〈天下〉篇的關係，就本文的方法首先應質諸作爲支點的〈天下〉篇，但如今既然它與《慎子》的思想概念有同有異，那麼欲決定彼此的關係似乎不能再藉助於〈天下〉篇本身，而必須另尋獨立於兩者之外的根據，才可能作出客觀的判斷。這裡所謂「根據」，指的當然也是文獻材料；就筆者的看法它應該具備以下幾個條件：首先，此文獻的著作必須與慎到本人有最小的距離；這個「距離」所指包括時間、空間乃至於學派間的隔閡。也就是說，文獻材料最好和慎到時代接近、地域接近甚至學派差異不要太大。材料與慎到的距離小，能夠就近觀察慎到，如實反應其思想的機會也就越大。其次，文獻的著者身份要清楚，最好具有權威的學術地位。如此不但能幫助我們確定文獻著成的時空環境，也較能保障其中所反映之事實的眞確程度。權威學者雖然未必不免於偏，但由於其深厚的學養，所見所述總是較爲可信。最後，文獻的內容最好能夠整體地反映慎到思想，如此才能判斷慎到思想有

無兼具道、法的質素。若此材料並不全面反映慎到思想，或又偏衹呈現出道家的部分，那我們還是無法分辨《慎子》所代表的法家思想究竟係屬慎到與否。文獻材料滿足以上三個條件，便可以爲考察《慎子》歸屬的根據而無虞。

　　環顧慎到的相關材料，最能夠符合以上諸條件的文獻，似乎就是《荀子》了。荀子於齊襄王時在稷下最爲老師，又身爲趙人，不論在時代、〔註1〕地域或學派上〔註2〕都與慎到沒有太大的距離。除此之外，荀子還是當時學術界祭酒，地位崇高、見識卓越，其評述慎到相信不致於言不及義。更重要的是，荀子不管在〈非十二子〉、〈天論〉或是〈解蔽〉篇中，對慎到的述評都是就其思想的整體而言，具涵括性。〔註3〕雖然這些述評爲數不多，但以荀子的背景、學力，必能將慎到的學思特徵標明，如果其思想眞有道法共存的現象，或許就能因此看出。除此之外，其他的著名文獻如《韓非子》、《呂氏春秋》等，雖也記述了慎到的一些思想，但這些記述沒有涵蓋性，難以將慎到思想的整體反映出來。如《韓非子》的〈難勢〉篇，由其中不但見不到明顯的道家論述，甚至有關法家的敘述也只是慎到法家思想的一部份而已，所以不宜作爲判斷的準據。欲判斷《慎子》書與〈天下〉篇的理論關係，除《荀子》外還找不出更有份量的論據。

　　以《荀子》對慎到的評述作爲斷定《慎子》性質的準據，我們主要的眼光放在〈非十二子〉篇上，因其對諸子學思風貌有較多的著墨，利於作爲考察的依據。其中對慎到的批評如下：

　　　　尚法而無法，下脩而好作。上則取聽於上，下則取從於俗，終日言
　　　　成文典，反紃察之，則偶然無所歸宿，不可以經國定分。

此中最值得注意的是「尚法而無法，下脩而好作」這一句話，楊倞注之曰：「言

〔註1〕據錢穆先生之說，荀卿生年約爲西元前 340～245 年，慎到生年約爲西元前
　　　　350～275 年，兩人差不多同時，而荀卿略晚。（見《先秦諸子繫年》，頁 618
　　　　～629。）
〔註2〕荀卿雖在家派上歸屬於儒，但在較寬廣的意義上仍與慎到同屬於「稷下派」。
　　　　稷下學派間向來是互相激盪、融合的，于孔寶先生說：「稷下各學派在爲齊國
　　　　統治者暢言經略良策的同時，互相切磋、論辯，甚至十分激烈地批評不趨同
　　　　於自己學派的觀點。」又說：「稷下各學派之間不僅是自由地論辯和批判，而
　　　　且在激烈的思想交鋒過程中，相互滲透、交融與吸收。」（見于孔寶：〈論稷
　　　　下之學與戰國文化中心〉，《中國史研究》，1998 年第 2 期。）荀子在如此頻繁
　　　　的學術交流中，必能就近觀察慎到的學說，而不致有失實的理解。
〔註3〕關於荀子之批評對於慎到思想的涵括性，本文在第二章第二節中已有說明，
　　　　於此不再贅述。

所著書，雖以法爲上，而自無法；以脩立爲下，而好作爲。言自相矛盾也。」
這番話揭示了慎到思想的重要特徵——即「尚法」的主張在其思想體系裡是
具有矛盾性的。荀子既許其「尚法」，又譏其「無法」，可見慎到的尚法主張
在其理論中面臨無法實踐的困境。「尚法」之所以不能實踐，我們認爲原因就
列在接下來的敘述中，荀子說慎到「上則取聽於上，下則取從於俗，終日言
成文典，反紃察之，則偶然無所歸宿，不可以經國定分。」這句「偶然無所
歸宿」大體爲慎到思想的確評。就〈天下〉篇的敘述，慎到的工夫主張「棄
知去己而緣不得已」，讓生命呈現「推而後行，曳而後往」的魏然狀態；如此
的工夫落實到現實世界，就是「上則取聽於上，下則取從於俗」〔註4〕的無主
見行爲。自己不表趣向而行止一聽外界牽引，結果就是「偶然無所歸宿」，價
值貞定不住。楊倞注云：「取聽於上，取從於俗，故法度不立也。」法度是評
價萬物的準據，它是必然要有一確定內容的，若無確定內容人們就無法據之
評價事物。慎到既然苟順於上下之意，價值標準隨時抑揚，結果當然是無法
確立一客觀的法度；所謂「偶然無所歸宿」，指的就是這樣的情形。所以慎到
法度不立的理論型態，乃源自於作爲其學術根本的道家思想，由道家不固執
徽向的一貫性格，絕對開不出足以經國定分的法制。所以若慎到眞的主張「尚
法」，那必然導致理論內部的自相矛盾，面臨「尚法而無法」的窘境。

　　徵於〈非十二子〉篇及〈解蔽〉篇的一再提及，可知慎到「尚法」應是
確然的事實，再順著〈天下〉篇的義理脈絡來與之對照，便曉慎到理論存有
齟齬乃爲不可避免的結果。據這一點來判斷，筆者傾向於肯定《慎子》乃由
〈天下〉篇的慎到思想「轉化」而來。由〈天下〉篇與《慎子》的比對中，
我們發現兩造的理論脈絡不盡相合，這般結果雖使《慎子》作爲慎到著作顯
得可疑，但似乎就荀子所知的慎到思想已是如此。荀子既言慎到「尚法而無
法」，又說「下脩而好作」，差不多已將〈天下〉篇與《慎子》裡「取消物論」
與「統一物論」間的對立表現出來。「尚法」是欲樹立一價值標準以爲眾人所
遵行，自然是「統一物論」；而「無法」則不標擧價值，便很有可能是「取消
物論」。「取消」與「統一」之間的拉距，不也就是「下脩而好作」嗎？〔註5〕

　　　　　　　　　　　　　　　　　　　　　　　　　　　　　　　　　　

〔註4〕 楊倞注曰：「言苟順上下意也。」
〔註5〕 楊倞注「下脩而好作」句云：「以脩立爲下，而好作爲；言自相矛盾也。」既
　　　　言「下脩立」與「好作爲」相矛盾，可見「脩立」與「作爲」二詞義同。所
　　　　謂「脩立」者，指價值徽向之確立，即牟宗三先生所說之「對實現原理的特
　　　　殊決定」、道家所言之「有爲」也。配合「尚法而無法」句，此句正顯慎到思

如前文所推測，慎到思想的法家性格乃因其視界侷限於社會現實所致，而其道家觀念又是學術之所本，由本家理論向現實致用推進的過程中，道家的「無為」不能不和法家的「有為」產生衝突，之前所指出有關「主觀心境」、「應世方式」甚至「超然立場」等性質的矛盾，都可能由此而來。所以我們認為看待〈天下〉篇與《慎子》間觀念不同的部分，或者不好視作兩個不相干體系的對立，而應理解為同一系統因視野轉移而導致的內部不協調，如此詮釋可讓兩造間的理論衝突獲得緩和。

當然，以〈天下〉篇與《慎子》書的觀念差異而言，兩者根本出於不同思想體系的可能性是存在的，我們或許也可以因此而判定《慎子》是一本偽書；但果真如此處理卻會令筆者惴惴不安。我們雖然知道〈天下〉篇與《慎子》書有所異，卻也忘不了兩者實有所同。更令人掛心的是，《荀子》中明明指出了慎到思想本身就含藏著矛盾性，這教人如何能夠一口咬定《慎子》是偽書呢？所以在此寧願持保留的態度，將兩文獻間所存在的「矛盾」從辯證上的意義來理解，而不以形式邏輯的意義來考量。從辯證上的意義來理解，則《慎子》的思想宜被視為是〈天下〉篇慎到觀念的發展；而就此發展線索加以觀察，所得到的就是道家往法家轉變的思想軌跡。

第二節　道法的結合如何可能？

既承認了《慎子》書為〈天下〉篇慎到理論的發展，接下來就必須回答本文一開始便提出的問題：道法間的結合如何可能？如此提問或許略嫌籠統，但我們可以再藉梁任公的發問來表明其確實的指涉，他說：「夫以尊自由宗虛無之道家，與主干涉綜核名實之法家，其精神若絕不相容，何故能結合以冶諸一爐耶？」據此說法，道、法二家結合所面臨最大的問題，乃在於兩者精神的不相容；具體地說，也就是「尊自由宗虛無」與「主干涉綜核名實」的對立。「尊自由宗虛無」是不決定價值方向，而讓萬物各任其性；「主干涉綜核名實」則是樹立價值標準，以令萬民據法倚數。這徹向上的「無」和「有」，

想之內在矛盾，故知王念孫改「下脩」為「不循」之不確也。王氏解「不循」為「不循舊法也」，梁任公駁之曰：「此陷於添字解書之病。且『不循舊法』亦與慎到一派學說不符，當以不改原文為是。」（見《諸子考釋》，頁27。）此言極是。若就其所改，則荀子此評登時與〈天下〉篇「緣不得已」之說相違，是更不可通者。是以若信據〈天下〉篇，則必不能接受此「不循」之改。

根本上就是絕大的矛盾，導致了道法合流之說的困難。我們現在既肯定了慎到理論的由道入法，就必須對此有所說明。

一、「由道入法」的關鍵因素——機械化之天道觀

　　一般對慎到歸本於道家的承認，主要是由其所持之天道觀來判斷的。以〈天下〉篇所引述「至於若無知之物而已，無用賢聖，夫塊不失道」的主張來看，慎到明顯是將「道」作為生命的終極依歸；從這裡，我們認為他確實應歸本於道家。侯外廬先生曾說慎到「其法家思想卻是由道家的天道觀導出的」，〔註6〕這番話指出了道家天道觀對於慎到思想的重要性。之所以重要，不但因為它是慎到道家思想的中心觀念，還在於它是慎到理論由道入法的轉關。據第四章的分析，我們認為形下之「法」乃形上之「道」的具體化，是由於道的向下落實，道家思想才會向法家的型態轉變。所以「道」轉變為「法」的步驟，實是道、法二家思想合流的關鍵；要瞭解「由道入法」如何可能，首先就必須將視野收攝到「道理轉變為道法」的這一點上。

　　以「道」為萬物之存有根據向來是道家諸子的共同信念，就此而言，慎到的道家理論與老莊一系的道家思想並無不同；他們都以「道」作為生命價值之根源，而否定人為施設的巧智造作。若然如此，那何以同樣是講天道，慎到之「道」卻獨能與「法」相通呢？我們認為，癥結就在於兩邊所謂「道」之意義不相同。老莊所說的「道」，是一種超越的主觀境界，它對萬物的「生」是「不生之生」，即藉由心靈的去執以使萬物各顯其真。這樣的道，生萬物的作用限於主觀的境界中，而不涉及客觀的世界。但慎到的「道」則不然，他基本上將天道理解為「理」，這個所謂「理」是指「物理」，即萬物存在所必須遵循的律則。它不在主觀面從價值意義上實現萬物，而是在客觀的世界中從形式上決定萬物。所以就主觀心境而言，慎到的道也算是可以齊平物論，因為他的道中沒有物論。如果我們以實現之理和形構之理來分別指涉老莊之道與慎到之道，那麼慎到顯然是將形構之理當作實現之理來使用了。

　　這樣地以「理」為「道」，使得慎到之「道」特別地具有客觀性與必然性，因此也打下了與「法」相結合的基礎。法在《慎子》中被要求必須能夠「齊天下之動」，亦即要能劃一天下人的行為，如此的要求意味著法乃是一種客觀

〔註6〕　見侯外廬《中國思想通史》，頁601。

的必然律則，對天下人之動靜行止起著決定的作用。即此而論，「道」與「法」並無太大差別，因為它們的作用都在於範鑄客觀事物的存在形式。反觀於老莊，他們的「道」只作用於主觀心境中，並且也不決定特殊徵向；因循其道而行，萬物只會各任自性、各成其是，根本不可能在現實世界裡整齊劃一。所以梁任公以「機械的人生觀」為道法二家共同立腳點的說法，〔註7〕實際上只適於指涉慎到之學。因為慎到之「道」是「理」，依其而行的確會導致「機械的人生」。老莊之「道」則不然，它是「生人之行」，容許主體能動性的存在，如此生命趣向便可自由選擇，難以成為所謂「機械的」。

　　總之，慎到思想之所以能夠將道、法二家結合，關鍵在於他「以理為道」的天道觀。此天道觀將「道」的內涵限定在形構之理的意義上，令其變成範限客觀世界的律則。這個律則（理）與法的相同性質主要在於「客觀性」與「必然性」兩點上，客觀性讓它們得以成為標準，而必然性則令萬物無法違背。因為這兩性質的相同，道與法的面目從此逐漸漸相近，終至於上下貫通為一。當然，道、法畢竟不是一物，兩概念間仍有區別。道具形上的意義，是絕對的終極原理；而法則是由道落實下來的規範，脫不了人為的氣味。天、人地位終究有差，這也就是為什麼《慎子》中會有「以道變法」之說的原因。雖然如此，但若由〈逸文〉中將「道法」連稱的情形來看，〔註8〕我們大致可意會「道」、「法」二概念在《慎子》中其實並無多大的區別。

二、機械化天道觀之現實基礎──自為的人性觀

　　在慎到，雖然道與法由於性質相近而具備了結合的條件，但形上之道渺不可知、而形下之法卻必須具體列陳，兩者畢竟連接不上。若欲令道法相承接，達成「以道變法」的理想，勢必要為形上的天道找出一現實基礎，給予形下之法數以具體內容。這要求反映在慎到理論中，主要就是表現為「因人情」的進路。〈因循〉篇云：「天道因則大，化則細。因也者，因人之情也。」從中可以看出慎子以為「因天道」的方法就是「因人情」，可知天道的內容，慎子是透過人情來體現的。這樣的觀念並非僅孤立地出現於《慎子》書中，

〔註7〕　見梁啟超《先秦政治思想史》，頁 132。

〔註8〕　〈逸文〉云：「守成理，因自然。禍福生乎道法，而不出乎愛惡。」將「禍福生乎道法」加於「守成理，因自然」句之後，似乎即以道、法同屬於「成理」、「自然」。由此可知，「道法」連稱，兩者之義不遠。

即使從《荀子》的評述裡亦可略見端倪，〈非十二子〉中言慎到「上則取聽於上，下則取從於俗」，可證因人情之主張，確即慎到據以體現天道的方式。

由前一章的論述，我們已知《慎子》所謂「人情」指的乃是利祿的自為心，簡單說也就是欲望；「因人情」就是要人們因任欲望而趣捨，不要崇尚人為的精神價值。如此的路數對《慎子》而言並非憑空而降，它其實可溯源於〈天下〉篇的慎到思想中。〈天下〉篇說慎到「棄知去己而緣不得已」，這樣的形容，已經意味著他主張放棄追求真、善、美等精神層次的價值。如此一來，人還能跟著什麼走？不就是生理之欲而已嗎！因此〈天下〉篇所言「緣不得已」，本就涵著「人情」的作用在其中；藉由人情欲望的推動，客觀之理才能被具現出來。不過在此必須澄清的是，人情雖是體現道理的憑藉，但「人情」本身並不等於「道理」。以〈天下〉篇中的理論脈絡來說，它應該是屬於推曳主體的「物勢」。在慎到的思想中，大道本身由於盡包萬物而不可知，其理必須倚靠物勢推曳之跡而顯，因此推曳人趣取進退的「欲望」，不能是天道的本身。所以我們只能說天道藉著人情而體現，卻不可說天道即等同於人情，這一點是必須特別加以辨明的。

以人情作為體現天道的基礎，除了它在〈天下〉篇的道家思想中具有理論根據以外，最重要的意義還在於它所體現的律則具有必然性。〈因循〉篇中說：「人莫不自為也。」由這句話裡，可以看出慎到設定自利是必然的。既然自利對人而言為必然，那麼因任人情的行誼也就不可能有自利以外的選擇；如此一來，由之而產生的行為軌跡就是決定的、必然的，這正是〈天下〉篇所追求的「不得已」之道。所以《慎子》以「因人情」來講「因天道」，主要就是從人情的必然性上著眼；有了人情的「莫不自為」，據之以為內容的法才能承接大道無所不包的權威，而作為人世運行的絕對準則。

三、慎到結合道法時所產生的理論衝突

「因人情」是慎到將道家思想往法家型態推衍的努力，但這樣的努力事實上並不怎麼成功，若據〈非十二子〉篇的批評，慎到思想始終存在著「尚法而無法」理論矛盾。慎到的「尚法」，由《慎子》中「法雖不善，猶愈於無法」的強調即可確知；至於「無法」之說，則啓人疑竇。以《慎子》的內容來看，慎到致力於牽攏形上天道與形下法數的距離，所以他藉著「因人情」將天道體現出來，以作為法的具體內容。在這樣的連結之下，道法理應上下

貫通，但荀子仍一言斷定愼到「無法」，究竟問題出在哪裡呢？

　　就筆者的看法，問題似乎就出在「因人情」的方法之上。愼到藉著「因人情」雖然使道與法得到連接，但亦由於「因人情」而導致了法的懸空。對於單一的個體而言，因人情誠然可以體現其生命中「客觀的必然律則」，但此方法若施用於群體社會之中，所體現的每一「必然律則」就可能彼此互相排斥。換句話說，不同的個體因立場相異會產生不同的人情，若因循甲則可能有悖於乙，而若因循乙則又可能有悖於甲。所以當「因人情」的方法運用於社會整體之上的時候，「人情」將因無法歸納成爲定向，而變成抽象的空概念。以這樣的「人情」具現爲法，「法」當然也就無具體的內容可言；這就是爲什麼我們說「因人情導致了法的懸空」。所以我們假使質問愼到：法數的內容爲何？他大可以回答：就是人世的道。再問：人世之道的內容爲何？他還是可以回答：就是社會的人情歸向。但若繼續問：社會人情的歸向是什麼？他大概就要啞口無言了。因爲就社會整體來說，根本就沒有確定的人情歸向可言，既沒有確定的指歸，也難怪法度不能確立。

　　或許也有人認爲愼到所謂「人情」未必是個人的自爲心，而也有可能是指社會在經過折衝後提出的普遍欲望。在此意義下，因人情而顯的律則就能夠有具體的內容、明確的方向，而可以作爲體現天道的法而存在。但這樣的思路仍需面臨以下的問題，即：人情如何折衝？結果誰來提出？提出者如何具有公正性？這些問題在在形成「普遍欲望」之說的困難，所以由此解釋「因人情」之說亦不可行。楊倞云：「取聽於上，取從於俗，故法度不立也。」這話說的很清楚，愼到之所以「無法」，原因即在於「因人情」。「因人情」導致法的「偶然無所歸宿」，於是自然「法度不立」而「不可以經國定分」。

　　〈因循〉篇云：「天道因則大，化則細。因也者，因人之情也。」要相信這段話之前，首先應該考慮一下因循何人之情才算是「因天道」？若得不到解答，那愼到這番理論顯然有其困難存在。筆者認爲，就是因爲這個困難，導致了愼到法理論的「無法」，因而造成其思想的前後矛盾。此外，梁任公所提出「尊自由宗虛無」與「主干涉綜核名實」之對立如何消解的問題，也應該由此求得解答。以愼到的理論來說，其道法結合從來就沒有消除過「尊自由宗虛無」與「主干涉綜核名實」之間的對立，只不過由於理論中「法」的概念缺乏實際內容，故而「主干涉」的意義不顯，不大與「虛無」的「道」產生衝突罷了。所以愼到的結合道法，與其說是把「道」往下落實，不如說

是將「法」往上架空。他是將法的意義往道這一邊拉近，使其變成像道一般的「虛無」，於是道與法就彷彿是無隔般地上下貫通，而可以高唱「以道變法」的崇高論調。

「以道變法」的調子儘管崇高，但對於「法」須「經國定分」的現實要求卻不能滿足，理論的缺陷於是產生。就現有的文獻資料來看，慎到似乎始終解決不了這個問題。於是他乾脆置諸不理，一面繼續高懸道法結合的旗幟，一面逕自發展務實的尚法乘勢理論；於是這兩種路向兼存於其學說中，形成不協調的結合。荀子說慎到是「尚法而無法，下脩而好作」，這樣的批評對其理論型態而言，可謂是入木三分。

第三節　結　語

慎到身兼道、法兩家理論，地位雖然顯著重要，卻也一直成為爭論的焦點。有人相信它是道家，有人肯定它是法家，更有人判斷他是道法二家的轉捩關鍵。這些出入之所以存在，大半都因所持論據的不同所致。因此筆者處理慎到時，特別在意材料的可靠性，以〈天下〉篇、《荀子》為準據，提出經由〈天下〉篇來衡定《慎子》書的研究進路。這是本文對於慎到研究所持的主張，也是本文一切論述的前提。

以〈天下〉篇為準據所看見的慎到，是以道家思想為理論基調的學者。他的學術淵源於道家，哲學本應朝著生命本身叩問；但由於存在背景的影響，思想漸漸地染上了法家色彩，而轉變為道法相結合的治道理論。不過，道法的結合在慎到來講其實不很成功，因為他調合不了道家的無為和法家的有為，而只是讓道家的觀念看起來很像法家罷了。所以慎到之「法」儘管說能夠「全大體」、「合乎人心」，但它卻提不出具體的內容；究其實，這還是「道」概念的變裝而已。荀子批評他「偶然無所歸宿」，充分指出慎到之「法」的「虛無」特徵。

然而不管為法為道，慎到思想還是存在著一貫的性格，此即否定主體性的態度。他的道是「去己」的道，他的法也是「去私」的法，他從未肯定主體的價值，而總將一切價值託付於外在的客觀標準上；就此而言，慎到又比較接近於法家。所以他即使講「道」，精神也與老莊大異，而偏向於機械性的「理」。〈天下〉篇說得很清楚，慎到之道「非生人之行，而至死人之『理』。」

以此爲根據，我們以爲要瞭解愼到之學，首先必須從認識「理」這個概念出發。「理」上承於「道」、下接於「法」，是愼到道法思想的中心。掌握了它，就大體能夠理解道、法得以連接的原因；在另一個意義上，也等於是獲得了檢別愼到思想材料的準據。

　　本文探〈天下〉篇爲論據的研究進路，主要是從道法關係的發掘上著眼；認爲如此可以探本溯源，爲愼到研究奠定道家方面的理論基礎，而作爲接下來考察法家思想的準備。這樣的選擇，雖利於把握愼到學術之基本精神，但亦有其不可避免的缺陷存在。由於〈天下〉篇行文採描述的筆法，不顯系統性，我們既順其脈絡來考察愼到，於是便難以建構嚴整的理論綱維。這個毛病，在探究〈天下〉篇思想時尚不明顯，但當考察〈天下〉篇與《愼子》內容異同之際，其缺陷就充分地暴露出來。相較於以《愼子》爲準據的研究，本文的系統性是薄弱多了，但這是爲了堅持取材原則所作的犧牲。我們相信嚴格的取材是言之成理的基礎，浮濫的徵引將減損研究的價值。不過，將愼到的道家思想加以系統化並非不可嘗試的一條路，若法家理論能立基於系統整然的道家理論上，那將使愼到學說以更清晰的面目呈現。如此的工作誠然不易，但卻是值得努力的方向。

參考資料

一、典籍、注疏

先依「書名首字筆劃」排列，次依「出版時間」排列

五劃

1. 《四書章句集注》，朱熹著。（臺北：大安出版社，民國 85 年 11 月。）

六劃

1. 《老子校釋》，朱謙之撰。（臺北：漢京文化事業，民國 74 年 10 月。）
2. 《老子翼》，焦竑著。（臺北：廣文書局，民國 82 年 7 月。）
3. 《老子注》，王弼著；見於《老子四種》。（臺北：大安出版社，1999 年 2 月。）

七劃

1. 《呂氏春秋校釋》，陳奇猷 校釋。（臺北：華正書局，民國 77 年 8 月。）

九劃

1. 《南華眞經正義》，陳壽昌著。（臺北：新天地書局，民國 61 年 11 月。）
2. 《春秋左傳正義》，孔穎達撰；見於《十三經注疏》。（臺北：藝文印書館，民國 86 年 8 月。）

十劃

1. 《荀子集釋》，李滌生著。（臺北：學生書局，民國 83 年 10 月。）
2. 《荀子集解・考證》，楊倞 注，王先謙 集解。（臺北：世界書局，2000 年 12 月。）

十一劃

1. 《莊子南華眞經副墨》，陸西星著。（臺北：自由出版社，民國 63 年 3 月。）

2. 《莊子內篇注》，王閭運撰。見《莊子集成續編》卷 36，嚴靈峰 編輯。（臺北：藝文印書館，民國 63 年 12 月。）

3. 《莊子補註》，奚侗著。見《莊子集成續編》卷 40，嚴靈峰 編輯。（臺北：藝文印書館，民國 63 年 12 月。）

4. 《莊子南華經解》，宣穎著、王輝吉 校。（臺北：宏業書局，民國 66 年 6 月。）

5. 《莊子天下篇講疏》，顧實著。（臺北：臺灣商務印書館，民國 69 年 12 月。）

6. 《莊子天下篇述義》，馬敘倫著；見於《莊子研究論集》。（臺北：木鐸出版社，民國 72 年 4 月。）

7. 《莊子天下篇校釋》，譚戒甫著。（臺北：臺灣商務印書館，民國 74 年 3 月。）

8. 《莊子解》，王夫之著。（香港：中華書局，1989 年 7 月。）

9. 《莊子內篇憨山注》，憨山大師著。（臺北：新文豐出版社，民國 85 年 4 月。）

10. 《淮南鴻烈集解》，劉文典撰。（北京：中華書局，1997 年 1 月。）

11. 《莊子鬳齋口義校注》，林希逸著。（北京：中華書局，1997 年 3 月。）

12. 《莊子集釋》，郭慶藩撰。（北京：中華書局，1997 年 10 月。）

13. 《莊子集解》，王先謙著。（臺北：三民書局，民國 88 年 5 月。）

14. 《莊子今註今譯》，陳鼓應 註譯。（臺北：臺灣商務印書館，民國 88 年 11 月。）

十三劃

1. 《慎子》，慎到撰；見於《子彙》（四），周子義 等輯。（臺北：臺灣商務印書館，民國 58 年 3 月。）

2. 《慎子內外篇（附逸文校勘記）》，慎到撰，慎懋賞 校；見於《四部叢刊初編》（024）。（臺北：臺灣商務印書館，民國 64 年 6 月。）

3. 《慎子（附逸文）》，慎到撰，錢熙祚 校；見於《叢書集成初編》。（北京：中華書局，1975 年。）

4. 《慎子》，慎到撰；見於《群書治要》（7），魏徵 等撰。（北京：中華書局，1985 年。）

5. 《慎子》，慎到撰；見於《說郛三種》（一），陶宗儀 輯。（臺北：臺灣商務印書館，1989 年 1 月。）

6. 《慎子》，慎到撰；見於《墨海金壺》（28），張海鵬 集刊。（臺北：禹甸文化事業。）

十五劃

1. 《墨子閒詁》，孫詒讓著。（臺北：華正書局，民國 76 年 3 月。）
2. 《稷下七子捃逸‧慎子》，周立升 編著；見於《齊文化叢書》(7)。（山東：齊魯書社，1997 年 6 月。）

十八劃

1. 《韓非子校釋》，陳啓天著。（臺北：臺灣商務印書館，民國 83 年 11 月。）
2. 《韓非子集解》，王先謙撰。（北京：中華書局，1998 年 7 月。）

二、古典文獻

先依「書名首字筆劃」排列，次依「出版時間」排列

四劃

1. 《中興館閣書目》，陳揆、趙士煒撰；見《書目類編》第二冊。（臺北：成文出版社，民國 67 年 7 月。）

五劃

1. 《四庫全書總目提要》，永瑢等撰。（臺北：臺灣商務印書館，民國 57 年 3 月。）
2. 《古今偽書考》，姚際恆撰；見《偽書考五種、清代禁書知見錄》。（臺北：世界書局，民國 77 年 6 月。）
3. 《史記會注考證》，瀧川龜太郎著。（臺北：大安出版社，1998 年 9 月。）

八劃

1. 《直齋書錄解題》，陳振孫撰。（上海：上海古籍出版社，1987 年 12 月。）

十一劃

1. 《國語》，左丘明著，韋昭 注；見於《四部備要‧史部》。（臺北：臺灣中華書局，民 55 年 3 月。）
2. 《黃氏日抄》，黃震著。（臺北：大化書局，民國 73 年 12 月。）

十四劃

1. 《說文解字注》，許慎撰、段玉裁 注。（臺北：天工書局，民國 81 年 11 月。）
2. 《漢書藝文志考證》，王應麟撰；見《景印文淵閣四庫全書‧史部》。（臺北：臺灣商務印書館。）

十五劃

1. 《諸子辨》，宋濂撰；見《偽書考五種、清代禁書知見錄》。（臺北：世界

書局，民國 77 年 6 月。）

2. 《鄭堂讀書記》，周中孚撰。（北京：中華書局，1993 年 1 月。）

十六劃

1. 《戰國策》，高誘 注；見於《四部備要・史部》。（臺北：臺灣中華書局，民 55 年 3 月。）

三、相關論著

先依「書名首字筆劃」排列，次依「出版時間」排列

二劃

1. 《人人身上一部經典》，王邦雄著。（臺北：漢光文化事業，民國 82 年 8 月。）

2. 《十批判書》，郭沫若著。（北京：東方出版社，1996 年 3 月。）

3. 《二十一世紀的儒道》，王邦雄著。（臺北：立緒文化事業，民國 88 年 6 月。）

三劃

1. 《文史叢稿》，裘錫圭著。（上海：上海遠東出版社，1996 年 10 月。）

2. 《才性與玄理》，牟宗三著。（臺北：學生書局，1997 年 8 月。）

四劃

1. 《中國歷代法家著述考》，孫祖基著。（臺北：進學書局，民國 59 年 6 月。）

2. 《中國哲學論叢（一）》，林耀曾著。（臺北：學海出版社，民國 65 年 9 月。）

3. 《中國法家概論》，陳啓天著。（臺北：臺灣中華書局，民國 69 年 6 月。）

4. 《中國哲學論集》，王邦雄著。（臺北：學生書局，民國 72 年 8 月。）

5. 《中國學術思想變遷之大勢》，梁啓超著。（臺北：臺灣中華書局，民國 78 年 6 月。）

6. 《中國思想通俗講話》，錢穆著。（臺北：東大圖書，民國 79 年 1 月。）

7. 《中國思想史論集》，傅武光著。（臺北：文津出版社，民國 79 年 9 月。）

8. 《中國法家哲學》，王讚源著。（臺北：東大圖書，民國 80 年 8 月。）

9. 《中國目錄學》，昌彼得、潘美月著。（臺北：文史哲出版社，民國 80 年 10 月。）

10. 《中國哲學史新編》，馮友蘭著。（臺北：藍燈文化事業，民國 80 年 12 月。）

11. 《中國哲學原論——原道篇卷一》，唐君毅著。（臺北：學生書局，民國

81 年 3 月。）

12. 《中國哲學原論——導論篇》，唐君毅著。（臺北：學生書局，民國 82 年 2 月。）

13. 《中國哲學原論——原道篇卷二》，唐君毅著。（臺北：學生書局，民國 82 年 2 月。）

14. 《中國思想史方法論文選集》，韋政通 編著。（臺北：水牛圖書出版事業，民國 82 年 5 月。）

15. 《中國人生哲學》，方東美著。（臺北：黎明文化事業，民國 82 年 8 月。）

16. 《中國思想史論集》，徐復觀著。（臺北：學生書局，民國 82 年 9 月。）

17. 《中國政治思想史》，蕭公權著。（臺北：中國文化大學出版部，民國 82 年 11 月。）

18. 《中國中古思想史長篇（上）》，胡適著。（臺北：遠流出版事業，民國 83 年 1 月。）

19. 《中國人性論史——先秦篇》，徐復觀著。（臺北：臺灣商務印書館，民國 83 年 4 月。）

20. 《中國思想（二）道家與道教》，宇野精一 主編，邱棨鐍 譯。（臺北：幼獅文化事業，民國 83 年 7 月。）

21. 《中國思想（三）墨家‧法家‧邏輯》，宇野精一 主編，林茂松 譯。（臺北：幼獅文化事業，民國 83 年 7 月。）

22. 《中國哲學論集》，陳榮捷著。（臺北：中研院文哲所，民國 83 年 8 月。）

23. 《中國哲學史》，王邦雄、岑溢成、楊祖漢、高柏園 編著。（臺北：國立空中大學，民國 84 年 8 月。）

24. 《中國思想通史》，侯外廬、趙紀彬、杜國庠著。（北京：人民出版社，1995 年 10 月。）

25. 《中國哲學十九講》，牟宗三著。（臺北：學生書局，民國 86 年 1 月。）

26. 《中國古代政治思想史》，劉澤華 主編。（天津：南開大學出版社，1997 年 3 月。）

27. 《中國知識階層史論（古代篇）》，余英時著。（臺北：聯經出版事業，1997 年 4 月。）

28. 《中國政治思想史》，楊幼炯著。（北京：商務印書館，1998 年 4 月。）

29. 《中國哲學發展史》，任繼愈 主編。（北京：人民出版社，1998 年 5 月。）

30. 《中國古代哲學史》，胡適著。（合肥：安徽教育出版社，1999 年 10 月。）

31. 《中國哲學史》，馮友蘭著，（臺北：臺灣商務印書館，民國 88 年 11 月。）

32. 《中國歷史研究法》，梁啓超著。（臺北：里仁書局，民國 89 年 8 月。）

33. 《中國思想史》，錢穆著。（臺北：蘭臺出版社，民國 90 年 2 月。）

五劃

1. 《古今偽書考補證》，黃雲眉 補證。（臺北：文海出版社，民國 61 年 1 月。）
2. 《古書眞偽及其年代》，梁啓超著。（臺北：臺灣中華書局，民國 75 年 11 月。）
3. 《古籍叢考》，金德建著。（北京：中華書局，1986 年 12 月。）
4. 《古史辨》第四冊，顧頡剛等 編著。（臺北：藍燈文化事業，民國 76 年。）
5. 《古書考辨集》，吳光著。（臺北：允晨文化實業，民國 78 年 12 月。）

六劃

1. 《先秦學術概論》，呂思勉著。（上海：世界書局，民國 22 年 10 月。）
2. 《名家五種校讀記》，錢基博著。（臺北：廣文書局，民國 59 年 10 月。）
3. 《老子索引》，葉廷幹撰。（臺北：文史哲出版社，民國 68 年 10 月。）
4. 《先秦道家道的觀念的開展》，楊儒賓著。（臺北：臺灣大學中文所，民國 72 年 6 月。
5. 《先秦諸子繫年》，錢穆著。（臺北：東大圖書，民國 79 年 9 月。）
6. 《先秦齊學考》，林麗娥著。（臺北：臺灣商務印書館，民國 81 年 2 月。）
7. 《先秦道法思想講稿》，王叔岷撰。（臺北：中研院文哲所，民國 81 年 5 月。）
8. 《先秦法家思想史論》，王曉波著。（臺北：聯經出版事業，民國 81 年 8 月。
9. 《先秦政治思想史》，梁啓超著。（臺北：東大圖書，民國 82 年 10 月。）
10. 《老子的哲學》，王邦雄著。（臺北：東大圖書，民國 82 年 10 月。）
11. 《先秦諸子導讀》，徐文珊著。（臺北：幼獅文化事業，民國 84 年 11 月。）
12. 《老莊新論》，陳鼓應著。（上海：上海古籍出版社，1997 年 9 月。）
13. 《老子哲學之詮釋與重建》，袁保新著。（臺北：文津出版社，民國 86 年 12 月。）
14. 《先秦法家「道法」思想的哲學研究》，王照坤撰。（臺北：臺灣大學中文所，民國 88 年 6 月。）

八劃

1. 《周秦諸子概論》，高維昌著。（臺北：臺灣商務印書館，民國 57 年 7 月。）
2. 《周秦諸子書目》，胡韞玉著；見於《書目類編》第五十冊。（臺北：成文出版社，民國 67 年 7 月。）
3. 《法家哲學體系指歸》，黃公偉著。（臺北：臺灣商務印書館，民國 72 年

8 月。）

4. 《周秦道論發微》，張舜徽著。（臺北：木鐸出版社，民國 77 年 9 月。）

5. 《兩漢思想史卷一》，徐復觀著。（臺北：學生書局，民國 82 年 2 月。）

6. 《法家哲學》，姚蒸民著。（臺北：東大圖書，民國 88 年 2 月。）

九劃

1. 《重考古今偽書考》，姚際恆 原著，顧實 重考。（上海：大東書局，民國 15 年 7 月。）

2. 《政道與治道》，牟宗三著。（臺北：學生書局，民國 85 年 4 月。）

十劃

1. 《哲學論集》，唐君毅著。（臺北：學生書局，民國 79 年 2 月。）

2. 《秦漢新道家》，熊鐵基著。（上海：上海人民出版社，2001 年 3 月。）

十一劃

1. 《莊子篇目考》，張成秋撰。（臺北：臺灣中華書局，民國 60 年 7 月。）

2. 《莊子天下篇研究》，楊日出撰。（高雄：高雄師範學院國文所，民國 68 年 6 月。）

3. 《傅斯年全集》，傅斯年著。（臺北：聯經出版事業，民國 69 年 9 月。）

4. 《黃老之學通論》，吳光著。（杭州：浙江人民出版社，1985 年 6 月。）

5. 《莊子哲學及其演變》，劉笑敢著。（北京：中國社會科學出版社，1988 年 2 月。）

6. 《莊學研究》，崔大華著。（北京：人民出版社，1997 年 5 月。）

7. 《莊子道》，王邦雄著。（臺北：漢藝色研，民國 88 年 6 月。）

8. 《國史大綱》，錢穆著。（臺北：臺灣商務印書館，1999 年 12 月。）

9. 《黃老之學析論》，黃漢光著。（臺北：鵝湖出版社，民國 89 年 5 月。）

十三劃

1. 《慎子集說》，蔡汝堃編著。（臺北：臺灣商務印書館，民國 54 年 8 月。）

2. 《慎子校注及其學說研究》，徐漢昌撰。（臺北：輔仁大學中文所，民國 62 年 5 月。）

3. 《新編中國哲學史（一）》，勞思光著。（臺北：三民書局，民國 84 年 8 月。）

4. 《經子解題》，呂思勉著。（臺北：臺灣商務印書館，1996 年 5 月。）

5. 《慎子的思想》，陳正凡撰。（新竹：清華大學歷史所，民國 87 年 6 月。）

十四劃

1. 《管子新探》，胡家聰著。（北京：中國社會科學出版社，1995 年 5 月。）
2. 《漢書藝文志講述》，顧實著。（臺北：廣文書局，民國 84 年 10 月。）
3. 《齊國學術思想史》，劉蔚華、苗潤田著；見於《齊文化叢書》（16）。（山東：齊魯書社，1997 年 6 月。）

十五劃

1. 《稷下派之研究》，金受申著。（臺北：臺灣商務印書館，60 年 5 月。）
2. 《諸子考釋》，梁啓超著。（臺北：臺灣中華書局，民國 65 年 9 月。）
3. 《諸子考索》，羅根澤著。（九龍：學林書店，1977 年。）
4. 《稷下鉤沈》，張秉楠輯注。（上海：上海古籍出版社，1991 年 5 月。）
5. 《諸子通考》，蔣伯潛編著。（臺北：正中書局，民國 80 年 9 月。）
6. 《諸子平議》，俞樾撰。（臺北：世界書局，民國 80 年 9 月。）
7. 《稷下學研究——中國古代的思想自由與百家爭鳴》，白奚著。（北京：三聯書店，1998 年 9 月。）

十六劃

1. 《歷史哲學》，牟宗三著。（臺北：學生書局，民國 77 年 8 月。）
2. 《戰國時期的黃老思想》，陳麗桂著。（臺北：聯經出版事業，民國 80 年 4 月。）
3. 《儒道之間》，王邦雄著。（臺北：漢光文化事業，民國 83 年 12 月。）
4. 《戰國時期道家與法家「道——法」命題之義涵研究》，伍振勳撰。（臺北：臺灣大學中文所，民國 85 年 5 月。）
5. 《戰國史》，楊寬著。（臺北：臺灣商務印書館，1998 年 3 月。）

十八劃

1. 《韓非子考證》，容肇祖著。（臺北：中研院史語所，民國 81 年 9 月。）
2. 《韓非子的哲學》，王邦雄著。（臺北：東大圖書，民國 82 年 3 月。）
3. 《韓非哲學研究》，高柏園著。（臺北：文津出版社，民國 83 年 9 月。）
4. 《韓非子通論》，姚蒸民著。（臺北：東大圖書，民國 88 年 3 月。）
5. 《韓非之學歸本於黃老析探》，陳伯适撰。（臺北：政治大學中文所，民國 89 年 6 月。）

二十一劃

1. 《續偽書通考》，鄭良樹著。（臺北：學生書局，民國 73 年 6 月。）

二十二劃

1. 《讀莊子天下篇疏記》，錢基博著。（臺北：臺灣商務印書館，民國 56 年

9 月。）

2. 《讀諸子札記》，陶鴻慶撰。（臺北：世界書局，民國 64 年 11 月。）

3. 《讀子卮言》，江瑔撰。（臺北：廣文書局，民國 71 年 8 月。）

四、單篇論文

先依「作者姓氏筆劃」排列，次依「出版時間」排列

三劃

1. 于孔寶：〈論稷下之學與戰國文化中心〉，《中國史研究》，1998 年第 2 期。

四劃

1. 王邦雄：〈「法雖不善，猶愈於無法」析義〉，《中央日報》，民國 69 年 4 月 9 日第十版（中央副刊）。

2. 王青，〈論天下篇為莊子各派理論之總結〉，《中國哲學史（複印報刊資料）》，1993 年第 4 期。

3. 王威宣：〈論慎到的法律思想〉，《齊魯學刊》，1996 年第 4 期。

五劃

1. 史華慈（Benjamin Schwartz）：〈黃老學說：宋銒和慎到評論〉，《道家文化研究》第四輯，1994 年 3 月。

六劃

1. 曲守約：〈稷下考〉，《大陸雜誌》，第 23 卷 5 期。

2. 江榮海：〈慎到應是黃老思想家〉，《北京大學學報（哲學社會科學版）》，1989 年第 1 期。

3. 曲英杰：〈稷下之宮與稷下學〉，《人文雜誌》，1995 年第 4 期。

七劃

1. 宋元：〈慎到重勢思想之分析〉，《人與社會》，民國 73 年 10 月第 55 期。

2. 李增：〈慎到「法」之思想〉，《國立編譯館館刊》，民國 78 年 6 月，第 18 卷第 1 期。

3. 沈清松：〈老子的知識論〉，《哲學與文化》，1993 年 1 月，20 卷第 1 期。

4. 杜宇民：〈田駢、慎到心性思想略論〉，《中國哲學史（複印報刊資料）》，1993 年第 2 期。

5. 李正治：〈周文解體與先秦諸子對禮樂價值的思索〉，《鵝湖月刊》，第 21 卷第 11 期。

6. 李廷勇：〈論慎子的學術思想〉，《西南師範大學學報（哲學社會科學版）》，1997 年第 5 期。

7. 何俊:〈中國哲學傳統中的反智論傾向〉,《哲學與文化》,1998 年 5 月, 25 卷第 5 期。

九劃

1. 苗潤田:〈論《莊子·天下篇》的思想傾向〉,《齊魯學刊》,1982 年 7 月, 第 49 期。

2. 苗潤田:〈從先秦文獻中看慎到的思想特點〉,《齊魯學刊》,1983 年 3 月, 第 53 期。

3. 胡家聰:〈田齊法家法制理論的主要特點〉。《齊魯學刊》,1984 年 2 月, 第 59 期。

十劃

1. 徐漢昌:〈慎到與慎子書〉,《書和人》,民國 71 年 3 月,第 437 期。

2. 孫以楷:〈稷下人物考辨〉,《齊魯學刊》,1983 年 3 月,第 53 期。

3. 高銀秀、張志華:〈慎到法治思想簡論〉,《晉陽學刊》,1988 年第 6 期, 總第 51 期。

4. 高正:〈稷下學派論「心」〉,《哲學研究》,1994 年,第 9 期。

十一劃

1. 陳奇猷:〈韓非與老子〉,《道家文化研究》第 6 輯,1995 年 6 月。

2. 黃紹梅:〈《莊子·天下篇》評慎到學說的觀點〉,《鵝湖月刊》,民國 85 年 3 月,第 249 期 。

十二劃

1. 張維華:〈釋黃老之稱〉,《文史哲》1981 年 7 月,第 145 期。

2. 張福信:〈關於稷下學昌盛的緣由〉,《齊魯學刊》,1983 年 1 月,第 52 期。

3. 傅佩榮:〈從比較的角度反省老子「道」概念的形上性格〉,《哲學雜誌》, 1994 年 1 月,第七期。

4. 張玲芳:〈「道」、「法」之間的慎到〉,《孔孟月刊》,第 37 卷第 5 期。

十三劃

1. 群力:〈臨淄齊國故城勘探紀要〉。《文物》,1972 年 5 月,第 192 號。

2. 董治安、王志民:〈試論稷下學宮的地理位置和政治性質〉,《齊魯學刊》, 1983 年 1 月,第 52 期。

十五劃

1. 劉公木:〈慎到的法律思想〉,《中國國學》,民國 70 年 8 月,第 9 期。

2. 劉蔚華:〈稷下學概述〉,《齊魯學刊》,1983 年 1 月,第 52 期。

3. 蔡德貴：〈論稷下學宮的性質〉，《齊魯學刊》，1983 年 1 月，第 52 期。

4. 劉蔚華、苗潤田：〈黃老思想源流〉，《文史哲》，1986 年 1 月，第 172 期。

5. 蔡德貴：〈試論稷下齊法家的哲學思想〉，《中國哲學史（複印報刊資料）》1993 年第 005 期。

6. 鄭國瑞：〈近年黃老學說研究情形述議〉，《中山中文學刊》，1996 年 6 月，第 2 期。

二十劃

1. 蘇鉉盛：〈黃老之學與老莊思想〉，《東岳論叢》，1998 年第 2 期。